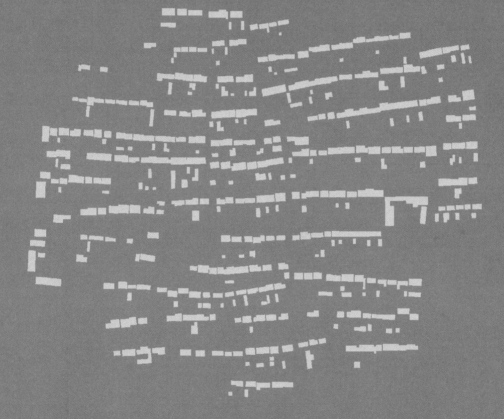

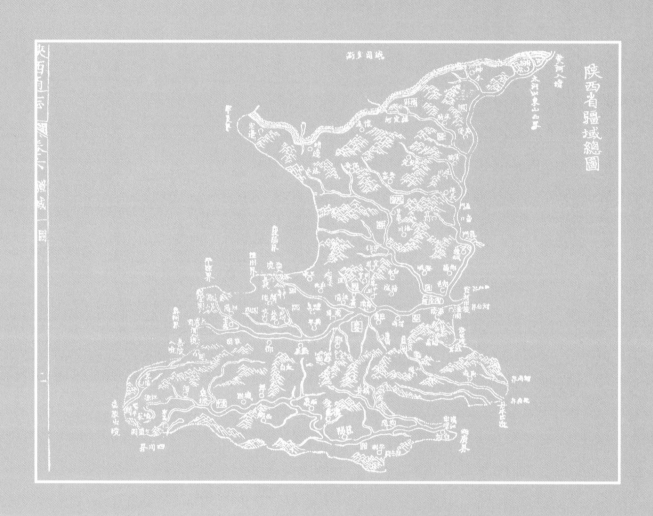

聚
落

国家出版基金项目

国家重大出版工程项目
"十三五"国家重点图书

中国传统聚落
保护研究丛书

陕西聚落

靳亦冰 李钰 编著

中国建筑工业出版社

总编委会

顾　问：

张锦秋　　陆元鼎　　王建国　　孟建民　　王贵祥　　陈同滨

编委会主任：

常　青

编委会副主任：

沈元勤

总主编：

陆　琦　　胡永旭

委　员：（按姓氏笔画排序）

王　军	王金平	韦玉姣	冯新刚	朴玉顺	刘奔腾	关瑞明
李群(女)	李群(男)	李东禧	李树宜	杨大禹	吴小平	余翰武
张兴国	张鹏举	陆　峰	范霄鹏	金日学	周立军	郑东军
单晓刚	赵之枫	姚　糖	贾　艳	高宜生	郭　建	唐　旭
唐孝祥	黄　耘	黄文淑	黄凌江	韩　瑛	靳亦冰	雍振华
燕宁娜	戴志坚	魏　秦				

《中国传统聚落保护研究丛书　陕西聚落》

靳亦冰　李　钰　编著

参编人员：祁嘉华　王　琪　胡梦童　韩泽琦　兰可染　张　伟　王志轩
　　　　　刘亦寒　刘国花　杨　婧　李冰倩　张昊天　冯明军

审稿：王　军

序一

一、引子

中国传统文化将一个地方的环境气候和风俗民情的特质和韵味称为"风土"。《国语·周语上》韦昭注:"风土,以音律省土风,风气和则土气养也",即从当地方言的乡音民谣中便可感知一方土地、民风的文化气息,因而"风土"一词与英文的Vernacular近义。"风"指风习、风俗、风气,"土"指水土、土地、地方,所谓一方水土养育一方人,供奉一方神,从这个意义上,"风土"与西方的"场所精神(Genius Loci)"也有一定的关联性。日本近代哲学家和辻哲郎著有《风土》一书,他对"风土"的定义是自然环境气候诸因素加上"景观",这里的"景观"应指审美角度的自然和人文两个方面,二者相融合的文化景观就是一种典型的传统聚落。

然而,在当今乡村振兴的时代大潮中,传统聚落最常见的关键词是"乡土"而非"风土",差不多已约定俗成了。"乡土"一词是中国农耕社会中故乡、家乡、老家和乡下的意思,至今中国社会还延续着这个传统的语义。但中文"乡土"与英文Vernacular的语境存在差异,因为西方并不存在以宗法制为基础的传统乡民社会,其乡村也就不会有类似于中国"乡土"的概念内涵。而乡村的发展前景是要走出农耕语境的乡土,留住文化记忆的乡愁,延续场所精神的风土,再造生态文明的田园。再说自近代以来,乡土并不包括城里的传统聚落,比如北京的胡同,西安、成都、苏州的巷子,上海的弄堂等属于"风土"而非"乡土"的范畴。

自1930年朱启钤先生发起成立中国营造学社以来,在梁思成和刘敦桢两位学科巨擘的引领下,我国建筑界对传统民居和乡土建筑的研究持续推进,成就斐然,形成了传统建筑研究的一大专业领域。但如何使这些研究更多地关联和影响城乡建设的进程,对整个建筑类学科都是一个很大的挑战。

二、中国传统聚落的源流与特征

1. "匝居"与城乡同构

中国传统聚落营造的信史可追溯到商周时期的聚落遗址。其中有关"营造"的最早文字记载见于《诗·大雅·灵台》:"经始灵台,经之营之"。这里的"经",是策划、管控的意思;而"营",原意即"匝居",是围而建之的意思,例如"营窟""营市(阛、阓)""营垒""营国"等一系列聚落营造范畴的词汇。因此,古代聚落即以"匝居"的方式,形成血缘的乡村聚落,地缘的城邑聚落,以至作为国家统治中心的都邑聚落——都城。这些华夏聚落以宗庙或祠堂为空间秩序的中心,以城垣壕堑为空间领域的边界，虽层级和功用不同，但从深层构成看却大多同构，保持和发展着"匝居"的聚落营造方式，从而部分地诠释了城乡一体的"亚细亚生产方式"学说。因为，一方面，许多乡村聚落拥有城垣、堡楼、街坊、庙宇等要素，俨如一座座城邑，如从汉代的"坞堡"到明清的庄寨、围堡均是如此；另一方面，城邑甚至都邑虽然看上去坚固伟岸，依然不过是政治权力和经济活动高度集中，等级制度极为森严，壕堑防卫更加严密，水平向扩展开来的巨型村寨而已，是乡村聚落的放大升级版。

2. 聚落原型与变换

从"匝居"的外在方式到聚落的内在构成，可以看到中国传统聚落源于商周"井田制"的"井"字形空间概念及其原型意象。所谓"井田制"，即以王室收取贡赋为目的的土地经营制度和划分方式。如周代王室拥公田，公卿以下据私田，遗有周代理想的营国制度，以百亩为夫，九夫为井，九井为国（都邑）。据此制度，田野的纵横阡陌就演变为聚落内经纬交错的街衢，并围合成间、里等空间尺度及单位。后世的里坊、厢坊、街坊，以及后来的胡同、街巷和弄堂等都是这样演变而来的。但这一"井"状网格空间原型的聚落并非处处趋同，而是因地制宜，异彩纷呈，依循了"因天材，就地利，故城郭不必中规矩，道路不必中准绳"（《管子·立政篇》）的变通法则，适应地理环境和地貌条件的差异而产生拓扑变换。这就犹如某种语言，尽管"方言"各异，但"句法"和"语义"相通。或许以这样的解读，方可辩异认同、知恒通变，把握住中国传统聚落的结构本质及其演变方向。

3. 水系与聚落分布

中国传统聚落源于近水的邑居，据《史记·五帝本纪》："禹耕历山……一年而所居成聚，二年成邑，三年成都"。其中，对水畔、雷泽、河滨等的劳作场所描述，均寓意了聚落是伴水而生的文化地景。甲骨文中的"邑"字右边旁加三撇表示傍水，即"邕"字的金文来历，同样表示聚落即环水的邑居。除了统治与防卫上的考虑，古代聚落选址的首要地理条件，是必须依傍满足漕运需要，方便物资供给的水系。因此，自上古以来聚落选址一般都位于大河的二级台地或其支流的一级或二级台地上。在物流以漕运为主的古代，这些水系可以说是聚落生存的命脉，对于都城而言尤甚，如长安、洛阳、汴梁（开封）沿黄河及其支流东西走向一字排开，建康（南京）、江都（扬州）濒临江淮，北京（涿郡）和临安（杭州）则处于南北大运河的两端。实际上历代中心聚落——都城在空间上的移动，均因应了文化地理的条件和漕运线路的兴衰，并与社会动荡、族际战争和人口迁徙相伴随。

4. 乡村风土聚落

在中国古代，与城邑聚落不同的是，乡村聚落社会是按血缘关系和经济共同体为纽带所形成的聚居系统，聚族而居的社会秩序和居住形式仰赖宗法制度维系，特别是自宋代以来，程朱理学倡导"敬宗收族"，形成了以祠堂、族田和族谱为核心的宗族组织及其聚居制度，宗法的社会结构更加趋于自组织化。但由于特定地域下的自然环境（如气候、地貌、水土、材料等）和人文环境（如宗法、宗教、数术、仪式等）的差异，聚落中的宗法秩序和空间布局亦有着同中有异的呈现方式，营造活动很少有统一法式的约束，较之城邑营造更加因地制宜，灵活多变，因而在与自然地景融为一体的有机生长中，保留了纯朴的古风和浓郁的地方性，可以说是千姿百态，谱系纷呈，表现了与西方的"场所精神"相类似的地方特质。以下按地理纬度和等降水量线，将中国各地域的聚落建筑分为四个区段。

1）农耕—游牧混合地区，即400毫米等降水量线以北半干旱北方地区的聚落建筑。如昆仑山南北侧和蒙古草原上游牧民族的帐幕、蒙古包；塔里木盆地周缘突厥语族—东伊朗民族的木构平顶阿以旺住宅；青藏高原上的藏式碉房，甘青地区各族建筑元素相混合的"庄窠"式缓坡顶两合院与三合院，以及青藏高原东部边缘的羌式碉房及合院等。

2）西北、华北和东北地区，即400毫米等降水量线以南至800毫米等降水量线以北之间半湿润北方地区的聚落建筑。如豫、晋、陕、甘各式窑洞，木构坡顶及包砖土坯（胡墼）墙房屋组成的晋系狭长四合院；东北、京、冀、鲁、豫木构坡顶、平顶、囤顶建筑构成的宽敞四合院等。

3）西南、江淮、江南地区，即800毫米等降水量线以南湿润地区的聚落建筑，如川、黔、桂、滇地区，以穿斗体系、干阑—吊脚为显著特征的楼居及合院，藏缅语族各民族的"土掌房""一颗印"（"窨子屋"）"三坊一照壁"等合院；湘、赣、闽北地区"四水归堂"的天井合院或"土库"建筑；江淮地区介于南北方之间的合院和圩堡；徽州地区以堂楼为中心，高耸的马头墙、墙厦、精工木雕、楼面地砖为特色的天井合院；江浙地区穿斗—抬梁混合式的多进厅堂和宅园等。

4）华南地区，即大部处于1600毫米等降水量线范围的高湿多雨地区聚落建筑，如闽南、粤北地区客家、潮汕（闽系）聚落以夯土墙和木屋架构成的大厝、土楼、土堡、围龙屋；粤南广府地区大屋、天井、冷巷构成的合院群等。

总体而言，延续至今的乡村传统聚落基本上都是明清以来的遗存，说明经过两晋南北朝开始的由北而南为主流的历次民族、民系大迁徙，明清时期各地乡村建筑相对稳定的地域分布格局已基本形成，可以从民间流传的营造匠书和聚落族谱中得到印证。如元明之际的《鲁般营造正式》、明万历年间的《鲁班经匠家镜》和清末民初的《营造法原》等，对江南地方的民间建筑影响尤其广泛。

至于少数民族地区的乡村传统聚落，因源于不同的文化传统，其构成及相互关系比较复杂，与汉民族聚落也存在交融现象。比如，明清两代逐渐推进"改土归流"，在南方的少数民族地区以"流官"管理制取代"土司"世袭制，推进了汉族与少数民族的异质文化交融，但后者的"熟化"（或"汉化"）程度，大大超过了前者的"夷化"。

自1930年中国营造学社成立以来，在梁思成和刘敦桢两位学科巨擘的引领下，建筑史界对乡土民居的研究成就斐然，形成了传统建筑研究的分支领域。跨世纪以来，建筑史界对传统民居的人文地理背景和建筑形态分布区系已有一些学术探讨，并有过以传统建筑结构类型为主线的地域区划专题研究。但是这些研究成果怎样对城乡改造中的遗产保护难题产生积极影响，还有待实践中的借鉴和运用。

三、城乡改造与传统聚落

1. 消亡中的乡愁载体

自19世纪末以来，直到改革开放之前，传统中国逐渐从农耕文明走向了工业文明，演变进程是相对缓慢曲折的。尽管传统聚落的宗法社会结构已经崩解，但血缘和宗族关系依然得以延续，聚落的空间结构和传统风貌依然大致如故。随着近30年来城镇化和城乡改造浪潮的冲击，传统聚落的文化特征已发生巨变，大部分古城只保留着少量的历史文化街区。作为乡村传统聚落的大多数村镇，经过撤并集聚或自发式改造，使原有的自然和社会生态系统瓦解或巨变，残留下来比较完整，较多保留着原生态风貌的多在边远山区，占比很大的部分已破败不堪，或被低质化改造，总体上正以极快的速度趋于消亡。

据中外学者的研究，民国时期的城镇化水平不过10%左右，中华人民共和国成立直到改革开放前也只达到17%左右。20世纪70年代末改革开放以来，城镇化开始飞速地发展，城镇化率2018年已达59.58%，其中城镇户籍人口42.35%（包括拥有宅基地的部分镇人口和城中村人口），与欧美约75%～85%及日本93%的城镇化率相比仍差距明显。截至2016年，我国乡村自然村仍有244.9万个，基层自治管理单位"村民委员会"52.6万个，乡村户籍人口7.63亿，常住人口5.6亿，在本地和外地谋生的农民工约2.88亿。2017年全国城乡人均收入倍差2.72，一些贫困的山区和边远地区农村人均收入与全国城乡平均收入倍差则远高于这个数字，这些地方的衰败或空村化现象更加严重（数据来源自2017年、2018年国家统计局公布的数据）。

虽然这种文明进程在任何一个走向现代化的农耕社会迟早都会发生，但是中国作为人类文明诸形态中唯一保持了连续性进化的国家，文化传统的基因和源头即存在于城乡传统聚落之中。这一"乡愁"载体的消亡，不但会使国家和地方失去身份认同的文化根基，而且会使城乡一体化发展的战略目标发生偏差。

2. 风土建成遗产

在中国传统聚落的话语体系中，"民居"是对功能类型而言，"乡土"是对乡村聚落而言，而"风土"是对城乡聚落及其文化地理背景而言，三者均属同一范畴。因此，乡村聚落也是最具文化载体性的风土聚落，呈现了各个地域环境、气候和民族、民系背景下异彩纷呈的风土特质。西方的风土建筑研究可以追溯到法国18世纪新古典主义理论家德·昆西（Quatremère de Quincy），他最早指出了建筑语言的风土（Vernacular）和习语（Idiom）属性。到了当代，英国建筑理论家兼乡村爵士乐作曲家鲍尔·奥利弗（Paul Oliver，1927—），集风土建筑研究大成，在1997年出版了覆盖全球的《世界风土建筑百科全书》(Encyclopedia of Vernacular Architecture of the World)，他认为研究风土建筑不只是为了记录过往，对未来的文化和经济可持续发展也是不可或缺的。随后R. 布伦斯基尔（Brunskill R. W.）在2000年出版《风土建筑：一部图解的历史》一书，把20世纪以前定义为"风土建筑时代"，以大量的插图详解了数百年来英国风土建筑在农耕时期和工业化早期的形态特征。

"建成遗产"是经由营造活动所形成的建筑、聚落、景观等文化遗产本体的总称。1999年，国际古迹遗址理事会（ICOMOS）在《风土建成遗产宪章》(Charter on the Built Vernacular Heritage)中，首次提出了"风土建成遗产"的概念，即特定风俗和土地上所建造的文化遗产，其保护价值今已成为全球共识。首先，"聚落建筑"作为风土建成遗产的第一保护对象，是城乡历史环境的栖居场所，也是民族民系身份认同和乡愁记忆的空间载体，携带着可识别的中国传统文化基因。其次，"营造技艺"蕴含乡遗的工巧智慧精华，是对其进行保护、传承和再生的意匠源泉，而只有将传统聚落的营造技艺真正传承下去，保护才是可持续的，才能使聚落遗产长存下去。再次，"文化地景"（或文化景观Cultural Landscape）呈现聚落的环境因应特征，是人工与天工相交融的在地景观。韩国建筑师承孝相，为了表达地景建筑创意，生造了"Landscript"（地文）一词，本意是强调人的活动在土地上留下的印记，就如大地书写一般。显然，"地文"需要保护和续写，即像日本的"合掌造"民居、中国的西递—宏村那样，严格保护好聚落遗产标本，激活历史环境的"场所精神"（Spirit of Place），在新建筑中创造性地转化风土建成遗产的原型意象。

3. 国家级聚落遗产

根据住房和城乡建设部和国家文物局颁布的最新保护名录，中国传统聚落列入国家保护名录的有三大类，均可看作风土建成遗产。其一为100多处"国家重点文物保护单位"身份的传统聚落；其二为国家历史文化名城、名镇、名村，包括135座"名城"、312个"名镇"和487个"名村"；其三为6819个部分由国家财政资助保护的"传统村落"。此外，皖南古村落西递—宏村、福建土楼、开平碉楼与村落，以及红河哈尼梯田文化景观等4项乡村传统聚落及景观被收入世界文化遗产名录。

这其中的传统村落数量最为庞大，部分还同时具有国家级历史文化名村及重点文物保护单位的身份。其分布特点为：南方约占全国总量的78%，大大多于北方；山区多于平原、盆地，如晋、湘、滇、黔、闽的山区占比超过全国总量的二分之一；方言区多于官话区，如晋系方言约占北方各官话区总和的40%左右；工业化、城镇化起步较晚的地区多于起步较早的地区，如西北地区多于东北地区；城乡人均收入倍差相对较高的地区多于发展水平相近的较低地区，如贵州、云南处于全国传统村落数量排名前列。

上述的三大类传统聚落遗产保护系列中的前两类，有着相应的国家保护法规及实施细则，生存问题相对无虞。而第三类——传统村落量大面广，没有直接的相应保护法规作保障，其生存问题看似有国家财政资助，实际状况则堪忧。

四、传统聚落的保护与活化

1. 模式与问题

对风土建成遗产的专项保护，比较典型的首推北欧斯堪的纳维亚半岛的挪威和瑞典，这里在第二次世界大战前最早以民俗博物馆的方式，保护和展示当地的风土建筑，这种方式随后风靡欧洲大陆和英国。1952年英国"古迹委员会"将18世纪以前的风土建筑均纳入了保护名录，特别值得注意的是，英国将乡村划为120个自然区和181个特色景观区，这是可以借鉴的乡村文化地景谱系保护策略。日本于20世纪70年代兴起的"造村运动"，是通过农业升级改造、乡村特色塑造和技术培训投入，提振乡村经济社会活力和磁力，最终使乡村聚落得到活化和再生。聚落遗产保护和传承是其中的一个部分，如长野县的妻笼宿和岐阜县的马笼宿，其风土建成遗产在存真、修缮、翻建、活化等方面皆有坚定的价值坚守和丰富的保护经验，可供中国乡村风土建成遗产保护和再生实践学习借鉴。

我国城乡风土建成遗产保护与活化前后已历20载左右，经验和教训并存，其中数量占大多数的乡村聚落遗产保护与活化主要有三种模式。第一种为国家文博体系和大型国企主导的乡村博物馆模式，如山西的丁村、陕西的党家村、湖南的张谷英村、福建的田螺坑土楼群及玉井坊郑氏大厝等，经费、法规、导则等条件较为完善，部分村民通过村委会组织参与经营活动受益。第二种为社会企业主导的风土观光综合体模式，乡村聚落遗产由企业与当地政府、村自治体——合作社以契约形式合作及分成，如安徽黟县宏村、浙江松阳县村落、山西沁水县湘峪村、福建连江县杜棠古村三落厝等。第三种为村自治体主导风土生态体验区模式，以由村自治体所属企业及乡村活化能人掌控风土观光资源，进行乡村聚落开发，村民参与其中的相对较多，受益也相对大一些，如安徽黟县西递村、山西平遥县横坡村、陕西礼泉县袁家村、山西晋城市皇城村、福建屏南县北村等。

不可忽视的是，乡村聚落遗产在保护和活化中存在一些带有普遍性的问题和挑战：一是大多没有以乡村经济、社会的改造升级为根本前提，而是过多地依赖于旅游资源的消耗；二是管理政出多门，既条块分割，又一事多管，造成一些村落一村多名，准入标准和处置方式交错低效；三是原住民生活资料——集体土地、宅基地和房屋处于不确定的流转状态，所有权和使用权分离，但土地与房屋租金普遍低廉，收益分配不成比例，原住民的公平共享诉求难以兑现，存在着大量的权益矛盾和法律纠纷，潜在的社会风险已然存在；四是维修和民宿化改造等多为村民自发行为，存在严重的安全隐患，如结构安全意识薄弱，涉及公众安全的强制性技术规范和安全施工监管缺位，消防间距、人身防护不合规范的状况随处可见，声、光、热等室内环境控制指标大都达不到基本使用要求；五是宅基地内滥建低质楼监管缺失，低质翻建率常在一半以上，严重的达70%~80%，使村落风貌严重失控，而招揽观光的利益驱动导致拆真造假现象也随处可见；六是薪火相传趋于中断，大部分营造技艺面临失传，由于种种原因，"非物质文化遗产传承人"名誉并未起到明显的弥补作用，传统意匠及技艺存续与再生尚待突破，新旧修复材料融合手段薄弱等问题普遍存在；七是同质化严重，社会资金普遍投入乡村聚落保护与再生项目的可能性有限，而传统村落依赖国家财政扶持也是很有限的，且不可持续。

2. 标本保存谱系化

当下我国城乡风土建成遗产的保护与活化，首先并不是个建筑学问题，而是涉及保护什么，如何保护，怎样活化的实质性问题，与经济、社会的可持续发展背景息息相关。从物种标本保存的战略眼光看，传统聚落保护与活化的前提是对聚落遗产标本的保存和研究。

少量被定格在某个历史时期或文化样态下的聚落遗产，比如平遥、丽江古城以及各地名镇、名村一类进入各种遗产名录，是受到严格保护的风土建成遗产标本。但这些遗产标本只是聚落遗产中极小的一部分，我们认为，实际上需将我国城乡风土建成遗产按民族、民系的语族区或方言区进行全覆盖，成体系地作分类分级梳理，为后世存续完整的风土建成遗产谱系标本，兹事体大，关及国家和地方历史身份和文化传承的根基。因此，应依风土建成遗产谱系统一甄别、筛选和认定聚落遗产，再以地景修复、聚落修补和技艺传承为基础，将之纳入再生过程。当务之急，是应对其谱系构成缘由与分布有比较系统的认知。

由于语言作为文化纽带的重要性仅次于血缘，而风土在语言学上的含义，即连接一个地方聚居群体的交流媒介"语缘"，既可代表不同的文化身份，也可作为判断各文化身份间亲疏关系的参照。因此，从文化地理学和人类学的角度，可尝试以民系方言和语族—语支为参照，对各地风土建筑做出以"语缘"为纽带的谱系分类区划。总体上看，历史上语族相近，说明有相关的文化渊源；语族的方言或语支相通，说明血缘和地缘存在关联性。传统的汉语族—方言和少数民族的语族—语支是在漫长的历史变迁中，由于地理阻隔及民族、民系迁徙所形成的。虽然建筑谱系和语言谱系是否完全对应确是个问题，但设若不同族群在语言上可以交流，则其聚落及建筑一般也会存在交互关系。

参照语言人类学家的语缘区划，汉藏语系的汉语族民族民系聚落及建筑谱系主要可分为：其一，东北、华北、西北、江淮和西南等五大官话区建筑谱系；其二，华北的晋语方言区建筑谱系；其三，江南的吴语、徽语、赣语和湘语四大方言区建筑谱系；其四，华南的闽语、粤语和客家语三大方言区建筑谱系。少数民族语族区聚落及建筑谱系主要可分为：其一，西南地区汉藏语系藏缅语族17个民族的建筑谱系，壮侗语族9个民族和苗瑶语族3个民族的建筑谱系；其二，北方地区阿尔泰语系突厥语族7个民族，蒙古语族6个民族和通古斯语族5个民族的建筑谱系等。此外，还有少量西北地区印欧语系斯拉夫语族和伊朗语族的民族的建筑谱系，以及华南地区南亚语系和南岛语系民族的建筑谱系。以这样的谱系认知方式，对风土建成遗产谱系遗产的标本系列进行谱系化的保护，是有重要意义的一种尝试。

突厥语族区建筑		其他区建筑	蒙古语族区建筑		其他区建筑	通古斯语族区建筑		其他区建筑
定居区	游牧区		定居区	游牧区		定居区	渔猎区	
北方官话区西部建筑			晋语方言区建筑			北方官话区东部建筑		
河西	关中		北部	中部	东南部	京畿	胶辽	东北
西南官话区建筑			北方官话区中部建筑			江淮官话区建筑		
滇	黔	川	鄂	豫	鲁	淮	扬	
藏缅语族区建筑			湘语方言区建筑		赣语方言区建筑	徽语方言区建筑		吴语方言区建筑
藏区	羌区	彝区	其他	湘西	湘中	湘东	豫章	临川	庐陵	歙县	婺源	建德	苏州	东阳	台州
壮侗语族区建筑			客家方言区建筑			闽语方言区建筑		
壮区	侗区	其他	西部	中部	东部	闽中	闽东	
苗瑶语族区建筑			粤语方言区建筑			闽语方言区建筑（闽南）		
其他区建筑			桂南	粤西	广府	潮汕	南海	台湾

我国民族民系风土建成遗产谱系分布示意图

3. 大量性传统聚落的出路

除了经典传统聚落风土建成遗产谱系的标本保存，大量性的传统聚落，特别是乡村聚落，总体上面临着景象劣化、原有建筑被大量低质改建、乡村经济和民生有待振兴的境况。因此，需要将聚落有机更新和文化地景再造，作为未来发展的主要方向。实际上，对大量性传统聚落的可持续发展而言，实践中应考虑保存有标本价值的聚落典型建筑，延承风土营造谱系所曾依存的地貌特征、空间格局和尺度肌理，再造出隐含着基质原型、适应生活变迁的新风土聚落及文化地景。

此外，传统聚落遗产管理系统和遗产归口的合理化，遗产运作的信托化，遗产基金、社会"领养"

和活化途径的模式化，营造技艺传承的制度化，以及保护技术的系列化等，都应作为传统聚落保护与再生的改进方面加以关注和实施。

五、关于丛书编纂

这部丛书是第一部关于中国传统聚落特征与保护的大型研究集锦，内容覆盖了各省市自治区传统聚落的历史溯源、地域特征与现存状态、保护与活化的方法与途径，以及未来走向的展望等。丛书中的"传统聚落"聚焦于狭义的"村"和"镇"，并可选择性地涉及"城"，即"县"或"市"的老城区，如北京的胡同和上海的弄堂。书中内容兼顾理论观点和叙述方式的历史性、逻辑性和独特性，引述材料要求真实可靠，体例同中有异，充分表达地域特征，并将之纳入史地维度和经济、社会发展的叙事语境。保护与活化内容要求选取兼顾普适性和典型性的工程实践案例，对乡村振兴中的建成遗产存续和再生问题进行全方位的讨论。由于本丛书仍是以行政区划单位作为各分册的研究范畴，难免存在少量跨省市区之间的互涵和重复内容，但作为一部大型丛书，总体上还是完整统一的，其中不少篇章都可圈可点，对乡村振兴和传统聚落的未来探索有多方面的参考价值。

（本文主要内容及参考文献见《建筑学报》2019年12期）

中国科学院院士、同济大学教授
己亥夏至于上海寓所

序二

聚落，是人类聚居和生活的场所，《汉书·沟洫志》曰："或久无害，稍筑室宅，遂成聚落"。聚落这一概念最早出现时是为了描述区别于都邑的居民点，现在已泛指人类生活地域中的村落和城镇。聚落是在各个地域内发生的社会活动、社会关系和特定的生活方式，并且是由共同的人群所组成相对独立的生活空间和领域。传统聚落主要是指具有一定历史性的城乡聚落，拥有物质形态和非物质形态的文化遗产，是先人运用自己的智慧，依据自然、气候、地理、习俗等环境因素建立的适宜的居住空间，同时具有较高的历史、文化、科学、艺术、社会、经济价值，能够反映一定历史时空的社会物质文化与精神文化的重要载体。

传统聚落是人们与自然协调过程中不断地尝试和调整所形成的，是在一定的时空条件下的总结。传统聚落是一定地域空间范围内的人文现象，它既是一种空间系统，也是一种复杂的经济、文化现象和社会发展过程。其起源、形成、发展均在特定地理环境和社会经济背景中，通过人类活动与自然相互作用下的结果，是对自然地理条件、社会治理结构、文化机制作用等多方面的缓慢调整适应，既是人类不断地适应、改造自然环境的实践积淀和智慧结晶，也是特定地域环境人地关系的空间反映。正如本套丛书之一《云南聚落》编写作者杨大禹教授所说："几乎所有的传统聚落，作为联系自然环境和人文环境的中介，从它们的地理分布、外部整体形态、内部空间结构，到聚落与周围自然环境、山水地形的紧密关系，都体现出因地制宜、和谐有机的共同规律。"这些共识是协调当地的地理条件、社会风俗与生活方式等积累而成的。在以聚居为主的生活模式下，都会充分考虑到聚落的环境特点，尽量找到资源配置最为合理、微气候最为和谐的场所。聚落形态与民居建筑形式的存在，与人们应对自然环境的生理、心理需求有着千丝万缕的联系。所以，传统聚落都能反映出在一定的地域空间环境、一定的民族和一定的历史时期所承载的建筑文化底蕴。

传统聚落作为中华文明的一种载体，凝聚着具有地域性、民族性与艺术性的布局特色和建筑风采，以及文化习俗下构成的聚落分布、空间格局、生产模式、景观形态等风情各异、千姿百态的元素。传统聚落是先人们长期适应自然，与自然和谐相处的历史见证，凝聚着中国悠久的农耕文明，展示着人们自古至今的生存智慧，可以说，传统聚落承载着中华文化精华和中华民族精神。所以，保护传统聚落就是维系中国传统文化的延续，就是在保护中华文明的根。

对于聚落空间的研究，既要把控聚落自身各种要素以及各要素之间的相互关系，也要关注聚落内部空间与聚落外部空间之间的关系，从而进一步了解单个聚落与同一个地域内其他聚落之间的关系，以便获得对聚落空间完整概念的把握。通过对传统聚落特色的系统研究，包括将传统聚落的不同历史发展阶段，各种历史文化要素和不同形态载体归纳合一，作为相互交融、贯通的体系来研究，从理论层面上梳理传统聚落各种有关形成、发展、演化的普遍规律和地区特征，挖掘其精神文化及生命智慧，发现其内在的文化价值，尊重其自身的运营机制，肯定其在现代聚落发展中的积极作用，以丰富我们对于人类聚居的认识。

长期以来，我们的先人经过不断的实践，运用了他们的丰富智慧，无论在聚落总体布局或在民居建筑技术、艺术方面都取得了很高的成就，积累了丰富的经验。传统聚落生存智慧拥有中国优秀传统文化的内核，是体现传统建筑智慧最具特色的代表。如何重新再认识传统聚落所具有的地域性、民族性与文化多样性特征，进一步发掘潜藏其中的营建技艺、理论精华和创造智慧，寻求传统聚落的持续发展相应的理论支撑，是我们当前重要的课题。当然，蕴含着中华文化基因的传统聚落更是当代建筑文化特色形成的基础，值得我们去进行研究、总结、学习和借鉴。

"中国传统聚落保护研究丛书"各卷作者综合运用文献研究法、调查研究法、比较研究法、定性分析法等科学研究方法，建构传统聚落研究的基本思路。采用文献分析、田野调查、理论研究与实证分析结合、系统化分析等方法，通过对学术文献、地方志、文书族谱等史料资料进行梳理筛选，对现有传统聚落进行建筑测绘、口述访谈，在吸取前人研究成果的基础上，归纳总结我国传统聚落发展特点及其背后蕴含的丰富文化和物质内涵，从整体上考虑多元文化影响下的传统聚落特征。丛书作者在编写过程中，借鉴历史学、社会学、建筑学、城乡规划学、文化地理学、景观生态学等跨学科交叉的思路，采用融合融贯的研究模式，既对传统聚落的基本共性特点归纳总结，也对受各区域条件影响的传统聚落比较分析，从整体上来把握研究对象。

在新时代的聚落发展和建设中，对传统聚落的保护与研究就显得尤为重要。传统聚落所呈现出来的优秀空间格局与营造技艺，不仅能给聚落的保护更新提供更为合理的方法途径，同时也能为新时代的聚落建设提供更多的方式方法及可能性。探究历史文化基因的内在联系，研究传统聚落的起源、演变、特点和价值，为传统聚落的传承提出依据，以便于更好地加以保护与利用。与此同时，在弘扬与传承优秀传统文化的基础上，探寻传统聚落发展模式及其保护的策略与原则，对保护与更新提出更为具体的要求与措施，构建整体保护的格局理念，以及与其相适应的、分级分类的传统聚落保护体系，更好地把握传统聚落在当代的发展道路与方向。

"中国传统聚落保护研究丛书"的编写希望以准确翔实的史料、精确细腻的测绘、真实生动的图片来全面展示中国传统聚落悠久的历史、灿烂的文化、淳朴的民风。由于各地区的状况不同和民族差异，以及研究基础也会参差不齐，故在编写中并未要求体例、风格完全一致，而以突出各地区传统聚落自身特色，满足各地区建设的需求为主。同时，丛书的编写，也希望对全国各省、直辖市、自治区传统聚落保护与传承、历史街区与传统村落建设，以及城乡人居环境提升起到重要的参考与指导作用，这是本套丛书研究编写的目的和意义所在。

2020年11月16日

前言

陕西省位于我国西北地区东部，北接内蒙古高原，南邻四川盆地。地势南北高，中部低，北部为沟壑纵横、地形破碎的黄土高原，中部是平坦肥沃的关中平原，渭河蜿蜒穿过；关中南部则是高大险峻的秦岭山脉，是陕西境内的黄河水系与长江水系的分水岭。秦岭南侧是秦巴山区，汉江与丹江穿行其间，冲积出大小不等、肥沃的山间盆地。陕西人民在长期的生产和生活实践中，创造出丰富多彩、具有鲜明特色的聚落文化，充实了中华优秀文化的宝库。

陕西是中国古代文明的摇篮，在人类文化早期，就存在大量的史前聚落遗址，根据考古发现，陕西史前的老官台文化、仰韶文化、龙山文化时期存在有千余座聚落遗址。在5000多年的文明史中，陕西在很长一段时间内成为中国古代社会政治、经济、文化的中心。历史上周、秦、汉、唐四大盛世的重要建筑遗产多积淀于此。中部关中地区有多个朝代建立古都，至今有79座恢弘气势的帝王陵墓及若干陪葬墓向人们昭示着历史的厚重；陕西北部有游牧文化与农耕文化不断融合形成的陕北文化；陕西南部有作为"湖广填四川"的一部分所形成的移民文化，使陕西省文化积淀深厚，且多元丰富。文化与自然条件使得陕西各地聚落与民居地域性建筑特色鲜明。陕西是中国西部内陆省份，自然生态环境脆弱，由于历史上自然灾害与战争频繁等多种原因，导致经济相对薄弱，城乡布局较分散，贫困人口较多。然而数千年来，在匮乏的物质资源条件下，陕西人民积极探索地方自然资源最有效的利用途径，用最经济的办法获取最丰富居住空间的营造方式，建造出各种类型的地域聚落与民居建筑，成为人类文化遗产的重要组成部分。

本书以陕西省行政区划为研究范围，依据人文地理区划特征分为关中、陕北、陕南三个部分。三个地理区域形成了截然不同的地域文化、特色鲜明的聚落形态以及多种类型的建筑风格和营造技术，使陕西成为中华民族建筑文化遗产的宝库。依据人文地理区划，陕西省的传统聚落分为关中平原型传统聚落、陕北窑洞型传统聚落、陕南山地型传统聚落三大类型。

关中地区自然条件相对较好，是由渭河冲积和黄土沉积为主的肥沃平原。渭河横贯东西，冲积平原海拔325～600米。渭河河槽南北两岸是高出渭河200～500米的台塬地，如著名的五丈塬、龙首塬、白鹿塬等。该地区经济较为富庶，雨量适宜，灌溉方便，农业经济相对发达。"关中"之名，始于战国时期，由地理环境而得名，西有大散关，东有函谷关，南有武关，北有萧关，取"四关"之中。四方的关隘，使这里易守难攻，再加上区域内土地平坦、河流纵横，秦岭和黄土高原两道天然屏障让这里形成了风调雨顺的小气候，物产丰富，使关中自古以来就是国家粮仓、宜于居住的地方，也是兵家必争之地。作为十三朝古都的长安，周边有渭、泾、沣、涝、潏、滈、浐、灞八条河流环绕，得天独厚的灌溉条件使都城周边良田遍布、村舍密集。关中地区悠久的历史，深厚的文化积淀，使关中传统聚落内涵丰富，民风淳朴，景观优美。关中人特有的审美能力与艺术表现力，又孕育了丰富多彩的文化艺术与饮食文化。关中地区保存较为完好的传统村落主要分布在渭南、咸阳、铜川等地区，如党家村、袁家村、柏社村等。

陕北地区西高东低，平均海拔在800~1300米，黄土厚度达150~200米，由塬、梁、峁、沟组成起伏的黄土地貌。延安以南地区的地貌比较平坦，以黄土构成的丘陵为主，梁、峁、沟为辅；延安以北地面切割严重，沟壑纵横，梁峁起伏。浩瀚的毛乌素沙漠从西到北横亘在这一带，形成了起伏的黄沙层，也是陕北地区最为干旱的地方。历史上由于地质变化和人为破坏，使这里的植被覆盖率不高，年降雨量只有300毫米左右，农作物主要是高粱、糜子、玉米等耐旱作物。陕北黄土沟壑地区，因自然环境和地形特征形成独具特色的窑洞聚落。窑洞建筑特有的结构形式，为沟壑陡坡聚落提供了有效的使用空间，窑洞的屋顶常常是上层人家的院落。

陕北是中国北方游牧文化与农耕文化的交汇处，历史上两种文明的冲撞与融合使得这一地区呈现出文化的多元性。又如长城沿线的许多聚落就是当年戍边屯垦的军事堡寨的演变与延续。这些当年具有军事防卫功能的建筑形式，演变成今天散布在陕北榆林地区的传统聚落，如著名的高家堡、瓦窑堡。陕北人淳朴善良、为人正直、性格豪爽，在严酷的自然环境与社会生活中长期形成的社会风俗与生活习惯，构成了丰富多彩的陕北文化景观。安塞腰鼓，豪迈粗犷，刚劲奔放的雄浑舞姿，充分体现着陕北人的憨厚朴实、悍勇威猛；陕北民歌信天游，旋律奔放、扣人心弦、回肠荡气；陕北剪纸窗花等这都是沟川遍布的窑洞村落中诞生的文化，构成了我国非物质文化的重要组成部分。革命圣地延安在陕北，抗日战争时期延安是中共中央所在地。自1935年中央红军进入陕北，至1948年东渡黄河迎接胜利曙光，这十三年为陕北大地种下了红色文化的种子，诞生了延安精神红色文化基因。许多传统村落都有当年红军留下的足迹与感人故事，如延安杨家岭、米脂县杨家沟都是当年中央所在地，也是如今红色教育基地。

陕南地区是我国南北气候和自然地理的分界线，平均海拔1200~2000米，同时也是我国南北与东西文化交融汇集的地区。独特的地理区位形成了陕南不同的聚落民居风格，既有隽秀飘逸的荆楚风格，也有拙朴率真的巴蜀风格，还有厚重精致的秦晋风格。在南北共融的格局中，不同风格的建筑不仅衍生了显性的特征元素如马头墙、墀头、大挑檐等，也影响了建筑的装饰手法和工艺。陕南历史城镇分布特征与秦蜀古道和汉江廊道重叠显著，反映了陕南古镇多因水而兴、因商而集的形成背景和分布规律，亦说明了秦蜀古道和汉江廊道是陕南历史上主要对外联系的通道。至今保留完好的陕南众多商业会馆建筑，向人们诉说着当年的繁荣。陕南聚落在山、水、林、田、湖的烘托下，有着江南水乡聚落的灵动与婉约，又有关中聚落的厚重与遵循礼法的空间秩序。这里有百亩桔园、千亩油菜花、万亩茶园，这里是稻作文化与麦粟文化兼种并华之地，也是两汉三国文化的主要发祥地。陕南聚落依山傍水拥抱江河航运的繁华，或隐于山林之间朴素而飘逸清丽，如蜀河古镇、青木川古镇等。

陕西传统聚落在长达数千年的历史演进中变化缓慢，聚落和民居形制与当地气候、地貌、资源、文化和谐共生。随着经济富裕、居住观念的转变，人们对居住条件的需求日益提高，传统的乡土聚落很难适应新时期的需要。努力探寻乡土聚落的现代转变和传承，是当下所面临的现实课题。此时的村落规划、民居营建，在民居地域文化的传承与生态技术层面遇到了前所未有的挑战。

在多种要素的叠加影响下，陕西传统聚落面临转型的挑战，本书通过对陕西省传统聚落人文地理、聚落特征、典型案例进行分析。向读者展示陕西传统村落风貌景观与文化内涵，探寻陕西乡村建设在传承历史文脉与生态智慧的宗旨下，如何实现可持续发展。同时，就陕西省传统聚落的生存智慧、符合生态理念的营建策略进行梳理，以期对陕西传统聚落的保护利用及更新发展有积极的推动作用，也是对传统聚落研究的有益补充。

2020年12月12日

目 录

序 一

序 二

前 言

第一章 陕西省聚落起源与历史演变

第一节 概述 —————————— 002

第二节 聚落起源与演变 —————— 012

 一、聚落起源 ————————— 012

 二、聚落演变 ————————— 020

第三节 陕西省传统聚落分布特征 —— 028

 一、关中地区 ————————— 028

 二、陕北地区 ————————— 030

 三、陕南地区 ————————— 031

第二章 陕西省自然地理环境

第一节 概述 —————————— 036

 一、区位 ——————————— 036

 二、地理环境 ————————— 036

第二节 关中地区自然环境特征 —— 038

 一、区域范围 ————————— 038

 二、自然环境 ————————— 040

第三节 陕北地区自然环境特征 —— 046

 一、区域范围 ————————— 046

 二、自然环境 ————————— 046

第四节 陕南地区自然环境特征 —— 048

 一、区域范围 ————————— 048

 二、自然环境 ————————— 048

第五节 自然地理环境对聚落的影响 — 051

第三章 陕西省历史人文环境

第一节 陕西省人文背景特征与地域文化分区 ———————————— 062

 一、人文历史脉络 ——————— 062

 二、地域文化分区 ——————— 062

第二节 关中地区历史人文背景 —— 066

 一、概述 ——————————— 066

 二、耕读文化 ————————— 067

 三、文化对村落的影响 ————— 070

第三节 陕北地区历史人文背景 —— 074

 一、概述 ——————————— 074

 二、黄土高原文化 ——————— 074

 三、游牧与农耕文化融合 ———— 075

 四、边塞军事文化 ——————— 076

第四节 陕南地区历史人文背景 —— 080

 一、概述 ——————————— 080

 二、多元文化融合 ——————— 080

 三、文化对村落的影响 ————— 085

第四章　陕西省传统聚落特征

第一节　聚落选址与布局特征 —————— 088
　一、关中传统聚落选址与布局特征 —— 088
　二、陕北传统聚落选址与布局特征 —— 096
　三、陕南传统聚落选址与布局特征 —— 101
第二节　聚落空间特征 —————— 104
　一、关中地区传统聚落空间特征 —— 104
　二、陕北地区传统聚落空间特征 —— 112
　三、陕南地区传统聚落空间特征 —— 120
第三节　聚落景观特征 —————— 124
　一、自然景观 —————— 124
　二、人文景观 —————— 128
第四节　聚落营造技术与材料特征 —————— 137
　一、关中合院民居营造特征 —————— 137
　二、陕北窑洞民居营造特征 —————— 139
　三、陕南土木民居营造特征 —————— 148

第五章　关中传统聚落典型案例

第一节　黄土台塬平地团状集聚 —————— 156
　一、党家村 —————— 156
　二、堡安村 —————— 171
　三、徐村 —————— 178
　四、袁家村 —————— 183
　五、柏社村 —————— 193
　六、莲湖村 —————— 199
　七、灵泉村 —————— 205

　八、南长益村 —————— 215
　九、孙塬村 —————— 220
　十、唐家村 —————— 231
第二节　黄土台塬坡地团状集聚 —————— 242
　一、尧头村 —————— 242
　二、陈炉古镇 —————— 259

第六章　陕北传统聚落典型案例

第一节　支毛沟线形窑洞聚落 —————— 276
　一、刘家峁村 —————— 276
　二、甄家湾村 —————— 288
第二节　梁峁树枝状窑洞聚落 —————— 295
　一、杨家沟村 —————— 295
　二、高西沟村 —————— 309
　三、贺一村 —————— 315
　四、王宿里村 —————— 324
第三节　台地型带状窑洞聚落 —————— 334
　一、魏塔村 —————— 334
　二、马家湾村 —————— 340
第四节　河谷平原线形窑洞聚落 —————— 347
　一、木头峪村 —————— 347
　二、郭家沟村 —————— 357

第七章　陕南传统聚落典型案例

第一节　低山丘陵坡地邻水——蜀河古镇 —————— 366
　一、概况 —————— 366

二、聚落选址与布局 —— 366
三、建筑特征 —— 371
四、非物质文化遗产 —— 376

第二节 低山丘陵坡脚邻水
　　　——青木川古镇 —— 382
一、概况 —— 382
二、聚落选址与布局 —— 382
三、建筑特征 —— 383

第三节 中高山地邻水——凤凰古镇 —— 394
一、概况 —— 394
二、聚落选址与总体布局 —— 394
三、建筑特征 —— 396

第四节 平地带状邻水——恒口古镇 —— 399
一、概况 —— 399
二、聚落选址与总体布局 —— 399
三、建筑特征 —— 405

第八章　陕西省传统聚落保护与发展对策

第一节 陕西传统聚落保护与发展现状 —— 412
一、现状问题 —— 412
二、影响因素 —— 413

第二节 陕西传统聚落保护与发展原则 —— 414
一、全面整体原则 —— 414
二、传承文脉原则 —— 414
三、有序发展原则 —— 415
四、分类应对原则 —— 415

第三节 陕西传统聚落保护与发展策略 —— 423
一、增强原住民保护意识，
　　科学制定保护规划方案 —— 423
二、推动历史文化传承，
　　促进文旅协同发展 —— 423
三、提升村落人居环境，
　　加强基础设施建设 —— 424
四、发挥村落个性优势，
　　培育特色产业发展 —— 424

索　引 —— 427

参考文献 —— 430

后　记 —— 440

第一章 陕西省聚落起源与历史演变

第一节 概述

陕西省地势南北高，中间低，地形复杂多样，由高原、山地、平原和盆地等多种地貌构成，全省面积20.58万平方公里，其中黄土高原占全省土地面积的40%。北部为陕北黄土高原，中部为关中平原，南部为陕南秦巴山地。全省河流以秦岭为界，南北分属长江水系和黄河水系。

陕西横跨三个气候带，气候差异大。陕北北部长城沿线属中温带季风气候，关中及陕北大部属暖温带季风气候，陕南属亚热带季风气候。其总体特征是春暖干燥，降水较少，气温回升快而不稳定，多风沙天气；夏季炎热多雨，间有伏旱；秋季凉爽，较湿润，气温下降快；冬季寒冷干燥，气温低，雨雪稀少。全省年平均气温9～16℃，自南向北，自东向西递减，平均年降水量340～1240毫米，南多北少，即陕南为湿润区，关中为半湿润区，陕北为半干旱区（图1-1-1）。

关中平原地处秦岭山地的北侧，北界"北山"，东起潼关港口，西起宝鸡峡，南抵秦岭。区域东宽西窄，东西长约360公里，海拔322～600米，平均海拔520米，总面积39064.5平方公里。区域内地形，从渭河河槽向南、北两侧，地势呈不对称性阶梯状增高，由一、二级河流冲积阶地逐渐过渡到高出渭河200～500米的一级或二级黄土台塬。其中，宽广的中部阶地平原是关中土地最肥沃的地带；渭河北岸二级阶地与陕北高原之间分布着东西延伸的渭北黄土台塬；渭河南侧黄土台塬断续分布，呈阶梯状或倾斜的盾状，由渭河平原向秦岭北麓缓倾（图1-1-2）。关中素有"八百里秦川"的美誉，是陕西人口、聚落密集的主要区域（图1-1-3），其传统民居以合院式建筑为主，北部塬地亦有窑洞分布（图1-1-4）。

陕北黄土高原处于我国第二级地形阶梯之上，海拔800～1300米，其北部为毛乌素沙漠风沙区，南部是黄土高原丘陵沟壑区，总体地势西北高，东南低。陕北黄土高原经严重侵蚀，沟壑纵横，峁梁交错，大部地区已成为破碎的梁峁丘陵，沟谷深度多为50～200米，水土流失严重（图1-1-5）。

陕北地形地势较为复杂，乡村聚落形态往往随之呈现相应变化，塬面上的乡村聚落分布相对集中，而位于沟谷间的乡村聚落则较为分散，民居以各类窑洞为主（图1-1-6、图1-1-7）。

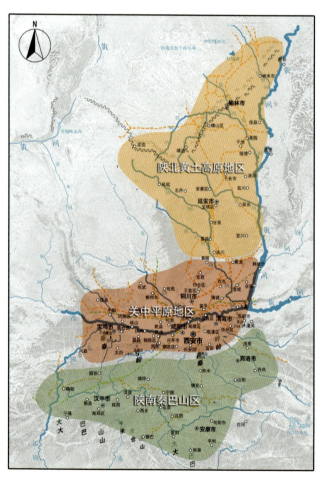

图1-1-1 陕西省分区示意图

(a)中部阶地平原

(b)渭北黄土台塬

(c)渭南黄土台塬

图1-1-2 关中地貌特征

图1-1-3 关中聚落韩城党家村

（a）关中合院民居

（b）渭北窑洞民居

图1-1-4 关中地区典型民居

(a) 黄土高原地貌

(b) 梁峁地貌

(c) 丘陵沟壑地貌

图1-1-5 陕北地貌特征（来源：艾克生 摄）

图1-1-6　陕北地区窑洞聚落（来源：艾克生 摄）

（a）志丹县刘家庄村靠山窑

（b）横山县独立式窑洞

（c）延川县碾畔村独立式窑洞

图1-1-7　陕北窑洞民居

陕南北倚秦岭、南屏巴山，"两山夹一川"，汉江自西向东穿流而过。陕南山地众多，海拔变化剧烈。北侧秦岭以太白山为主峰，向西分为三支，由北而南山势渐低，至汉中盆地边缘已成低山丘陵（图1-1-8）。太白山以东，山势逐渐递减，在商洛地区山势结构如掌状向东分开，间以红色断陷盆地和河谷平地。南部巴山为西北至东南走向，其上游系峡谷深涧，中、下游迂回开阔，形成许多山间小"坝子"。坝子中有两级河流阶地，农田、村镇较为集中（图1-1-9）。汉江谷地以西属嘉陵江上游低山、丘陵区，地势起伏较和缓，谷地较为开阔，是陕、川间主要的水陆通道。陕南民居以合院式建筑为主，其形态受蜀、楚建筑文化影响较大（图1-1-10）。

（a）秦岭

（b）低山丘陵

（c）盆地和河谷平地

图1-1-8 陕南地貌特征（来源：闫杰 摄）

图1-1-9 陕南聚落鸟瞰图

(a) 安康双柏村民居　　　　　　　　(b) 汉中留坝民居　　　　　　　　(c) 商洛山阳民居

图1-1-10　陕南地区典型民居

第二节　聚落起源与演变

距今约6000年前的原始社会新石器时代中期，陕西已进入定居的农业社会，逐渐产生了固定的原始聚落。至今发掘的遗址有千余座，主要典型遗址有西安半坡村、临潼姜寨、宝鸡北首岭、长武下孟村、渭南史家村、西乡向家湾、安康柏树岭、洛南焦村、榆林石峁城等，其中以临潼姜寨和西安半坡村保存较为完整，榆林石峁城址为同时期全国最大，且具有城镇雏形的城镇聚落。但是这一时期由于生产力水平低下，聚落的营造尚处于初始阶段，而聚落规划布局已具备功能分区，开创了中国规划历史的先河。以下分为聚落起源与聚落演变两个阶段叙述。

一、聚落起源

两千多年前，诞生于陕西的史圣司马迁在《史记》中写道："夫关中左崤函，右陇蜀，沃野千里，南有巴蜀之饶，北有胡苑之利，阻三面而守，独以一面东制诸侯。……此所谓金城千里，天府之国也。"书中明确告诉我们，最迟在秦汉之际，土地肥沃、物产丰富的关中平原就有了"天府之国"的美誉，是中国最早的人类起源地和最重要的古文明中心。

这里既有亚洲北部已发现距今70万年前最早的直立人蓝田猿人，也有目前已发现的规模最大、时间最早的史前城市遗址——杨官寨遗址；这里不仅是中华民族的人文始祖炎黄二帝的出生地和主要活动地，还是他们的安葬地。大量考古资料表明，作为华夏文明的摇篮，陕西所孕育的历史如木之根本、水之渊薮，在文明发展史中具有发端和母体的地位。[①]

原始社会是聚落的起源和开始，聚落从巢居和穴居的不稳定状态进入了以氏族为血缘组织，有固定的耕种场所和功能划分的以"聚"为单元的原始定居点。生产力低下的旧石器时代，人类主要以采集、渔猎来获得天然食物，"下者为巢，上者为营窟"（《孟子·滕文公》）。树上的巢居和天然的穴居是当时最主要的居住方式。"新石器时代随着生产力的发展，原始农业的诞生，出现了在相对固定的土地上获取生产资料的生产方

---

① 谭前学，尹夏清. 人文陕西[M]. 西安：陕西旅游出版社，2010：002-003.

式——农耕与饲养"[1]。人类开始从不断迁徙的状态逐渐走向稳定，仰韶时期出现了以氏族血缘关系为纽带的聚居组织形态——"聚"。从陕西西安半坡村遗址考古表明，当时的聚落已经包含了居住、墓葬、农业生产基地、制陶等手工业基地以及畜牧场所等内容，从而形成一个与原始生产方式和内容相关联的社会组织基本单位。同时聚落的形态也摆脱原始的状态，组织性更强，聚落内部的社会组织关系有了雏形。

"聚""邑""都"这些早期的聚落形态也反映了聚落的分化过程。在以乡村为基础的聚落，逐渐演进为一定区域内的行政中心、集镇或是防务重地，在此过程中聚落的功能和层级也会进一步完善和细化。与此同时，作为影响聚落形成发展的自然和社会经济两大因素，也在不同历史时期和不同发展阶段对聚落的演进产生了不同深度的影响。[2]

在聚落的形成初期，由于人类对自然的驾驭能力较弱，为了满足生存，聚落更多地表现为依附自然而存在，这一阶段自然因素往往会起决定性的作用。随着社会经济的发展进步，社会经济因素会逐渐成为促进聚落演进和发展的源动力。

（一）关中地区

据史料记载，早在20万年前，关中地区就有人类居住。在旧石器时代，人们只能利用极其简单的工具依附于自然生存，采取穴居或巢居方式。到距今一万年前后，由旧石器时代发展到新石器时代，以农业、畜牧业为主，逐渐形成固定的居民点聚落。关中地区拥有众多新石器时期的文化遗存，如仰韶文化和龙山文化等（表1-2-1）。

1. 仰韶文化时期

仰韶时期的氏族社会过着以农业为主的定居生活，原始村落多选择河流两岸的台地作为基址。在仰韶文化遗址中有很多处建筑基址遗存，著名的有宝鸡北首岭、临潼姜寨和西安半坡遗址等。这个时期的聚落已有了初步的规划布局，居民聚落已有相当大的规模，房屋数量众多，且出现有防御功能的壕堑、公用的"大房子"、牲畜圈栏、储藏用的窖穴、烧陶的窑，以及墓葬等，建筑建造工具也出现了石斧、石锛、石凿、石锯、蚌锯及骨锥等。人们已经能够利用木、竹苇、草、泥等材料建造房屋，结构有木骨草泥墙壁或梁柱式构架，屋顶多为茅草或草泥，平面造型有方有圆，也有不规则形，地面以上房屋较少，多为半地穴式。总体聚落布局有序，清晰地反映出母系氏族社会聚落的特点和关中地区民居建筑的萌芽[3]（图1-2-1）。

1）宝鸡北首岭遗址

北首岭遗址位于陕西省宝鸡市金陵河西岸的二阶台地之上，是一处保存较好、内容丰富的仰韶文化村落遗址。遗址南北长约300米，东西宽约200米，面积约6万平方米，其中心在龙泉中学院内。遗址文化层堆积厚约4米以上，分为早、中、晚三期，距今7100~5600年。经过七次挖掘，发掘面积4727平方米，发现房屋遗址50座、窖穴75个、陶窑4座、墓葬451座，出土各类文物60000余件。

2）临潼姜寨遗址

陕西临潼县城北的临河东岸台地上的临潼姜寨仰韶村落遗址，显示了较为完整的原始聚落概貌。姜寨遗址的形成主要是因为黄土高原气候干燥，土层比较容易挖掘，背风处能够保暖，抵御风沙和严寒，适宜挖穴居

---

[1] 李红. 聚落的起源与演变[J]. 长春师范学院学报（自然科学版），010（6）：82.
[2] 潘谷西. 中国建筑史[M]. 北京：中国建筑工业出版社，2004：17.
[3] 杜文玉. 陕西简史：全2册[M]. 西安：陕西师范大学出版社有限公司，2014.11：015.

关中地区史前聚落遗址一览表　　　　表1-2-1

文化类型	序号	遗址名称	地理位置
老官台文化	1	白家村聚落遗址	临潼区油槐乡白家村东南侧，位于渭河北岸二级台地上
	2	零口聚落遗址	临潼区零口村东北侧，位于渭河南岸台地上
	3	白庙村聚落遗址	临渭区白庙村
	4	北刘聚落遗址	临渭区河西乡北刘村，位于清水河和稠水河交汇处二级台地上
	5	元君庙聚落遗址	华县柳枝镇南关村桥河村
	6	老官台聚落遗址	位于华县杏林镇老官台村附近，渭河流域沙河东岸台地上
	7	嘴东聚落遗址	宝鸡市金台区陈仓乡鹦鸽嘴东村东500米
	8	北首岭聚落遗址	宝鸡市金台区城区龙泉巷东侧，在金陵河西岸台地上
	9	郭家西聚落遗址	渭滨区马营镇郭家村西150米处
	10	下孟村聚落遗址	泾水河西岸台地上
仰韶文化	1	半坡遗址	浐河东岸的二级阶地上
	2	姜寨聚落遗址	骊山北麓临潼县城北约1公里处，西南为临河
	3	华阴南城子遗址	华阴县敷水镇南面，距华阴县城西15公里，南面为秦岭山脉，北面临渭河，遗址位于南城子村西约300米的台地上
	4	武功游凤遗址	武功县境内西北游凤街以北，漆水河西台地上
	5	渭南北刘遗址	渭南湭河上游的两条支流——"清水河"与"稠水河"交汇处二级台阶上，在渭南城南16公里处的阎村镇北刘村西南
	6	铜川李家沟遗址	黄堡镇李家沟村西漆水东岸二阶台地上
	7	高陵马南村遗址	榆楚乡马南村南50米，泾、渭两河交汇处台地上
	8	渭南史家遗址	渭南县南约15公里的湭河西岸
	9	原子头遗址	陇县城关镇原子头村西的台地上
	10	西安米家崖遗址	西安市东郊浐河西岸，分布的中心区域在西安市灞桥区米家崖村周围
	11	宝鸡北首岭遗址	宝鸡市金陵河西岸三级台地上
	12	西安南殿村遗址	西安市东南郊，其地处白鹿塬西麓、浐河东岸的台地上
	13	咸阳尹家遗址	咸阳市秦都区渭滨镇尹家村渭河北岸二级台地上
	14	通远镇灰堆坡遗址	高陵县通远镇灰堆坡村南
	15	甘河遗址	甘河镇甘河堡西南约300米
	16	临潼白家遗址	临潼区渭河北岸的油槐乡白家村
龙山文化	1	武功浒西庄遗址	北距武功镇约2公里，东临漆水，南依漳水，处于两水相交的三角形台地上
	2	武功赵家来遗址	武功县武功镇南漆水河西岸的一级阶地上
	3	长安区中丰店遗址	中丰店村西南台地上
	4	南坡头遗址	宝鸡市金台区陈仓镇南坡村
	5	赵家河遗址	大荔县伯士乡赵家村西
	6	北王遗址	大峪河东岸王村镇北王村西800米处的三个沟凸上

（注：根据《黄河流域聚落论稿 从史前聚落到早期都市》和《豫晋陕史前聚落研究》的相关内容整理）

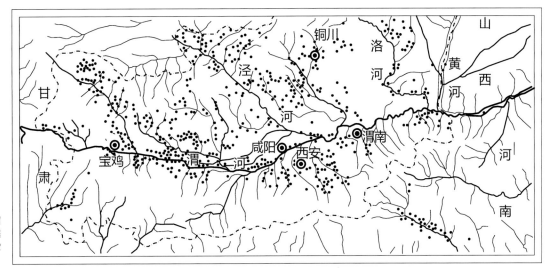

图1-2-1 关中地区仰韶遗址分布图（来源：根据杜文玉《陕西简史：全2册》改绘）

住。原始民居由横穴开始，过渡到袋状竖穴，再到半穴居，最后进化到地面建筑，逐步构建成姜寨村落的原始面貌。

该遗址为距今6600～6400年的生活栖息地，面积5万余平方米，已挖掘整理出1.6万平方米。聚落遗址由居住区、烧陶窑场、墓葬区三部分组成。居住区是主体，其外围有壕沟围绕。在居住区共发现约有100座房屋，房屋共分为五组，围绕一个中央广场布置。每组都以一栋大房子为核心，其他较小的房屋环绕中间空地与大房子形成环形布置，各组房屋的门均朝向中央广场呈向心式布局。房屋所在区域的周围地势较高，中央广场的地势略低，广场上建有一间大房子，平时作为村寨首领召集氏族成员聚会和活动的场所，它既是整个氏族宗室维系血缘和人际关系的纽带，也是整个部落抵御外界危险和天敌的需要（图1-2-2）。

3）西安半坡遗址

西安半坡遗址位于西安市东郊、浐河东岸的一处河谷地上，遗址面积达5000平方米，为公元前4800～前4300年的生活栖息地，距今已有6000年以上历史。遗址总平面呈南北略长的不规则圆形，分为三个区域，即居住区、氏族墓葬区、制陶窑场（图1-2-3）。

居住区内目前已探明的有46座房屋，属半穴居式木架建筑。"半坡型"房屋以圆形平面数量最多，共31座，直径在4～6米；方形或矩形平面的为15座，面积为12～40平方米（图1-2-4）。住房围成一个中心广场，且在居住区周围有壕沟。

从西安半坡遗址的状况来看，随着先民们营建经验的不断积累、营建技术的不断提高和完善，以及新工具的使用，住房形式已从穴居、半穴居（图1-2-5、图1-2-6）渐渐地发展到地面建筑，且住房天窗的防水边缘上已发现坑点之类的装饰，这说明，当时土木混合结构的原始建筑已日趋成熟，并出现了建筑装饰艺术。

西安半坡还发现了一座大房子遗址。它位于中心广场的边缘，是整个氏族聚落最高大的、带有福利性质的建筑，全氏族需被抚养的老弱病残者都住在这里，氏族首领也住在这里。它还是全氏族聚会的场所，采取内部分隔空间的办法（图1-2-7），这在中国建筑史上是一个显著的进步。

2. 龙山文化时期

在距今约5000年前，我国黄河流域的部分地区进

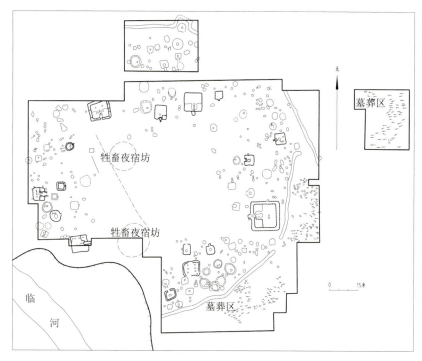

图1-2-2 陕西临潼姜寨母系氏族部落聚落布局（来源：根据《考古与文物》1980年第3期 改绘）

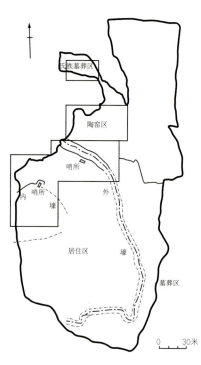

图1-2-3 西安半坡遗址分区示意图（来源：根据《关于半坡遗址的环壕与哨所——半坡聚落形态考察之一》改绘）

图1-2-4 西安半坡遗址

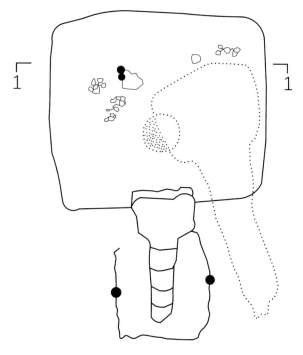

图1-2-5 半坡半穴居F37遗址复原平面图（来源：根据杨鸿勋.杨鸿勋建筑考古学论文集[M].北京：清华大学出版社，2008：17. 改绘）

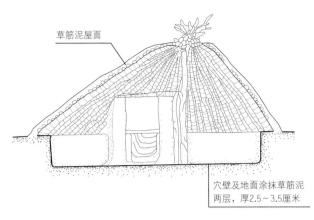

图1-2-6 半坡半穴居F37遗址复原1-1剖面图（来源：根据杨鸿勋.杨鸿勋建筑考古学论文集[M].北京：清华大学出版社，2008：17.改绘）

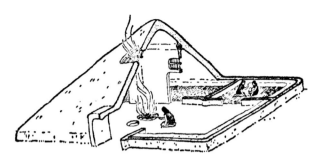

图1-2-7 西安半坡遗址氏族聚居的大房子复原图（来源：李琰君.陕南传统民居考察[M].西安：陕西师范大学出版总社有限公司，2016.）

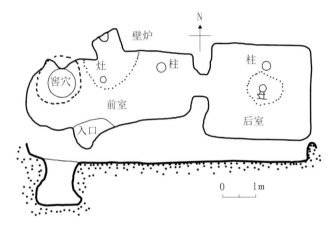

图1-2-8 西安市客省庄龙山文化房屋遗址平面图（来源：中国科学院考古研究所编.沣西发掘报告[M].北京：文物出版社，1963：44.）

图1-2-9 远古人类开挖洞穴（来源：引自《中国窑洞》）

入父系氏族社会，农业和饲养家畜的发展促使了手工业与农业的分离。同时，私有制的产生导致在这个时期小房子的数量开始增加。在龙山文化时期的住房遗址中已显现出了家庭私有的痕迹，出现了双室相连的套间式半穴居，如西安市长安区马王镇客省庄的平面呈"吕"字形半穴居遗址（图1-2-8）。

在建筑设计方面，龙山文化的住房遗址采用夯土地基，室内地面上开始广泛使用白灰面层，墙体使用土坯砖或木骨泥墙。[1]

（二）陕北地区

远古时期"人民少而禽兽众，人民不胜禽兽虫蛇"（韩非《五蠹》），原始先民多居于丘陵之中。而在黄土塬区的人们很少有天然洞穴可供栖息，为了躲避野兽和风寒雨雪的侵袭，唯一可行的办法就是挖掘土洞穴。黄土高原地区黄土所具有的良好的整体性和适度的柔和性、松软性，使用简单的石器工具就可以挖掘成洞穴。历史学考古发现也证实，早在100万年前的旧石器时代，黄土高原上的原始居民已经可以利用工具开挖洞穴（图1-2-9）。

---

[1] 李琰君.陕西关中传统民居建筑与居住民俗文化[M].北京：科学出版社，2011.6：004-010.

约8000年前的新石器时代的仰韶文化时期，首次出现了半地穴式建筑。仰韶文化遗址主要分散在以渭水河谷为中心的关中、陕北大小河流的阶地和泉边原野（表1-2-2），人们在这里建立了聚落。进入新石器时代以后，先民从丘陵地区进入盆地平原，已无洞穴可以栖身，于是仿照旧石器时代的洞穴，用石器、木器等工具在黄土地带向地面挖掘，出现了地穴式、半地穴式的居室。古代聚落多靠水而居，临大小河流（图1-2-10）。

在西北地区，尤其是黄土高原上，地势较高且气候干燥、土质疏松，适合于居住的"穴居"方式成为主流（图1-2-11）。

整体来说，原始社会时期为陕北地区窑洞民居营建的萌芽期，此时人们就已学会选择在向阳的山坡上营建聚落，并发明出建造窑洞的方法及工具，直至后来形成了一套完整的窑洞营建技艺。

陕北地区史前聚落一览表　　　　　　表1-2-2

文化类型	序号	遗址名称	地理位置
仰韶文化	1	庙梁遗址	榆林市靖边县杨桥畔镇杨二村东南的黄土台地之上
	2	肖家峁遗址	榆林市榆阳区红石桥乡肖家峁村西
	3	四卜树遗址	神木县西沟乡四卜树村西北约1公里处，东南距神木县城约20公里
	4	连城峁遗址	府谷县庙沟门乡政府西北连城峁山梁上，夹于东西庙沟门河之间
	5	寨山遗址	黄河支流大理河与马邑河交汇的山峁上
	6	安子梁遗址	靖边县东北黄蒿界乡大界村西南，距大界村约200米，西北距乡政府约1.5公里
	7	五庄果梁遗址	黄蒿界乡大界村小界自然村西北，庙梁东与黑河子西之间的五座山梁上
	8	栾家坪遗址	子长县栾家坪乡栾家坪村东秀延河北岸的二级阶地上
	9	贝坡遗址	延安城东南黄龙县三岔乡贝坡村西
龙山文化	1	神木石峁遗址	高家堡镇石峁村的秃尾河北侧山峁上
	2	特麻沟遗址	神木县大柳塔镇特麻沟村东北、东南两侧，西距特麻沟村约500米
	3	花豹峁遗址	府谷县墙头乡花豹峁坡上
	4	贺家畔遗址	高石崖乡贺家畔村东山麓
	5	垴畔梁遗址	新安边镇火石沟门村垴畔梁300米处洛河以东的二级台地上
	6	寨峁梁遗址	榆林市榆阳区安崖镇房崖村
	7	大古界遗址	大古界村西北约300米处的烂土峁西坡和南坡之上，西距榆靖高速公路约500米
	8	西原山遗址	靖边县龙洲镇龙洲三村
	9	芦山峁遗址	延安市宝塔区李渠镇芦山峁村西北侧的梁峁上，西邻延河支流陈团沟、新尧沟两条河沟
	10	木瓜寨遗址	黄龙县曹店乡水磨湾村东
	11	寨子垯遗址	米脂县银州镇姬桥村西北的寨子圪垯上

（注：根据《黄河流域聚落论稿从史前聚落到早期都市》和《豫晋陕史前聚落研究》的相关内容整理）

图1-2-10 陕北地区仰韶文化分布图（来源：引自《陕西通史·原始社会卷》）

（三）陕南地区

秦巴山地的聚落起源于原始社会的新旧石器阶段（图1-2-12、图1-2-13）。"截止到现在已陆续发现了旧石器时代文化遗址和新石器文化遗址几十处。其中南郑县梁山旧石器文化遗址距今约20～100万年，它的发现填补了秦巴山地旧石器时代文化的空白，对研究我国旧石器时代文化的分布和南北方古人类文化的传承提供了宝贵的资料。"[①] 距今10000～7000年的李家村文化的遗址有西乡的李家村[②]、竹园、何家湾，洋县的土地庙，南郑的龙岗寺和略阳的中川，以及旬阳的李家村遗址。距今7000～5000年的仰韶文化时期遗址有南郑的龙岗寺，勉县的仓台、红庙村、杨寨、温泉、漾水图，城固县的单家村、江湾、周家坎、莲花池，西乡县的何家湾，洋县的窑沟，佛坪的三教店，安康的柏树岭遗址、柳家河遗址、中渡台遗址、张家坝遗址和奠家坝遗址，石泉的好汉坡遗址、麻池遗址、马家营遗址、杨家坝遗址和岚皋的萧家坝遗址，旬阳的陈家坎遗址均有它的文化遗存。

这一时期的人类已经进入母系氏族社会的繁荣期，经济以原始的农业为主，村落营造、生产工具和生活用品的制作技术和质量都较李家村文化时期有明显的进步，距今4000～5000年，龙山文化在红岩坝和水东均有分布，此时种植业已成为最主要的生产活动，人类历史已经进入原始社会的最后阶段——父系氏族社会。

原始社会秦巴山地的聚落遗址主要散布在汉江两岸及其主要支流的秦巴腹地，这一时期星罗棋布的人类聚落反映了史前时期秦巴山地人类的活动轨迹和聚落的起源（表1-2-3）。

总的来说，原始聚落的分化演变经历了一个由"聚"到"城"和"市"，并最终由各功能、大小的聚落有机地组织在一起的过程。"城"是指都邑四周作防御的墙垣，一般有两重。"内为之城，城外为之郭"（《管子·度地》），"鲧筑城以卫君，廓以守民，城廓之始也"（《吴越春秋》），说明了城的防御作用。"市"是指商品交换的场所。当城和市聚于一体时便称为城市。《周易·系辞》记载："日中为市，致天下之民，聚天下之货，交易而退，各得其所"。[③]

---

① 杨启超. 陕西省汉中地区地理志[M]. 西安：陕西人民出版社，1993.
② 李家村遗址位于西乡县城南两公里的葛石乡李家村牧马河南岸的一级阶地上。1960年和1961年，考古工作者先后调查和发掘了这个遗址。出土文物有两类。一类是石器，以磨制为主，打制的占有相当大的比例；另一类是陶器，有罐、鼎、钵、盂等。其中，泥质外红内黑的圈足钵、加砂灰白色的三足器和扁平磨光双弧刃石铲等器物，具有新时期时代早期文化的典型特征。中国考古学会第一次年会正式将其命名为"李家村文化"，作为我国新石器时代早期文化的一种地域类型。
③ 郑红峰. 周易[M]. 北京：光明日报出版社，2015.8.

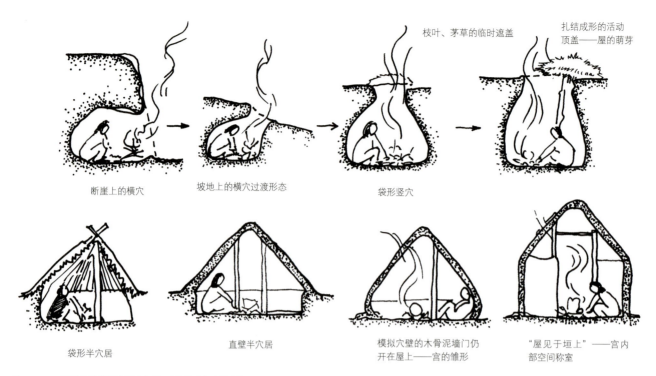

图1-2-11 原始穴居发展序列（来源：《中国城市发展史》）

图1-2-12 汉中聚落遗址分布图（来源：根据杨启超. 陕西省安康地区地理志[M]. 西安：陕西人民出版社，1993：4. 改绘）

图1-2-13 安康聚落遗址分布图
（来源：根据杨启超. 陕西省安康地区地理志[M]. 西安：陕西人民出版社，1993：4. 改绘）

二、聚落演变

（一）关中地区

原始社会后期，随着私有制的产生发展，氏族内部人员之间的社会地位差异便逐渐地显现出来。经济发展的不平衡，部落之间的战争增多，进而出现奴隶现象，并且奴隶的数量逐渐增多，导致了阶级分化和奴隶制社会的形成，最终产生了国家，如夏、商、西周等。

汉中、安康聚落遗址一览表　　　　　　　　　　　　　　　　　　　　表1-2-3

文化类型	序号	遗址名称	地理位置
龙山文化	1	红岩坝遗址	西乡县东北约6公里处,西距何家湾约0.5公里
	2	水东遗址	西乡县城西5公里,距洋水河南200米阶地上
仰韶文化	1	龙岗寺遗址	梁山东部尾端,石拱乡爱国村,距汉中城约6公里
	2	何家湾遗址	西乡县何家湾的泾阳河右岸第一台阶上
	3	仓台遗址	勉县城东5公里,汉江左岸1000米一级阶地
	4	红庙村遗址	勉县褒河西侧,汉江北岸
	5	杨寨遗址	勉县长彬,褒河阶地,汉江南岸
	6	温泉遗址	勉县温泉镇
	7	漾水遗址	勉县漾水河附近
	8	周家坎遗址	城固县文川镇东0.7公里,文川河西岸二级阶地
	9	单家村遗址	城固县宝山乡,湑水河东岸1000米,二级阶地
	10	江湾遗址	城固县汉江北岸
	11	莲花池遗址	城固县汉江北岸
	12	密沟遗址	洋县城西1.5公里,汉江北岸,湑水河与汉江阶地
	13	三教店遗址	佛坪西岔河镇椒溪河沿岸
	14	阮家坝遗址	汉阴县风照山南漓溪乡阮家坝一带,汉江北岸第一阶地上
	15	柏树岭遗址	汉江以北的月河谷地,与阮家坝岭遗址相距约3华里
	16	柳家河遗址	安康五里镇,南距月河100米,北距神仙街200米,地形平坦
	17	新天铺遗址	旬阳县构元乡新天铺自然村南,濒临汉江北岸,为缓平的黄土坡地形
	18	王家坝遗址	安康市皂树乡铺坝村
	19	麻池遗址	石泉县池河镇池河和汉江的交汇处
	20	杨家坝遗址	汉阴县月河上游
	21	马家营遗址	紫阳县城西北3.5公里,汉水左岸100米一级阶地
	22	张家坝遗址	安康市汉江北岸月河下游
	23	中渡台遗址	安康市汉江北岸
	24	奠安遗址	安康市汉江与黄洋河的交汇处
	25	萧家坝遗址	岚皋县北,岚河右岸一级阶地
	26	好汉坡遗址	石泉县城西面约300米,汉江北岸二级阶地
	27	王家碥遗址	汉江以北的月河谷地
	28	陈家坎遗址	旬阳县构元乡
李家村文化	1	李家村遗址	旬阳县旬河下游
	2	李家村遗址	西乡县城西约1.5公里处牧马河南岸第一台地上
	3	竹园遗址	西乡县
	4	上地庙遗址	洋县贯溪镇汉江北岸
	5	中川遗址	略阳县中川坝

(注:根据《陕西汉中地区地理志》和《陕西安康地区地理志》的相关内容整理)

在这个时期，随着社会的进步，制造先进的生产工具，所使用的材料逐渐由金属取代了石、骨等原始材料，提高了生产力。同时，文字的产生也加快了信息传播速度，尤其是春秋战国时期出现了思想领域百家争鸣的繁荣景象。受社会经济环境的影响，原始聚落有了新的发展。

夏朝是奴隶社会的第一个朝代，主要的活动范围以中原为中心。有史料证实在中原一带，这个时期开始营造奴隶主的宫室，而且有了"民居"这一普通庶民居住的建筑形式。在统治阶级的压迫下，相对于宫殿庭院式的建筑来说，民间的住宅并没有太大的发展。商代是我国奴隶社会的大发展时期，从这个时期开始，我国已经有了文字记载，北方地区的民居形式也已由半地穴式向地面建筑形式发展，如当时的夯土技术得到了一定的推广和应用，而且还出现了级别较高的有台基的建筑，建筑中已有了成排的支柱，室内分割的现象也十分普遍。①

周族自公刘迁豳时开始兴起，在《诗经·大雅·公刘》和《史记·周本纪》中都有记载。《汉书·地理志》于"旬邑"文下注："有乡，《诗》国，公刘所都"②。后来，由于西北的游牧部落不断南下侵扰，周人的生产和生活受到比较严重的影响，于是不得不离开泾水中游一带。旬邑县的下魏洛遗址、淳化县的枣树沟脑遗址就是早期周人在此活动的真实体现。③

周人离开泾水中游以后，来到了岐山之下，很快就兴盛起来，营建城邑。"后稷之孙，实维大王，居岐之阳，实始翦商。"④古公亶父时，又迁到岐山南边的周原（今陕西岐山、扶风、凤翔一带），自称为周。到文王时又迁徙到西安西南郊的沣河下游，建都于丰。据黄春长等先生的研究，这个时期发生了游牧民族大规模南移，也发生了周人历史上著名的"古公迁岐""文王迁丰"和"平王东迁"等事件。"通过深入分析论证，认为环境恶化和水土资源退化是引起周人都邑迁移的主导因素，虽然游牧民族南侵占领也是重要的驱动力，但是引起游牧民族南下的根本原因，也主要是环境恶化和水草资源的退化。"⑤

先周文化遗址的分布，遍及今陕西省泾渭流域的宝鸡市及下辖的凤翔、岐山、扶风、麟游、眉县，咸阳市及下辖的武功、兴平、彬县、长武、乾县、泾阳，铜川市的耀州区，西安市的长安区及周至、户县各处。以遗址集中的密度而言，长安丰镐、扶风、岐山一带，以及长武附近较为密集。

西周古遗址群位于陕西省关中平原的西部，包括现今的凤翔、岐山、扶风、武功四县的大部分和宝鸡、眉县、乾县的一小部分，面积200多平方公里。其中考古发现的"周原遗址"东西宽约3公里，南北长约5公里，遗址包含的内容丰富，有宫殿、庙宇、住宅遗址，也有铸铜、制陶、制骨、制玉石等手工业作坊遗址，还有窖藏、墓葬遗址等。

战国时期，社会生产力的进一步提高和生产关系的变革，促进了封建经济和手工业、商业的进一步发展，也促进了城市的繁荣且规模日益扩大，在关中地区也同样出现了城市建设与发展的高潮。这一时期，农业和手工业的进步以及新工具的广泛使用，使得建筑技术有了巨大发展和提升，特别是斧、锯、锥、凿等铁制工具的应用，更是使木架建筑施工质量和结构制作技术的

---

① 李琰君．陕西关中传统民居建筑与居住民俗文化［M］．北京：科学出版社，2011.6：010-015．
② 《汉书》卷二八《地理志》，中华书局，1962：1547。
③ 王振，陈洪海．陕西淳化枣树沟脑遗址2008年度发掘的主要收获[J]．西北大学学报，2010（6）．
④ 周振甫：《诗经译注》卷八《鲁颂·网官》，中华书局，2002：537．
⑤ 黄春长，庞奖励，陈宝群，周群英，毛龙江，李平华．渭河流域先周——西周时代环境和水土资源退化及其社会影响[J]．第四纪研究，2003（04）：404-414．

标准及要求有了大幅度的提高。

秦汉时期是中国建筑大规模、高速发展的阶段，建筑技术以及建筑文化也得到了全面的提升。秦始皇统一六国后，大力推行改革，并在政治、经济和文化等方面实行统一法令、货币、度量衡以及文字；聚集六国财富和工匠大兴土木。这在很大程度上促进了关中地区文化和建筑等各方面的互相交流和融合，在建筑方面表现最明显的就是技术的进步、样式的丰富和施工质量的提高。与此同时，民居建筑在这个时期也得到了较快、较大的发展。整个汉代（公元前206年至公元220年）处于封建社会的上升时期，先进生产力的发展促使建筑产生了明显的进步，形成了我国古代建筑史上的又一个繁荣时期。突出表现就是木构建筑日趋成熟，铁制工具如斧、锯、锥和凿的普遍应用对木构建筑的加工和制作起到了很大促进作用，出现了多层的木构楼阁。在制砖技术和拱券结构方面，汉代也有了巨大的进步，其工艺水平在原有的基础上有所提高，西汉时创造了楔形和有榫的砖。

三国、两晋年代时长都比较短，建筑上没有大的进展。南北朝时期，在北方，少数民族进入中原后，带来了不同的生活习惯，他们在依据汉族典籍文化营建宫室的同时，室内采用了高凳椅的习惯。由于民族大融合，从此一改过去席地而坐的习惯，这对后来建筑物室内环境和家具布置处理均有了较大的影响。在两晋及南北朝时期，北方注重宗法制度，同居共财，民居建筑较朴实，规模较大。

隋唐至宋是我国封建社会的鼎盛时期，是我国政治、经济、军事、文化和外交的大发展时期，同时也是我国古代建筑的成熟时期，民居建筑和民居艺术均得到了迅猛的发展，经济和文化的发展使得国力增强，在国富民强的背景下出现了大量的民居建筑组群和村落。

唐代的建筑在原有的基础上又有了新的发展，无论在木构建筑、砖石建筑、建筑组群的处理上以及城市规划与建设方面，还是在建筑技术和建筑艺术方面都达到了前所未有的水平，因此称唐代建筑是古代建筑的成熟阶段。唐朝的长安城区已经实行了较为成熟的"里坊制"，将整个长安城明确地划分成坊与坊的组合，各坊之间有高大的围墙相隔，而民居规划于高墙之内。城区统一规整，条理清晰。由城墙、里坊和私家宅院的围墙单面围合的民居院落形成了固定的规模和格局，通常一处宅院是由几个并排院落加上甬道连通后共同组成的大合院形式。从院落的大门进去，一般要经过大门、中门、厅堂等，后面还有寝室，两侧也可加上厢房或耳房等。并排的院落以墙门连接，外围均用高墙围合。由此看出，当时的院落已经具备不同的功能性和防御性。同时，成熟的"城市模式"得到了进一步的提高和深化。在严格的礼制制度下，将"市"与"居"、"上"与"下"、"贵"与"贱"等以"井"字形的规划形式来实施建设。[①]

在宋代，普通百姓的住房仍为草屋，多为两间到三间，形式比较简单，与外部环境融合较好。稍富裕阶层的民居规模不等，有较大型、大型以及超大型的，形制变化较大，有一字式、曲尺式、工字式等各种组合，院落大多呈单幢或多幢组合式，且以夯土墙和栅墙围合，较少使用廊屋。除了直棂格窗以外，还有花格窗等形式出现。大门为单间门屋或两柱式墙门。屋面为坡屋面硬山式，瓦屋面和草屋面均有，还有用竹席遮阳的外檐。元朝建立后，中原地区的农业和手工业的正常秩序受到严重的影响，致使两宋以来

---

① 李琰君. 陕西关中传统民居建筑与居住民俗文化［M］. 北京：科学出版社，2011.6：010-015.

高度发展的经济和文化遭到极大的打击，元代在建筑方面的成就虽不及其他朝代，但也取得了一些进步和发展。

封建社会后期即明清时期，社会稳定，在关中地区由于人口的不断迁入，各地区村落及民居建设不断发展壮大，先后出现了许多具有代表性的村镇，截至目前，现存的明清民居建筑实例数量不少。仅看《长安地名志》的记载便能知道陕西传统村落及民居建筑源远流长。在这个时期，不仅有了多进合院式民居，而且组合模式呈现出跨院式和多个纵列形式。受气候、纬度以及人多地少诸多因素的影响，在合院式的住宅中，院落呈窄长型，故称为"窄院民居"。

此外，由于气候和地理环境的不同，窑洞在关中地区也较为普遍，凡是有沟壑、土塬的地方均有穴居存在，特别是在北部的黄土高原地区较为集中。窑洞根据地形，采取三种不同的形式：一是直接依山靠崖挖洞成窑，称为"靠崖窑"；二是在平坦地带向地下挖土，形成四壁闭合的天井，在周围挖成的窑洞，称为"下沉式窑洞"，也称"地坑窑"；三是独立式窑洞，以土坯或砖石为承重结构建造的拱形房屋，上部覆以厚土。据考证，陕西宝鸡金台观后部断崖上的窑洞，距今已有600余年。同时，在这个时期也出现了砖砌或土坯砌的锢窑与木构建筑共同组成的宅院。

（二）陕北地区

夏、商、西周时期，人类从原始氏族社会进入了奴隶制的阶级社会。木构架的房屋大量出现，奴隶和奴隶主的居所已经有了明显的差别，但穴居仍然是众多奴隶的居所。河南郑州一代发掘出的炼铜和陶器作坊附近，曾发现有许多长方形的半穴居遗址，显然是从事手工业奴隶的居所；另一方面还发现建在地面上较大的房屋遗址，有版筑墙和夯土基地，显然是奴隶主的住房。

战国后出现了铁农具，生产力长足发展。秦汉以来出现砖瓦，建筑材料生产和建筑技术有很大进步，楼阁、宫室的规模更加宏伟。陵墓墓室已由半圆形筒拱结构发展为砖穹窿顶。拱券砌筑技术不断改进，会用一券一伏或多层券砌拱，为以后窑洞民居中采用土坯拱、砖石拱奠定了基础。在古籍中开始出现"凿地为窑"的"窑"字，这是迄今为止最早以"窑"字称横穴的文献。

到了魏晋及南北朝时期，石工技术达到了很高的水平，当时凿窑造石窟之风遍及各地，如山西大同云冈石窟、洛阳龙门石窟就是此时凿建的。石拱技术也开始用于地下窟室和洞穴及窑洞的建造上。

隋唐时期是中国封建社会前期发展的高峰，也是中国古代建筑发展成熟的时期，已能建造宏伟的宫殿和庙宇了。这时，黄土窑洞已被官府用作粮仓，例如隋唐时期的大型粮仓——含嘉仓是与隋代东都同时营建的。这说明古人很早就利用地下窑洞"恒温"可久藏的原理来储存粮食了。我们还可以从府、县志记载和古迹中知道，这一时期窑洞建筑已在民间使用。

元、明、清时代，中国传统古建筑取得了重大成就。从元代起就有半圆形拱券的门和全部用砖券的窑洞。到了明代，砖的生产大量增长，民居中普遍使用了砖瓦。陕北地区环境的变迁、人民性格和建筑形式形成于该时期。水土流失导致环境愈来愈恶劣，人民形成游牧农耕混合的生产方式和粗犷大气的性格，而随着建筑技术的提高，由最初挖土成窑，发展到后来建造石窑、砖窑，以及各种雕塑装饰。明清时期地主富户建设的例如姜氏庄园、常氏庄园、马氏庄园、党氏庄园等，都是陕北民居建筑中典型代表。

(三)陕南地区

根据历史记载,秦巴山地城出现最早应该是古褒国城。筑城最初的目的是基于军事防御和战略需要,其后为了防御楚国治郡西城(安康地区)不治南郑,秦汉时期在汉江河谷地带的汉中盆地中建有南郑城[1]。

汉魏晋南北朝时期是筑城的高峰。这一时期由于汉末至隋唐中原长期处于动乱之中,"百姓流亡,所在屯聚"[2]。不能迁移者,则以宗族和乡党为纽带,屯聚坞堡,坚壁自守以避侵害。而迁移至此的移民,也大都据城堡以求自保。同时各政权为强化对地方的统治,或借规模较大的坞堡而立治所,或选择险要之处另立城郭作为据守之地。因此,在动荡的时局中居民为自保营建了很多城邑、坞堡以及戎垒,再加上政权统治的推动,秦巴山地在这一时期营建了大量城郭,改变了两汉时期汉水流域包括秦巴山地区域以规模较小的散村为主的聚落形态。"从而在秦巴山地传统的汉水河谷地区形成了以聚居为主的'城居'状态。而在河谷两侧的低中山区以及川谷地带,除少数的戎垒之外,集聚聚落较少,基本处于散居状态。"[3]公元6世纪北魏地理学家郦道元所著《水经注·沔水上》比较详细地描写了这一时期汉水上游城池建设的基本情况。在汉水一线及其支流分布了大大小小几十座城池和戎堡(图1-2-14)。

唐末五代至宋,这一时期城市建设主要表现为三个特点。首先,根据鲁西奇在《城墙内外》一书中,对汉水流域州县治所城市的史料考察表明,大部分唐代以来的州县城均沿用南北朝后期特别是西魏、北周所筑城垣,也存在移置现象。例如地处秦巴山地汉水上游的洋州、金州为沿用西魏、北周的城垣;地处今汉中的梁州

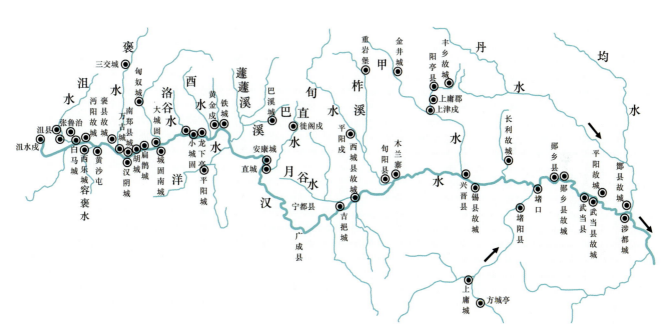

图1-2-14 《水经注》所见汉水上游地区城邑戎堡的分布图(来源:鲁西奇《城墙内外——古代汉水流域城市的形态与空间结构》p43)

---

[1] 司马迁. 史记[M]. 北京:线装书局,2006. 12.
[2] 刘俊文. 日本学者研究中国史论著选译(第3卷)[M]. 北京:中华书局,1993;1-29.
[3] 鲁西奇. 城墙内外——古代汉水流域城市的形态与空间结构[M]. 北京:中华书局,2011;43.

则据汉代南郑小城向西南移动重建；地处勉县的褒城县在隋唐五代时沿用晋宋苞中县（南城），随后在北宋庆历中移置。其次是城市的功能虽然仍以据守而立，但附郭而居成为常态。因此当时另立土垣，营建罗城成为城市建设的主要内容。同时里坊制和"市"的演化，都在一定程度上推动了城市功能的转化和完善。特别是在中唐以后，里坊制逐渐瓦解，代之为宋开放的街市。"原有的官位相从，聚族而居，等级差别，四民异处的城市地域结构，转向官贵之家与工商伎作匠户混合相处的局面……商业街与庙宇、集市作为城市各个职能地域内市民相聚的场所，一起构成子城（衙城）之外的城市副中心和另外一种文化景观。"①但有一点需要强调的是虽然这一时期治所建设新建较少，但基于统治和军事需求的戍垒、寨堡（关）建设较多，虽然其规模等级与治所建设有差异，但在一定程度上反映了社会经济发展下，区域的开发导致防区的进一步扩大和人类的聚居已开始向秦巴山地的纵深发展的现象（图1-2-15、表1-2-4）。

明清两代从国家层面上均奉行提倡筑城的政策，强调州县官的职责之一就是负责修筑、维护城垣濠池。《明会典》记洪武二十六年（1393年）定制："若在外藩镇州府城隍，但有损坏，系于紧要去处者，随即度量彼处军民工料多少，人奏修理；如系腹里去处，于农隙之时兴工②。"秦巴山地自明代以来，战事和自然灾害使得旧有的城池受到不同程度的毁坏。如白河县城据光绪年间的《白河县志》记载："明季城毁于贼，县官侨居冷水河。兵燹，余民残喘。家佐独经营创始，因山势为城"③；《城固县志》记载："正德七年（1512年）春，川'群盗'至本县抢掠，县城元末废坏无所恃，人不得安居，是年三月起，汉中府通判周盛率民修县城。翌年三月修起，辟被门，并修城门、城楼。"④因此，明清以来对城池的建设和修缮成为这一时期共同的显著

图1-2-15 唐宋时期汉水上游州县置所分布图（来源：鲁西奇《城墙内外——古代汉水流域城市的形态与空间结构》p250）

---

① 李孝聪. 唐代地域结构与运作空间[M]. 上海：上海辞书出版社，2003：297-298.
②（明）李东阳. 大明会典（卷187工部七·营造5·城垣）[M]. 北京：中华书局，1989：944.
③（光绪）《白河县志》卷8《职官·官绩附》。
④ 宁强县史志办编，宋文富校注. 宁羌州志（光绪）[M]. 北京：华夏出版社，006：15.

《水经注·沔水》所见汉水上游地区的军事性城垒戍堡 表1-2-4

城垒戍堡	始建年代	地理位置	形态描述
沮水戍	至迟在北魏孝武帝时	沮水（今黑水河）入河之口（温口）之北	—
白马戍（阳平关、沔水城）	东汉末张鲁时	浕水入沔之口	西带浕水，南面沔川
张鲁城	东汉末张鲁时	浕水西岸，或在今方家坝稍南处	因即岭，周回五里，东临浕谷，然百寻；西北二面，连峰接崖
武侯垒	蜀汉时	今勉县西沔州老城附近之汉水南岸	—
诸葛亮垒	蜀汉时	今勉县西沔州老城附近之汉水南岸	背山向水，中有小城，回隔难解
西乐城	蜀汉时	汉水南岸，容裘水（今八道河）之西	城在山上，周三（十）里，其险固。城侧有谷
黄忠故城	蜀汉时	容裘水中上游	凭山即险，四面阻绝
黄沙屯（城）	蜀汉时	今勉县黄沙镇附近	—
三交城	不详	今留坝县江口镇附近	城在三水之会
江阴城	不详	今南郑县大河坎镇	汉水南岸
城固南城	东晋末	今城固县三合乡秦家坝	城周七里，衿润带谷，绝壁百寻
党城	不详	今洋县城南关	—
小城固	东晋末	今洋县贯溪乡东联村	—
黄金戍	至迟在刘宋前期	今洋县金水街附近	水依焰，险折七里，容百许人
铁城	至迟在刘宋前期	今洋县金水街附近	容百许人
巴溪戍	不详	今宁陕县城附近	—
平阳戍	蜀汉时	今西乡县城西南十五里	—
敖头戍	不详	今石泉县稍东处	傍山通道，水陆险凑
葴阁戍	不详	池河上游	置于崇阜之上，下临深渊
直城	不详	池河入汉水之口	—
平阳戍	东晋时	今旬阳县仁河口附近	—
重岩堡	东晋时	今柞水县城附近	西、南二面临柞水
木兰寨（伎陵城）	三国时	今旬阳县东境关口一带	周回数里，左岸垒石数十行，重垒数十里
金井城	不详	今柞水县凤凰镇附近	—
上津戍	东晋时	今山阳县南境漫川关	—

特点。

明清时期是秦巴山地人口迁移和区域开发空前的阶段，人口的剧增使居民点进一步向山区扩展，这样就使得基于社会安全和地区治理需求的军事关隘建设也成为这一时期的城池建设的重点。军事关隘的建设和设置反映了这一时期秦巴山地聚居点由汉江河谷的中心城市或是治所向山区扩散的事实，同时也使秦巴山地的城镇聚落体系的层级更加明确并且在区域内部的分布更加完善。

秦巴山地由于在历史上交通不便，兵燹频发，资源有限，其市场发展受到一定的限制，导致区域内部城镇商业发展总体上处于缓慢和不稳定状态。根据《宁羌州志》（光绪）记载："全州市集共有43处，通常为三六九场、二五八场以及一四七场，在所有的集市中仅阳平关为每日场。同时从道光年间至光绪年间，其市集数量没有增加，反而好多废弃。"[①]这一现象也使得区域内集市的发展独立性较弱，更多是依附于行政治所或是军事关隘发展。明清以来商品经济的发展推动了沿江城镇聚落的发展，使它们逐渐成为区域的商业中心城镇。与此同时处于省域比邻的地方城镇基于"市"的发展和商品的交换也获得了一定的发展。相应内陆的城镇由于地理上的劣势缺少发展动力而使得聚落进一步分化为不同的等级。如沿江的汉中府（汉中）、兴安府（安康）、白河的关口镇、紫阳的瓦房店以及蜀河镇等都获得了快速的发展，或成为区域的中心城市或成为中心集镇。其中兴安府的商业在道光年间已非常兴盛，城内街市繁华，商贾辐转，大都会也，各地会馆林立，而位于秦巴山地西部三省交界的宁羌、陕甘交界的略阳以及位于嘉陵江畔的阳平关镇也在这一时期发展迅速。

第三节 陕西省传统聚落分布特征

传统聚落是指先民在与自然斗争中根据生存、生产、生活所需，结合自然环境和文化环境，通过不断的生产实践活动，建造的适合人类生存与发展的各种形式的聚居地。这些聚落一般建成时间较久，富有鲜明的地域特色和文化特征。

本书将列入中国传统村落名录、陕西省传统村落名录的村落作为主要研究对象。截至2022年，陕西省列入国家级传统村落名录的村庄共计113个，其中关中地区45个，陕北地区46个，陕南地区22个；列入省级传统村落名录的村庄共计429个，其中关中地区134个，陕北地区163个，陕南地区132个。

陕西省国家级、省级传统村落在关中和陕北地区较多，且由西向东逐渐密集，特别在陕西省东部边界最为集中，与黄河流域的存在有很大的关联性（图1-3-1）。

一、关中地区

关中地处陕西中部，四方的关隘，使这里易守难攻，再加上区域内土地平坦、河流纵横，秦岭和黄土高原两道天然屏障让这里形成了风调雨顺的小气候，物产丰富、宜于居住，也是兵家必争之地。渭河从关中地区的中部自西向东穿过，将关中地区分为了北、中、南三大部分，南倚秦岭山脉，四面有天然地形屏障，易守难攻。传统聚落整体分布呈现中部平原密集，沟壑区与山区分布相对较少的状态。渭南市有丰厚的历史文化积淀，形成了传统村落保护利用的良性循环。

关中地区共有44个国家级传统村落，134个省级传统村落。其中渭南市的传统村落分布最为密集，自2012年开始，渭南市先后五批33个村落入选中国传统

---

① 宁强县史志办编，宋文富校注. 宁羌州志（光绪）[M]. 北京：华夏出版社，006：15.

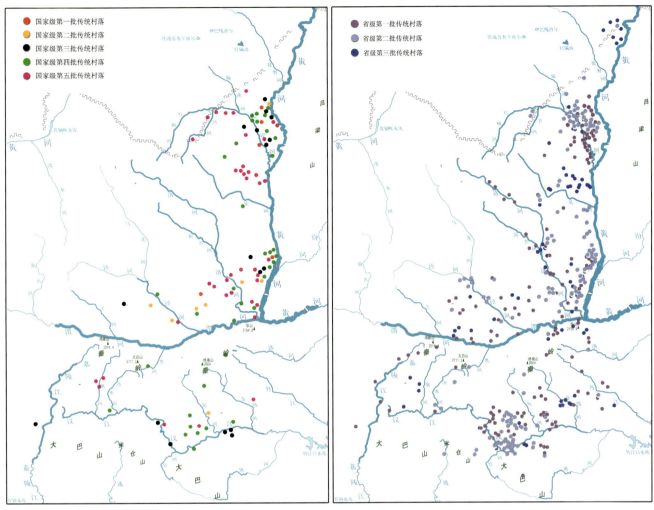

(a) 陕西省国家级传统村落分布示意图　　　　　　　　　　　(b) 陕西省省级传统村落分布示意图

图1-3-1　陕西省传统村落分布示意图

村落名录，占关中地区中国传统村落的75%，85个村落入选省级传统村落保护名单，占关中地区省级传统村落的63%。

北部的黄土丘陵沟壑区与黄土塬区，主要分布于宝鸡市北部大部分地区，咸阳市的永寿县西部、北部以及礼泉、泾阳、淳化三县交界地带，铜川市北部大部分地区以及东南部，韩城市西北部。黄土丘陵沟壑区传统村落相对较少，总体呈现沿水流冲蚀而成的沟谷呈树枝状布局，满足日常用水同时避免洪水带来的灾害。

中部由于渭河干支流冲积和黄土的沉积形成了富饶的"关中平原"与黄土台塬地区，因地势平坦，交通便捷，因此关中平原的村落分布相对密集，沿河流或者地下水资源丰富的地区选址，表现了与当地生产方式相适应的形式。聚落多为网状空间格局。如铜川市的耀州区小丘镇移村、印台区陈炉镇立地坡村，渭南市的韩城市党家村、新城办相里堡村。

南部边缘分布着少量台塬以及秦岭山地，包括宝鸡市南部、西安市南部以及渭南市的南部地区。南部聚落选址背山面水、重于近田。村落多选址于山脚下，沿着河流冲积而成的阶地布置，村前面水，村后靠山，整体呈现枝状布局。

2020年5月25日，渭南市以悠久的历史文化积淀和集中连片保护较好的传统村落群入选全国传统村落集中连片保护利用示范市。

渭南地处黄河、渭河、洛河三河交汇处，是八百里秦川最宽阔的地带。追溯到旧石器时代，考古发现的"禹门口洞穴堆积"、华州泉护村新石器时代遗址、河洛图、80万年前的"蓝田猿人"、20万年前的"大荔人"等古人类生存遗址，留下了众多文物古迹遗存。其中著名的古遗址582处、古墓96处、古建筑239处、石刻440处、馆藏文物4万余件（组）；有帝王陵墓13处，盛唐帝王陵一半在渭南；元代古建筑总数占全国的六分之一。现有全国重点文物保护单位35处（居全省第二）、省保单位51处；有国家级历史文化名城韩城市、国家级历史文化名村党家村、省级历史文化名城华阴市和蒲城县。目前，对外开放的文物景点24处，在全国影响较大的有西岳庙、司马迁祠墓、仓颉庙、桥陵、党家村古民居、两周古墓群、丰图义仓等。这些文物景点数量大、品质高、种类全、序列完整，在全省和全国具有深远的影响。韩城古城南临澽水，西依梁山，东北有塬，山水环抱，易守难攻。古城内，一条明清古街道，一群古建筑，一批四合院古民居，风貌古色古香，格局保护完好，是全国六个保护较好的明清古城之一（图1-3-2）。

二、陕北地区

陕北位于沟谷密布的黄土高原，陕北境内的河流以延河、无定河、清涧河等12条黄河一级支流为主（图1-3-3），整个陕北地区的传统村落呈现出明显沿河流分布特征，其中无定河、清涧河流域传统村落分布较为密集。

无定河流域的传统村落主要分布在其下游，为黄土峁状丘陵沟壑区，根据其主河道的长度与位置，将无定河下游分为上段、中段及下段。米脂县以及部分绥德、子洲北部地区归为上段；绥德、子洲大范围以及清涧部分北部区域为中段；清涧剩余范围为下段。无定河上段共有27个传统村落，占总数量的44%；中

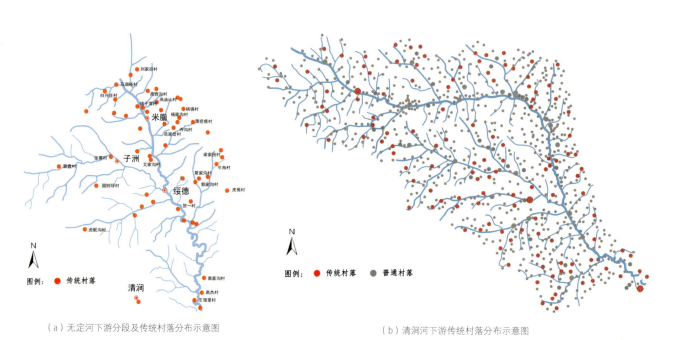

（a）无定河下游分段及传统村落分布示意图　　　　（b）清涧河下游传统村落分布示意图

图1-3-3　陕北地区传统村落沿河流分布示意图

段共有29个，占总数量的48%；下游共有5个，占总数量的8%。中段的传统村落数量最多，而上段的传统村落分布最为集中，下段相对较少。从整体分布情况来看，传统村落沿着无定河主河道分布，并向主河道两侧的支流分布。同时可以发现，传统村落在流域上段分布较为密集，中段村落的数量虽较上段略高，但分布相对分散。

清涧河流域位于黄河中游，是华夏文明的发祥地之一。传统村落主要位于清涧河流域的延川县和子长县，其中延川县最多，子长县较少，另外还有少量分布于清涧县、安塞县和延长县。其中清涧河下游永坪川是传统村落最为密集的地区。如位于清涧河下游支流永坪延川县贾家坪镇马湾自然村、延川县贾家坪镇上田家川自然村、延川县永坪镇赵家河村和位于永坪川一侧的清坪川的延川县关庄镇甄家湾村、延川县关庄镇太相寺村。

2022年4月14日，延安市延川县入选全国传统村落集中连片保护利用示范县。

三、陕南地区

陕南传统村落多散落在秦巴山区，依山坳而建，与河流相依，空间分布呈现出"西疏东密"的不均衡分布特征。22个国家级传统村落，除宁强县青木川古镇位于西部汉中市之外，其余全部位于安康、商洛两市，并高度集中于汉江中游低山丘陵地区。132个省级传统村落也表现出相似的空间分布特征，主要分布于汉江中游低山丘陵地区，并清晰显示出以石泉县为界，以东的汉江廊道两侧传统村落高密集分布，丹江流域的商丹盆地亦有较多分布，而以西的分布则十分稀疏，仅汉江和嘉陵江川道上各有两个传统村落。这些传统村落虽临近汉江廊道，但并不集中分布于汉江谷地，而多位于山区半腹地和向平原的过渡地带，与汉江的中小型支流依附关系明显，且基本选址于趋利避害的高亢之地。

2022年4月14日，安康市汉滨区入选全国传统村落集中连片保护利用示范县。

从陕西全省传统村落的分布情况得出，自然环境为人们建设家园提供着场所和材料，历史传统为人们选择什么样的生活奠定了基础。陕西地域狭长，地形复杂多样，因自然环境与人文历史的不同，聚落形态与建筑形制也形成了较为明显的差异。关中聚落密集，其传统民居以合院式建筑为主；陕北民居因自然因素影响，以各类窑洞为主；陕南民居形态受蜀、楚建筑文化影响较大，以合院式建筑为主。

图1.3-8 韩城古城鸟瞰

第二章

陕西省自然地理环境

第一节 概述

一、区位

陕西地处中国大陆腹地，西北地区东部，南北长约880千米，东西宽160~490千米，全省地域南北长、东西窄。根据地形地貌和气候，全省划分成三个分区，即陕北、关中和陕南（图2-1-1）。陕西与甘肃、宁夏、内蒙古、山西、河南、湖北、四川、重庆八个省及直辖市相邻，是全国邻接省区数量最多的省份。陕西在世界版图上也占有举足轻重的地位，对世界文明产生过重要影响的丝绸之路，自西汉开始便在陕西与欧洲之间构筑了通道，延续数千年之久。

二、地理环境

（一）地形地貌

陕西的地理环境整体上呈现丰富多样的态势，南北高，中部低，西部高，东部低，区域内山水环绕，地形多样，自然形成了陕西北部的黄土高原、中部的关中平原和南部的秦巴山区。截然不同的自然和地理环境，为陕西境内的传统建造活动奠定了基础，形成了鲜明的地域特色。按照地貌特征，陕西的地貌可划分为六大类型，由北向南依次为风沙过渡区、黄土高原区、关中平原区、秦岭山地区、汉江盆地区和大巴山地区（图2-1-2）。全省海拔主要分布在500~2000米，海拔最高的是秦岭山区，海拔最低的是关中平原的渭南市。

陕西境内水系丰富（图2-1-3），省域纵跨黄河、长江两大流域，又因秦岭横贯东西，使得陕西兼有南、北方的气候和植被条件。黄河最大支流渭河贯穿关中平原，是关中的主要水源，"八水绕长安"曾是关中盛景（图2-1-4）；陕北黄土高原上的无定河、延河、洛河，最终汇入了黄河（图2-1-5）；秦岭以南的

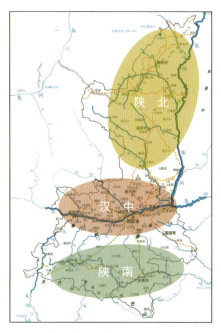

图2-1-1 陕西省分区示意图

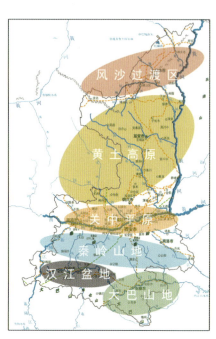

图2-1-2 陕西省地貌类型分区示意图

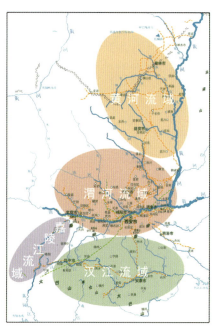

图2-1-3 陕西省流域分布示意图

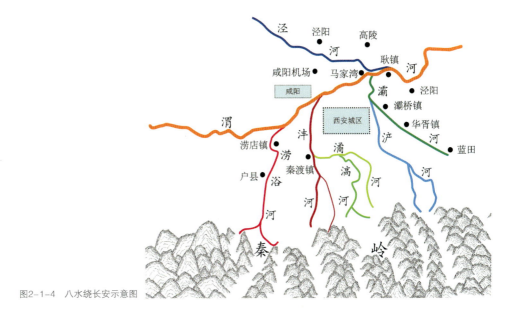

图2-1-4 八水绕长安示意图

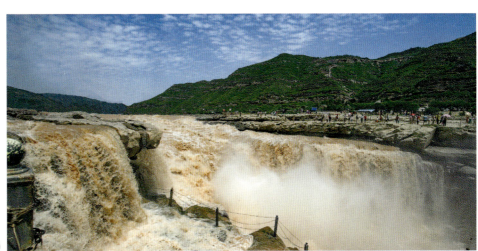

（a）黄河壶口瀑布（来源：张小郁 摄）

（b）黄河乾坤湾

图2-1-5 陕西境内黄河流域景观

(a) 安康紫阳县汉王镇　　　　　　　　　　　　　　(b) 陕西境内长江流域景观

图2-1-6　陕西境内长江流域景观（来源：许姬 摄）

秦巴山区，主要有汉江、嘉陵江、丹江、旬河、牧马河等，是长江的主要支流（图2-1-6）。

（二）气候特征

陕西地跨北温带和亚热带，属大陆性季风气候，由于南北延伸达到800千米以上，所跨纬度多，加之山势地形、水网分布的影响，境内气候差异大，由北向南依次过渡为温带、暖温带和北亚热带。各个地区由于微地形的作用，还形成了复杂多样的小气候。

秦岭与淮河，成为分割中国南方和北方的天然屏障，也将陕西的自然环境一分为三：秦岭北麓的关中平原四季分明，良田万顷；与关中平原接壤的黄土高原丘壑纵横，干旱少雨；秦岭以南，植被覆盖率高，气候湿润多雨。

气候的多样性造就了陕西独特的跨越南北的多元化地域建筑风格，即关中平原的合院民居、陕北黄土高原的窑洞民居、陕南丘陵山地的土木民居和石板房。

第二节　关中地区自然环境特征

一、区域范围

关中地区行政划分包括渭南市、西安市、咸阳市、铜川市的全部和除凤县、太白县以外的宝鸡市辖各县，共38个市、县和16个县级区[①]，55623平方公里。

关中自古就是一个政治、经济、文化的繁荣地带。西起宝鸡，东至潼关，东西长约360公里，南抵秦岭，北接黄土高原，南北宽窄不一。西部的宝鸡地

---

① 陕西省地方志编纂委员会. 陕西省志. 地理志 [M]. 西安：陕西人民出版社. 2000：757.

图2-2-1 关中平原

区、东部的渭南华县地区,分别由秦岭与黄土高原逐渐闭合,形成关隘。从空中鸟瞰关中,东西收拢,中部宽阔。

关中位于黄土高原与秦岭山脉之间,是喜马拉雅运动时期形成的一个巨形盆地。盆地南北两侧沿山脉和高原的断层线不断上升,中部则平缓下降,平均海拔400米左右,形成了南北高、中间低的地貌特征。关中地貌形成后,不仅有渭河及其两侧支流带来的大量泥沙,还有从黄土高原吹来的黄沙。

关中平原位于陕西省中部,介于北纬33°35′~35°51′和东经106°19′~110°36′之间,包括渭河冲积平原及其两侧的黄土台塬和南部的秦岭北坡,北部的北山低山丘陵,西部的陇山山地,是一个南、北、西三面环山,向东敞开的河谷平原盆地(图2-2-1)。[①]

关中的北部是平原向高原的过渡地带,由于地壳间歇性变动和雨水冲刷,形成了高度不等的黄土丘陵地貌,也被称为"渭北高原",在关中北部地区形成了一道高低起伏的黄土覆盖层。关中盆地的南部与秦岭接壤,地势也由北向南逐渐增高,最终与秦岭的浅山地带相连接,黄土也随着地势的增高而变薄,显露出山石。

关中南部是作为中国南北分界线的秦岭山脉,

① 陕西省地方志编纂委员会. 地理志. 陕西省志 [M]. 西安:陕西人民出版社. 2000:757.

有72个峪口，北部是黄土高原及其山脉。沿渭河发育的渭河平原，形成了独特的小气候，四季分明、土地肥沃、水源丰沛、物产丰富，为关中地区发展农业提供了得天独厚的条件，所谓"秦地被山带河，四塞以为固……因秦之故，资甚美膏腴之地，此所谓天府者也。"

关中之地是指"自汧、雍以东至河（黄河）、华（华山）"的区域（《史记·货值列传》）。所谓四关，是指西部散关（大震关）、东部潼关（函谷关）、北部萧关（金锁关）、南部武关（蓝关），因位于四方关隘之中，故称"关中"。现在一般所说的关中，是指陕西中部秦岭以北，子午岭、黄龙山以南，陇山以东，潼关以西的区域……这里不仅将函谷关、萧关划出，武关也不在其内。

据史念海先生考证，"关中"之名是战国末期才出现的，原指函谷关以西的地方，汉武帝时函谷关东迁，东汉末年设潼关，现在较为习惯的说法，即以宝鸡以东至黄河西岸，陕北高原以南、秦岭以北的经渭河流域作为关中地区。[①]

(a) 白鹿塬

(b) 五丈塬

图2-2-2 关中台塬地貌

二、自然环境

自然环境是关中民居建筑形成的根本，表现在对地理环境、土壤环境的适应以及对水资源及灌溉、植被和气候环境的适应等方面。

（一）地理环境与土壤环境

关中平原平均海拔520米，西高东低，西部700~800米，东部最低处为325米左右。渭河及其支流由西向东横贯关中平原，至潼关流入黄河，河流冲积形成渭河两侧不对称的阶地与黄土台塬，北岸阶地比南岸宽阔，加上宽阔的台塬，是关中主要粮、棉产区之一，平原南北两侧冲积扇形地为果树林带。北有北山山地与渭北旱塬，为两级冲积阶地和一至二级黄土台塬；东部有沙苑地与骊山丘陵地，是经济作物产区；南侧秦岭北麓向渭河平原缓倾成断续分布的黄土台，形成如岐山县的五丈塬，西安南的少陵塬、白鹿塬，渭南的阳郭塬、华县的高塘塬等台塬地貌（图2-2-2）。

渭北旱塬是北山山地与陕北黄土丘陵、沟壑区间的过渡地带。主要包括陇县、千阳、麟游、宝鸡、凤翔、富县、洛川、宜川、黄陵、宜君、长武、彬县、

[①] 史念海. 河山集 [M]. 北京：生活·读书·新知三联书店，1963：26.

图2-2-3 渭北旱塬

（a）下沉式窑洞

（b）渭北窑洞

（c）窄院四合院

图2-2-4 窑洞与窄院四合院

永寿、旬邑、淳化、蒲城、澄城、韩城、合阳、富平、白水及铜川、耀县等23个县（市）的全部或部分地区。其北界至韩城市，向西经黄龙山东南麓，向西经白水县之北塬、宜君县之棋盘、铜川市的金锁关、旬邑县的土桥镇，直达陇县西北部。渭北旱塬中部及东部，南北地形有明显的差异。北部主要为中生代基岩山地，南部为黄土塬、梁、沟壑与川台地组成（图2-2-3）。①

地貌的差异产生两种民居建筑形式，一是山地台塬、台地的窑洞；台塬地区所建窑洞有依崖而建的窑洞和下沉式窑洞，前者多分布在渭北和黄土断崖陡坡处，后者多以地势较高的塬面居多（图2-2-4）。二是平原地区的窄院四合院，其民居房屋有两坡屋面的大房和一面坡的厦房。

关中地区的土壤主要是由黄土母质发育而成，黄墡土、垆土为主，占耕地面积90%以上。垆土的耕层土壤有机质与耕层土壤含氮百分比分别为1.00%~1.35%和0.08%~0.1%，黑垆土分别是0.82%~1.00%和0.06%~0.07%。②黄墡土通透性强，耕性优良，因为土性暖、发苗快、适耕期长且适种作物广，因而关中地

---

① 陕西省地方志编纂委员会. 陕西省志. 农牧志[M]. 西安：陕西人民出版社，1993：58.
② 郑欣森，吴崇信. 关中论丛[M]. 西安：陕西人民出版社，1990：238-239.

亩，占4.17%，工矿用地27.73万亩，占0.33%，交通用地96.62万亩，占1.17%，水域241.06万亩，占2.91%，特殊用地19.67万亩，占0.24%，难利用的土地299.61万亩，占3.62%。[1]

关中平原耕地与林地占据总土地面积约74%，是农耕时代难得的优质且天然的耕种环境。这种耕种环境是人们能够长久居住的根本原因，是民居生存环境的保障（图2-2-7）。顺应地貌、风向、日照、气候、水文等要素环境形成的民居聚落是人类基本的生存智慧。

（二）水资源与水利灌溉

1. 水资源分布

据2001～2009年数据，多年平均水资源总量仅为82亿立方米，其中地表水73.7亿立方米，地下水可开采量为38.68亿立方米。[2]据2000年数据，关中盆地年降水量为500～650毫米，缺水最多的是关中平原东部，渭北旱塬东南部和陕南东部地区，每亩地全年缺水230～300立方米，为全省最严重缺水区。其次是关中西部，每亩缺水170～230立方米，为严重缺水区。[3]

农业生产重要的水资源是降雨，关中地区年均降水量为600～800毫米，其中关中盆地为500～650毫米，渭北高原为550～730毫米，西部多于东部，造成不同程度的农作物生长期内缺水。因此，严重缺水的渭北旱塬一般实行二年三熟，其他均为一年二熟。[4]渭北旱塬的澄城、白水、合阳、韩城、蒲城、富平、大荔等地大部分地区地下水深100～130米，生活用水主要靠人工土井及窖蓄天雨。与之相似的还有秦岭北麓渭南市、华

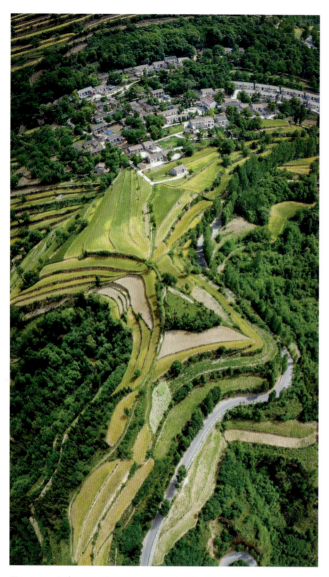

图2-2-5 宝鸡六川河梯田风光（来源：木九棠 摄）

区自古以来土壤肥沃，生产水平较高（图2-2-5）。

根据资料显示看：关中总土地面积8278.99万亩，其中耕地3477.49万亩，占42.0%，林地2645.57万亩，占31.96%，园地86万亩，占1.04%，草地1039.11万亩，占12.55%（图2-2-6），城乡居民点占地345.64万

---

[1] 郑欣淼，吴崇信. 关中论丛 [M]. 西安：陕西人民出版社，1990：238-239.
[2] 李剑，段汉明. 关中地区水资源可持续利用研究[J]. 地下水，2011，33（01）：112-114.
[3] 陕西省地方志编纂委员会. 陕西省志. 气象志. 第六卷 [M]. 北京：气象出版社. 2001：80.
[4] 陕西省地方志编纂委员会. 陕西省志. 气象志 [M]. 北京：气象出版社. 2001：77.

图2-2-6 陇县关山牧场（来源：木九棠 摄）

图2-2-7 西安市阎良区水北村耕地

县、华阴、潼关部分区域，宝鸡地区的千阳、陇县、麟游、太白、凤县等山区和渭北旱塬，咸阳地区北部长武、永寿、彬县、旬邑、淳化等县及泾阳、乾县、礼泉、武功部分山塬区，其生活用水主要靠蓄窑水、井水、河（泉）水。[①]同时，关中各地区年缺水量对居住形式以及民俗形成较大的影响。缺水严重的地区，环境资源并不优越，人们生活内容的重点放在解决用水的问题上，依靠挖井窖蓄水、打井、修涝池等方式来解决吃水难的问题。

2. 水利灌溉

尽管关中地区缺水区域分布较广，但是总体上土地肥沃深厚，农业开发较早，水利条件较为优越，是我国灌溉发展最早的地区之一。4000多年前的先民已临河挖渠浇灌农田。《诗经》中"我池我泉，度其鲜原，居岐之阳（凤翔古称岐阳），在渭之将（旁）"记述了聚居凤翔先民早期修池灌地的活动。

水利灌溉设施是发展农业的一个重要条件。关中地区最重要、也是最早期的灌渠当属郑、白二渠。前秦、北周至唐时对两渠均有整治，开凿刘公渠增加郑、白渠的灌田作用，同时东部引洛水灌田，多条渠引自渭水南秦岭山下，用于交通的灌渠和运木材的升源

---

① 陕西省地方志编纂委员会. 陕西省志. 水利志［M］. 西安：陕西人民出版社. 1999：403.

图2-2-8 关中水系分布示意图

渠都可以用来灌溉,如上渭、泾、灞、浐、沣、涝等水系形成庞大的灌溉网。[1]泾、洛、渭、千四大水系皆被利用,及引黄灌溉等,灌溉面积约达33.3万公顷(约500万亩)。唐代渭河东西至潼关注入黄河,其北部有千河、漆水河、泾河、石川河、洛河,南有源于秦岭的石头河、黑河、洋河、灞河等,出峪口后河水多转为潜流,水质好、泥沙少。这些支流均由南北两山向渭河汇聚,形成渭河平原重要的灌溉资源(图2-2-8)。

旱作农业区的农耕时代,当旱涝不均积累到极端时,会造成大旱或是大涝。如史称"民国十八年年馑"的关中大旱,造成关中数百万人丧生。当时李仪祉受命主持的"关中八惠"水利设施即为解决这一难题,并在日后发挥了较为重大的作用。1949年底至2005年底,陕西关中渭河流域灌溉面积由接近4万公顷(60万亩)达到150万公顷(2250万亩)。[2]由此可见,关中地区的水资源虽丰富却分布不均,但是运用调剂、贯通、开挖水库(图2-2-9)等方式仍是可以改变和调配的。

(三)植被资源与气候环境

关中地区植被资源丰富,气候适宜植物与农作物生长。西安半坡遗址发现的兽骨中有大量竹鼠、獐和斑鹿的骨骼以及谷子和蔬菜籽,说明6800多年前西安地区气候湿热,林木茂盛,已经开始了简单的种植,出现了原始的栽培植被。西周之前的人们仍使用火耕,战国发明了铁器农具后,便开始大规模的伐林耕种。秦代大搞

图2-2-9 关中眉县石库河水库(来源:木九棠 摄)

---

[1] 史念海. 中国历史地理纲要. 下册[M]. 太原:山西人民出版社. 1992:291.
[2] 杨武学."关中灌溉历史变迁与现状水资源的供需矛盾"陕西省渭河流域管理局,编. 渭河论坛:渭河水资源论文集[M]. 陕西科学技术出版社. 2009:190.

土木建筑，要取材于林。"蜀山兀，阿房出"，大伐林木，远至蜀山。由于人口剧增，到西汉末年，关中人口已达243万，解决衣食要垦林耕田，薪柴也主要靠伐除林木等，这给战国末年留下的森林植被以摧毁性的破坏。西汉时，关中平原地区除去短生长期、收入"与千户侯等"的"燕秦千树栗""渭川千亩竹"的经济林木外，已不存在成片的森林植被。①

尽管如此，关中周边林木分布仍较广（图2-2-10），函谷关曾被称为"松柏之塞"，在《荀子·强国篇》里称关中"山林川谷美，天材之利多"，种植也很重视。自周开始，如果不种植树木便要交税。《周礼·地官》："宅不毛者有里布。"里布即地税。街道两边种树成为制度，即"列树以表道"（《国语·周语中》），因地而择树。秦时以"为驰于天下……道广五十步，三丈而树，厚筑其外，隐以金椎，树以青松"的要求建造咸阳城。而《三辅黄图》中也记载西汉长安城槐、榆成荫之景。丝绸之路开通后，引进植物广泛栽培。至唐代，城市布局与绿化结合更为紧密，有诗人描绘"春城无处不飞花，寒食东风御柳斜"，驿路也广植树木。宋以后长期战乱，造林绿化衰落。经过了秦朝开荒种植、毁林开荒及历代大兴土木，浅山区木材被采伐，关中森林资源遭到破坏，森林减少影响了土地水分的蒸发，空气湿度降低引发降雨量骤减，造成无法挽回的生态破坏。黄土深厚的土塬因缺水而干旱，木料缺乏，人们依崖建窑，川塬平地又以地坑院、箍窑、窑厦合院等方式建造，减少了建筑对木材的需求。

降雨量偏少且分布不均等因素也影响到农业发展。从原始社会末期开始，先民开始逐步向比较低平的地区发展。周人有"相其阴阳，观其流泉"，再"彻田为粮"的传统，②"以选择优质土壤以躲避干旱"（图2-2-11）。关中地区虽雨量少，时间上却较集中。关中俗语称"有钱难买五月旱，六月连阴吃饱饭"，"交了七月节，两头冷，中间热。过了四月八，吃了饭就午睡"等，这些民间谚语生动地描述了关中的气候特征与农耕生活的关系。关中地区属于暖温带半湿润地区，大陆季风性气候，四季分明且气候温和，年平均温度

图2-2-10 临潼森林（来源：谢昭军 摄）

图2-2-11 关中农业用地（来源：木九棠 摄）

---

① 陕西省地方志编纂委员会.陕西省林业志[M].北京：中国林业出版社，1996：17.
② 诗经[M].（南宋）朱熹，注解.张帆，锋焘，整理.西安：三秦出版社，2005：294.

为12~13.6℃。因是内陆盆地，故夏季炎热，最高温度为37~38℃，秋季多雨，每年7~9月常有暴雨或连阴雨，冬季最低气温7~8℃，年温差较大。这种气候不仅适宜粮棉生产，而且适宜种植经济作物，其中以渭北苹果、临潼石榴、韩城花椒最为出名。

关中地区农耕期间隔290~310天，无霜期为170~215天。其中耀州区225天，多一年两熟，渭北地区无霜期在180天左右，热量资源稍差，为两年三熟。关中东部年光合有效辐射为(2.60~2.76)×10⁹焦耳/平方米，西部为(2.26~2.51)×10⁹焦耳/平方米，因而造成关中东部的潼关、大荔等地冬小麦成熟期略早，西部宝鸡等地成熟期略晚的景象。[①]在温度和光能资源最丰富的大荔、渭南、蒲城一带，0℃以上时期的光温生产潜力每亩1900千克左右。[②]其中大荔高达2000千克。而关中东部因为年降水量比蒸发量小500~600毫米，生产潜力并不大，灌溉就尤为重要，0℃以上时期每亩不到1000千克。关中西部宝鸡、彬县、武功等地，由于湿度状况较好，气候生产潜力在1000~1500千克。[③]

第三节 陕北地区自然环境特征

一、区域范围

陕北位于陕西省北部，是黄土高原的中心地带，包括榆林市和延安市，涉及25个县区，总面积92521.4平方千米，约占全省面积的45%，东临黄河并与晋西相望，西至子午岭，与甘肃、宁夏两省毗邻，南与铜川相连，北接内蒙古。

二、自然环境

（一）陕北地区自然生态环境演化

陕北地区自然生态环境的形成，经历了漫长的演化过程。与早期人类活动的初始环境相比，该地区自然生态环境在演化过程中发生了明显的转变，这个渐进的转变过程，受人类活动的影响显著。

远在仰韶、龙山文化时期，陕北地区河流环绕、植被茂盛、雨量充沛、气候温润，是适合原始人类居住的理想之地。秦汉时期是陕北生态环境遭受人为影响、发生变化的开端。自秦代修长城、建直道，至汉代屯垦戍边、移民实边，人类活动对陕北生态环境的破坏性影响开始显现。继东汉之后，游牧民族在隋唐时期又出现了大规模内迁定居，对已处于脆弱状态的陕北地区生态环境构成了新的威胁。明代，大修长城、筑建堡寨、广屯农田，耕地被过度开发，导致农耕文化界线不断北移，自然植被区域不断缩小，陕北地区自然生态环境遭到严重破坏。水土流失、植被荒芜，最终导致土地沙化、干旱少雨、河流浑浊、沟壑纵横，形成了相对恶劣的自然生态环境（图2-3-1）。

[①] 陕西省地方志编纂委员会. 陕西省志. 气象志[M]. 北京：气象出版社，2001：72-74.
[②] 陈正江. 陕西省气候生产潜力[J]. 陕西气象，1982：23-28.
[③] 陕西省地方志编纂委员会. 陕西省志. 气象志[M]. 北京：气象出版社，2001：82.

图2-3-1 陕北地貌

(二) 陕北地区自然地理气候特征

陕北地区属于中温带干旱大陆性季风气候，四季分明、温差较大，具有低湿、严寒、太阳辐射强等气候特征。经过长期的历史演化之后，该地区依据地形地貌形成两大区域：其一在延安地区，是中国黄土高原腹地，同时处于黄河流域中部，地势西北高、东南低，具有黄土塬、梁、峁、沟等地形特征；其二为靠近长城的榆林以北地区，邻近毛乌素沙漠，具有沙地、丘陵地形特征。其中长城以南多为黄土丘陵沟壑区，长城以北沿线则是风沙滩地，地势开阔平坦，沙丘连绵不断，沙丘之间或低洼地区分布有大小不等的湖盆滩地（图2-3-2）。应对当地的气候特征，营建窑居村落是陕北人民的智慧选择。

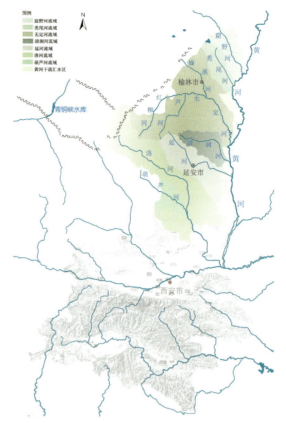

图2-3-2 陕北水系分布示意图

第四节 陕南地区自然环境特征

一、区域范围

陕南地区是陕西省三大自然区域之一，总面积为69929平方公里，包括汉中市、安康市及商洛市。陕南东与河南省三门峡市、南阳市毗邻，南与湖北省十堰市、重庆市，四川省达州市、巴中市、广元市接壤，西与甘肃省陇南市相连，顺秦岭北与宝鸡市、西安市、渭南市为邻。

二、自然环境

秦巴山地的自然地理特征对于区域和交通的形成具有决定性意义。区域内地势起伏悬殊（海拔高度170～3767米），地貌类型复杂，生物、气候水平分异和垂直分异明显（图2-4-1）。

地貌是孕育山地土地资源的基础，秦巴山地地貌的多样性为土地多种经营与开发利用提供了条件。秦岭、大巴山、米仓山的隆起，造成了区域内"两山夹一川"的地貌结构。区域内不仅有山地、丘陵、盆地等土地资源类型组合，而且在山地之内又有山间盆地、河谷坝子等组合形式。全区土地资源可以分为河川坝子地、丘陵地、低山地、中山地和沟谷地等类型。俗有"高一丈，不一样"、"阴阳坡差的多"，以及"缓坡中有陡坡，陡坡中有缓坡"等情况，而

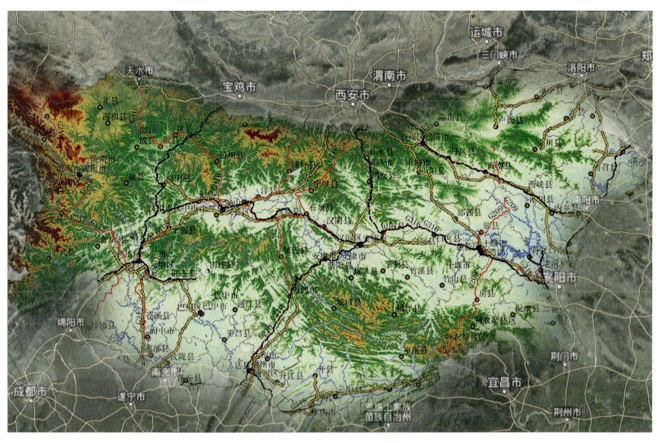

图2-4-1 秦巴山地理地貌图（来源：根据谷歌地图改绘）

且区内山地多、平地少、陡坡地比重大。这些类型各自具有不同的海拔高度、水热条件、地形坡度、自然生产力等特征，对农业有不同的适宜性和限制性，有利于农林牧业和多种经营的发展（图2-4-2）。

秦巴山区属北亚热带湿润季风气候和暖温带湿润季风气候的过渡区，盆地具有冬无严寒、夏无酷暑、温暖湿润、四季分明的特点。从盆地到山地，气候垂直差异明显，由低到高分异为北亚热带气候、暖温带气候和中温带气候等几种类型。这样独特的气候特征使区域内土地资源垂直分异明显，适合水稻和多种亚热带经济植物的生长。

秦巴山区降雨量充沛，河流密布，主要水系有汉江和嘉陵江，汉江支流主要有褒河、胥水河、子午河、牧马河、岚河、月河、旬河、丹江等（图2-4-3）。长度在50公里以上的河流约有68条，在100公里以上的约有18条。但由于地形变化大，导致水系分布不均匀。水系分布为不对称树枝状，北岸支流比南岸多而长，汉江水系北岸的支流多发源于秦岭深山区，源远流长，河网密度为1.69公里/平方公里。南岸的支流，多发源于米仓山区，相对短小，河网密度较小，约为1.52公里/平方公里。支流也有这种现象，如汉江支流沮水、褒河、清水、酉水等，河网密度均是右岸大于左岸。

秦巴山地的自然地理特征表现出多样的地貌、良好的气候以及丰富的水资源，这些自然条件都为秦巴山地创造了良好的水热资源，也为农业发展提供了得天独厚的条件。

(a)勉县元墩（来源：许姬 摄）

(b)汉中市油菜花田（来源：木九棠 摄）

(c)汉中市茶山（来源：木九棠 摄）

(d)安康漩涡镇（来源：姬宏彪 摄）

(e)安康市汉阴县漩涡镇凤堰古梯田（来源：谢昭军 摄）

图2-4-2 陕南地貌

图2-4-3 陕南水系分布示意图　　图例：　嘉陵江流域　汉江流域　牧马河流域　旬河流域　丹江流域

第五节　自然地理环境对聚落的影响

自然地理环境要素中的地形地貌及水文条件是影响聚落密度和形态的主要因素。

地形地貌影响乡村聚落的密度，平原地区的乡村聚落密度大，而山区的乡村聚落密度小：陕西关中平原地区乡村聚落分布较为密集，如渭南市的党家村、灵泉村、尧头村、南长益村、相里堡村、周原村（图2-5-1）。而陕南山地乡村聚落密度较小，如安康市的七里村、万福村、双柏村、天宝村、牛家阴坡村，商洛市的云镇村。

地形地貌与水文条件影响乡村聚落的形态，河流较少的地区，乡村聚落呈不规则的多边形或圆形分布；河流较多的地区，乡村聚落经常表现为条带状分布（图2-5-2）。

陕北地区：农耕型乡村聚落多沿黄河及其支流河谷阶地和滨水区域选址，受地形影响灵活布局呈散列带状分布，规模较小，例如常家沟村、泥河沟村、碾畔村（图2-5-3）。

军事寨堡型聚落位于军事要塞或地势险要之处，因山设险、因地制宜，如安定村、张寨村、梁家甲村。

其中，安定镇是一座饱经风雨的沧桑古镇，是古丝绸之路上的一个商贸军事重镇，自古为兵家必争之地和"边镇之咽喉，西经之要道，秦关之咽喉"，因此安定村村落周围遗存有古城墙遗迹，保存较为完好。村落中的传统建筑保存情况良好，传统村落结构保存完整，整体风貌古朴纯粹。传统院落中依旧延续着传统的生活方式，使得安定村宛如隔世的"桃源"，传统窑洞风貌保存较好，居民在其中延续传统的生活方式。村内道路为古朴的石板路面，一条主街东西向穿村而过，两旁的街道格局明晰而富有肌理（图2-5-4）。

陕南地区：规模较大的团状与带状集聚型聚落集中在平原盆地，河流冲积而成的平坦用地有利于聚落的紧凑、集约发展，聚落外部边界方正，内部规整，公共

图2-5-1 袁家村地形地貌与乡村聚落

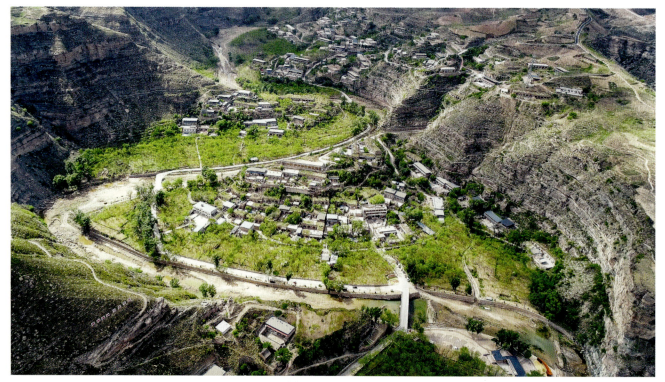

(a)榆林市佳县泥河沟村团状聚落

(b)榆林市子洲县裴家湾镇园则坪村条带状聚落

图2-5-2 地貌水文与乡村聚落

图2-5-3 延安市延川县土岗乡碾畔村

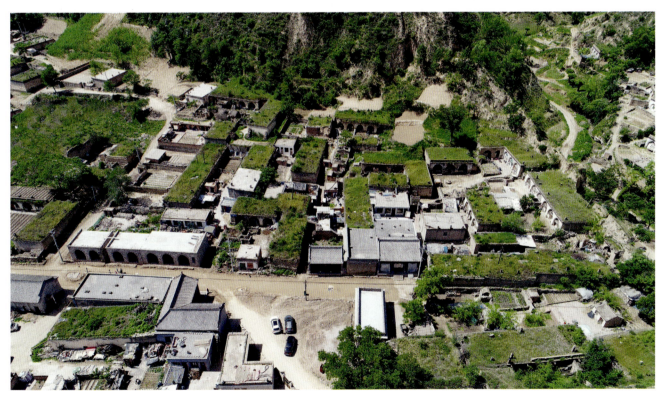

图2-5-4 延安市子长市安定镇安定村

服务设施多位于聚落中心。规模较小的团状与带状集聚型聚落主要分布于低山丘陵地区，山水之间建设用地有限，聚落依山沿河，或高度集聚，或带状延伸，聚落外部边界曲折灵动，内部空间错落有致，公共服务设施沿聚落主要道路布置。组团扩散型聚落多位于中高山地的沟谷之中，规模小且不连续的生产建设用地造成聚落散点布局，因此聚落边界模糊，内部各组团相对独立（图2-5-5）。

气候条件影响乡村聚落的风貌，气候条件不同的地区，乡村聚落的建筑材料和房屋风格不同。如关中的合院民居（图2-5-6）、陕北的窑洞民居（图2-5-7）、陕南的土木民居（图2-5-8、图2-5-9）。

图2-5-5　陕南安康市赤岩镇七里村

图2-5-6　关中合院民居

图2-5-7　陕北窑洞民居

图2-5-8　陕南土木民居

图2-5-9 陕南民居——南郑县陈村水库（来源：许姬 摄）

第一节　陕西省人文背景特征与地域文化分区

一、人文历史脉络

陕西是中华民族先祖华胥、炎帝、黄帝的陵寝所在地，后稷曾在这里教民农耕，仓颉曾在这里发明文字，周文王曾在这里制定礼乐制度，周武王曾在这里分封天下。据《国语》记载，早在西周初年，周王朝以今河南省陕县的"陕原"为界划分疆界：陕原以东为"陕东"，由周公管辖，陕原以西为"陕西"，由召公管辖，陕西因此得名。陕西的人文历史虽然始终以关中地区为核心，但陕南、陕北与之保持着密切的互动联系，历史上其地理行政区划有着复杂曲折的变化。据《陕西通史·历史地理卷》，秦汉以来，今关中、陕北各地时有分合，秦岭以南的陕南地区一直和今四川、湖北等省区有关联。直至元代设陕西行省，秦岭以南的陕南地区和关中、陕北地区并入管辖，但陕西行省仍兼辖甘肃兰州以东和宁夏部分地区。直到清代初年，甘肃另建行省，陕西省的地理行政区划得到固定并沿用至今。陕西行政地理区划的这些历史特征，有助于我们历史地、整体地把握陕西传统建筑的基本特征及其地域性问题。

陕西是中华民族的发祥地，并在很长一段时间内是中国古代社会政治、经济、文化的中心。距今6000多年的新石器时期，仰韶文化半坡遗址和姜寨遗址，真实地呈现了早期文明的聚落形态。至5000年前，陕西关中成为华夏人文始祖——炎黄二帝的族源地。从公元前11世纪西周的建立开始，经过秦、西汉，至前赵、前秦、后秦、西魏、北周，直到隋、唐，前后千余年，陕西作为中国古代十多个王朝的国都所在地，对中华民族的形成和中国古代文明的发展均产生了深远的影响。

陕西的人文历史地位，正如《陕西通史·总序》所言："西周华夏族的发展壮大和礼乐文明的构建；秦统一六国，始融各地区多元文化为一，奠定了古代中国多民族统一国家政治、经济和军事格局；汉唐高度发展的物质文明和精神文明，中华民族凝聚核心——汉族的正式形成和发展，丝绸之路与中外文化交流等，无一不是以当时国都所在的陕西为中心和出发点的。"陕西悠久厚重的人文历史，不仅集聚了"中华民族主体文化精粹的意识"，而且凝聚着作为中华优秀传统文化重要组成部分的建筑传统智慧。

二、地域文化分区

根据现行的地理行政区划分，陕西可分为陕南、陕北和关中三个部分。由于地理环境和行政区划的变化，三个地理区域也形成了截然不同的三个地理文化分区。

关中包括西安、咸阳、宝鸡、渭南和铜川五市，关中这一称谓是有原因的：一是因为其地理位置在陕西省中部；二是因为居四关之中的独特地势：西有宝鸡的大散关，东有潼关的函谷关，北有黄土高原上的萧关，南有秦岭山中的武关，四方有关隘，是易守难攻之地。[①]历史上，陕西地区的北部和西部多为游牧民族所在地，因此，以关中地区为核心的陕西总体而言处于古代农耕文明与游牧文明的交汇地带，资源、地域以及文化长期的开放融合，在这里成就了上古时期的文明初创、西周时期的文明奠基、大秦时期的文明融合以及汉唐时期的文明辉煌等。因此，周秦汉唐等中华历史上的

---

① 陕西中国传统建筑文化之根和精神故乡[J]. 中国勘察设计，2018（2）：40-45.

都城也在这里留下了清晰完整的脉络,所谓"关中自古帝王都"正是其历史表征(图3-1-1)。

关中作为古代中国文明及传统文化的核心区域,长期以来在中华民族的集体记忆和情感信仰中保留着历久弥新的影响。唐宋以后,关中文化、民风逐渐凸显出独有的地域特色,北宋大儒张载在这里开创了儒学正统一脉的关学,提出了著名的"横渠四句":"为天地立心,为生民立命,为往圣继绝学,为万世开太平",清晰地显露了关中文化另一个方面的特色,即恪守传统、扎根现实、情系民生、胸怀天下。

陕北包括延安市和榆林市,历史上曾是水草丰盛之地,游牧和战争曾是陕北的主要文化现象。从商周时代起,陕北的鬼方、白狄、匈奴、林胡、稽胡、鲜卑、突厥、党项、羌、女真、蒙古、满等少数民族先后在这块土地上繁衍生息,成为中原文化与少数民族文化融合交流之地,同时也是以畜牧业为主的地区;西汉以后,农耕开始发展,逐渐成为半农半牧区。隋唐时期,陕北南界的黄龙山仍然是农耕区和半农半牧区的天然分界线。就地取材,易于施工的窑洞,是这种半农半牧生活的产物。陕北自古多战事,秦时大将蒙恬、秦始皇长子扶苏都曾驻守陕北。为抗击匈奴,秦王朝还修筑了穿越陕北的快速通道——秦直道,与长城等共同构成了陕北地区的军事体系。鉴于宋代与西夏、金的征战教训,明朝继续在陕北地区修筑长城。今天,长城仍然是陕北地区重要的历史遗存,与寨、堡等一起成为军事文化的标志(图3-1-2)。陕北的部分地名反映了当地历史战争的痕迹,如延安市吴起县是以戍边大将吴起的名字命名的,榆林市定边县、安边镇、靖边县的名字,也反映了当地村民对美好生活的向往。

陕南包括汉中、安康和商洛三市,虽然在地理行政区划上归属陕西较晚,但在历史上一直与关中保持着资

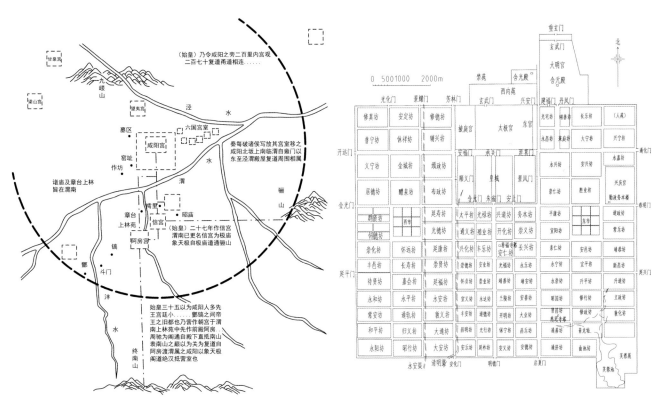

(a)秦咸阳区域规划思想示意图——陕西古建筑都城(来源:《建筑历史研究》)　　(b)隋唐长安城市形制——陕西古建筑都城(来源:《西安历史地图集》)

图3-1-1　陕西古建筑都城

图3-1-2 陕北长城遗址（来源：李哲 摄）

源及文化上的互动交流，是汉唐时期关中核心地域的资源与战略后方。汉水贯通陕南主要城市与乡镇，流域中的汉中盆地是巴蜀与关中之间的交通要道，也是关中的资源后方；流域中安康盆地历来为军事战略要地和商贸通道，是连通关中、巴蜀与荆楚的枢纽。陕南城镇多居于秦岭与巴山腹地（图3-1-3）。由于这样的自然地理环境，陕南地域文化受到荆楚、巴蜀、秦陇等文化圈的叠合影响，逐渐积淀出了特殊的文化现象，即商贸、归隐与农耕文化相结合。

陕南许多村镇形成了重要的商业集镇，商贾云集，自成气候。商洛地区的漫川古镇、凤凰古镇，安康地区的恒口古镇、蜀河古镇、熨斗古镇等，都曾经

(a）安康平利县

(b）安康漩涡镇

图3-1-3 陕南地貌特征（来源：谢昭军 摄）

(a) 会馆入口　　　　　　　　　　　　　　　(b) 戏楼

图3-1-4　丹凤会馆（来源：李军环 摄）

是当地名噪一时的集贸市场和汉江水道物流集散的中转要地。以马头墙为标志的徽派建筑、以飞檐翘角为标志的荆楚建筑、以围合式格局为主的行帮会馆，都是当年商业带来多种文化交融的历史见证。陕南会馆主要服务依托于河流、道路而开展的商贸活动，因此，会馆皆位于河流沿岸或商道之旁。典型者如船帮会馆位于丹江转弯处的平地上，其交通便利且易于集散，骡帮会馆则位于洪水河转弯处。今陕南会馆主要分布于石泉县、紫阳县、白河县、山阳县、丹凤县、商南县及旬阳县。位于丹凤县的丹凤船帮会馆，是清代由水手和船工集资建起，在当时供帮员食宿、聚会、娱乐之用，是现在国内保存最完整的船帮会馆之一；会馆面临丹江，北靠凤冠山，现保留戏楼和大殿各一座，呈南北对峙状（图3-1-4）。

第二节　关中地区历史人文背景

一、概述

远古时期，优越的自然条件为关中先民繁衍生息提供了基础。根据考古发掘，在西安、临潼、渭南等地发现的仰韶文化遗址，属于以母系氏族公社聚居区。早在约6000年前，先民们就已经在这里开始了营建活动。《易经·系辞》中的"上古穴居而野处"就是对这一时期民居情况的写照。

周代的丰京、镐京是关中地区早期的都城，《周礼·考工记》所记载的都城规制，体现了中早期的"城市规划"思想，并形成了类型丰富和等级鲜明的建筑形制。

秦统一全国以前，其活动区域也主要集中在关中。在统一战争中，秦始皇每灭一国，便在咸阳北原上仿建其宫殿一处，号称"六国宫殿"。统一后，秦始皇又将全国富豪12万户迁到咸阳，从而使这里的人口激增到近百万，极大地扩大了城市规模，同时也将当时中国建筑的不同理念和众多技艺进行了融合，使咸阳都城具有了国家形象。

汉代平定了北方匈奴侵扰，"文景之治"开始大兴农耕，逐步恢复经济，完成了思想上的大一统，在疆域上较长时期无战事，使汉代的江山社稷延续了400年之久。富庶与安宁的社会环境，使得人们有更多的时间和精力用于建筑形态、材料和工艺的发展，在宫殿建造、园林设计和土木砖石的运用上都达到了很高的水平。

隋唐是经过魏晋南北朝几百年动乱之后出现的又一个统一时期。由宇文恺主持设计的大兴城，将中国古代井然有序的规划思想发挥到了极致，大明宫、华清池、芙蓉园等建筑遗址，仍然可以折射出当时皇家建筑的辉煌。政治、经济、文化繁荣，上到达官贵人，下至普通百姓，在满足日常生活需求的基础上萌生了丰富的精神追求。

时至今日，关中地区古村落规整的合院式布局，古建老宅中程式化的梁架结构，以"五脊六兽"为代表的屋顶装饰（图3-2-1）和木砖石雕的大量运用，都不同程度地折射出了唐代建筑的遗风。应该说，中国历史上建筑的实用功能与审美功能取得了深度的结合，肇始于魏晋，大成于隋唐，对后世产生了深远的影响。在唐代，建筑这一古老的营建活动已经不再是单纯的生存场所，而是标榜身份、修养、家境等文化优越感的一种载体，以造型、用料、装饰等手段，足以塑造出令人震撼的空间。

自唐以后，中国的文化中心开始东移，但各个朝代的统治者仍然把长安作为控制西北和西南的军事重镇。

作为中华文明的一个重要发源地，关中不仅有蓝田、半坡、姜寨等古老文化的辉煌，也有周秦汉唐的都城历史。千余年的建都史，不仅在这里形成了星罗棋布的高规格城池和官式建筑，还留下了许多与官式建筑相呼应的传统民居（图3-2-2），形成了关中地区特有的传统民居营建智慧。

二、耕读文化

耕读文化是中国古代农耕社会与士文化相结合的独特产物，是一种中国式的乡村文化。耕读文化在中国古代农村相当普遍，不仅是人与自然和谐相处的典范，更是一种文化理念和民俗风情的产物。耕读的古代知识分子主要有三类：一是读过书的农庄主、较富裕的自耕农；二是隐士，有文化而不做官或不能做官；三是政府官员。探讨耕读文化的内涵和古村落空间结构的功能表达，既有利于理解古村落的文化张力和生态结构，也有利于为古村落文化景观的保护与开发提供借鉴。[①]

陕西省是华夏文明重要发源地之一，关中地区又是中国主流文化的核心与发源地之一。早期耕读文化的产生与关中地域的自然环境是紧密相连的。秦岭终南山、渭河以及渭河冲积平原，从商周时期开始，就为古人"天人合一"的自然环境情怀、哲学思想奠定了物质基础。终南山的原始森林涵养、汇聚着多条河流，这些河流孕育滋润着关中平原上的乡村与城镇聚落，古长安城有八水绕长安的美誉。秦岭终南山自魏晋以来，一直是隐士远离喧嚣闹市，投身山水情怀，追求独善其身、返归自然的理想境地。唐代著名诗人王维在关中蓝田山麓的辋川营建别墅，修身养性过着半官半隐的生

---

① 王维，耿欣. 耕读文化与古村落空间意象的功能表达[J]. 山东社会科学，2013（7）.

（a）渭南市蒲城王杰故居

（b）咸阳市旬邑县唐家村屋顶

（c）三原县周家大院

图3-2-1 屋顶装饰

（a）渭南市赤水镇辛村

（b）渭南市富平县山西村

（c）宝鸡市麟游县麻夫村

（d）西安市周至县老县城村

图3-2-2 关中传统民居

活，在此创作了大量的田园诗歌："斜阳照墟落，穷巷牛羊归。野老念牧童，倚杖候荆扉。雉雊麦苗秀，蚕眠桑叶稀。田夫荷锄至，相见语依依。即此羡闲逸，怅然吟式微。"[1]这首诗正是早期田园耕读生活的真实画卷。文人隐士的田园生活理想、山水情怀影响着中国古代的诗歌、散文、绘画，乃至园林营建，形成中国古典艺术的鲜明特色（图3-2-3）。

终南山隐士文人的理想与情怀也影响着关中地域的乡村聚落，乡村中的乡贤文人"耕"与"读"相结合，追求着田园式的悠闲生活。乡贤的耕读生活与关中儒家思想的氛围，使得耕读文化的内涵更加丰富。儒家强调的"修身齐家治国平天下"及"仁义礼智信"、"礼义廉耻"的士大夫君子精神，通过耕读培育良好的行为道德情操，不断塑造修身、立德的个人品格，从而激发"以天下为己任"的责任感和担当意识。

自隋唐以来，中国科举制度的诞生与巩固，使得乡村中耕读文化更加普及与深化。科举制度改善了国家统治者之前的用人制度，彻底打破了血缘世袭关系和世族的垄断，使得平民百姓能够"朝为田舍郎，暮登天子堂"，部分社会中下层有能力的读书人进入社会上层，获得施展才智的机会。科举制度致使乡村中的乡贤阶层与贫穷百姓在读书与教育的重要性上达成共识。因此关中传统村落中私塾、学堂、书院、文昌阁众多，甚至村中的祠堂、寺庙也是作为学堂来使用。

关中地区乡村聚落具有庞大的耕读文化基础，自隋唐发展至宋代，诞生了著名的"关学"。"关学"是由张载创立，以其弟子及南宋、元、明、清诸代传承人士为主体，教学及学术传播以关中为基地而形成的儒学重要学派，与宋代二程的洛学、周敦颐的濂学、王安石的新学、朱熹的闽学齐名，共同构成了宋代儒学的

（a）归隐山林

（b）王顺山（来源：李安宁 摄）

（c）汉中梯田（来源：闫杰 摄）

图3-2-3 耕读归隐

---

[1] 吕智敏，侯健. 古代田家诗田园诗鉴赏[M]. 北京：农村读物出版社，1986.08：52.

主流。位于陕西眉县城东26公里处的横渠镇上的横渠书院是张载晚年兴馆设教的基地，元代以后改为张载祠（图3-2-4）。

耕读文化在乡村的普及，加上科举制度的助推，使关中地区历史上出现了几十座书院以及考场等建筑。目前保存较好的有关中书院（图3-2-5）、蒲城县清代考场（图3-2-6）。

三、文化对村落的影响

关中地区受到耕读文化与宗族文化的影响，村落的整体布局形式与民居建筑都表现其历史渊源与文化象征。传统村落中的书院、私塾、读书楼、文昌阁、魁星楼、进士碑等都是耕读文化的重要场所。

儒家思想影响下的耕读文化，是关中民间文化的主

（a）横渠镇张载祠入口大门

（b）横渠镇张载祠祭殿

图3-2-4　眉县横渠镇张载祠

图3-2-5　关中书院允执堂

图3-2-6　蒲城考场

图3-2-7 陕西省韩城市党家村牌匾

要特征。耕读文化逐渐发展出了守土、保守的性格特征，与自然和谐相处的生活态度，共同决定了关中民居的朴实、内敛的特点。耕读文化讲求"耕读传家"，以半耕半读为主的生活方式，因此关中平原地区民居建筑围绕村中的街道而建，耕地分布在村落的四周，利于耕作取水。耕读文化在建筑上也有所体现，如在党家村内，建筑多设有"耕读第"、"太史第"、"登科"等字样的牌匾（图3-2-7）。

关中地区受到宗族文化影响的村落，多是以大家族为主的聚集地，一般是选在地势平坦、背山面水之地建立村落，这类村落几乎都有庙宇。由血缘关系建立起来的村落，还会有体现祖先崇拜的祠堂，且均建在村内重要节点。院落体现"尊卑有分，上下有序"的礼制等级思想，房屋的大小、方位、形态，都有所讲究。遵循《周礼》的居中、四向等传统礼制，平直、方正的宅院平面格局及其组合方式，逐步形成了质朴、硬朗、厚重、端正的关中民居的整体性格。

在村落布局上最具人文气息的是韩城的党家村。村落的整体布局负阴抱阳，在布局结构中体现对称等次，在整体规划中体现动静互释，将"天人合一"的思想表现得淋漓尽致（图3-2-8）。党家村民居严格依照传统营造，公共建筑居于显著位置，院落分布整齐有序，道路铺装主次有序，整个村落布局井然有序。从村落中的公共设施就可以看出传统文化的影响。如文星阁、节孝碑、看家楼、祠堂、私塾、庙宇、古井、私塾等公共建筑，奠定了村中崇礼重教的文化底蕴。这种空间形式是典型传统文化的反映，使"以祠为聚，以庙为安"的营造古训得到了集中体现，也是村落生生不息的重要原因之一。[1]

---

[1] 祁嘉华，张婉瑶，王慧娟著.陕西传统村落地域文化探究[M]. 西安：陕西旅游出版社，2019.03：51.

图3-2-8 党家村鸟瞰

第三节　陕北地区历史人文背景

一、概述

由于所处特殊的地理位置，陕北地区形成了以农耕文化为主体，融汇游牧文化的区域性文化。在漫长的文化历史进程中，原生农业文化与畜牧文化、游牧文化及其他外来文化的叠压、积淀，形成了陕北历史文化丰富、多元的特征。[①]

陕北地处高原，受到游牧民族的影响，其人口聚落呈现大起大落的态势，并明显表现出与邻接区域的差异。在少数历史阶段出现过人口、聚落的繁荣盛况。据有关资料[②]，历史上，陕北高原一带人口、聚落密度出现较大增加的为两汉、中唐、明清三个时期。当时统治者在陕北高原一带均采取招徕逃亡、奖励垦荒、整顿赋役等措施，以恢复经济并增加人口。大批贫民迁居明长城沿线地区与蒙古牧民合伙垦种，基本形成近代陕北人口、聚落群体分布的规模和格局。[③]

在历史的积淀中，形成了古老淳朴、源远流长的陕北文化，其历史文化、民族风范的保留性极强，是陕北人民千百年来进行文化活动所创造的极为丰富的宝藏。例如，榆林市发现有各类遗址1549处，其中仰韶文化遗址70处，龙山文化遗址678处，商周遗址97处，秦汉遗址399处，其他305处。而榆林城作为明代的砖城，是我国为数不多的古城之一，城内古迹名胜萃集，文化传统深厚，1986年被国务院命名为历史文化名城。榆林市发现的古城遗迹有20多处，规模较大的古建筑329处，其中寺观222处，古城堡15处，其他92处。[④]

延安地区则具有丰厚的革命文化资源，曾作为中共中央所在地，留有许多革命旧址。且作为20世纪40年代新文艺运动的策源地，还涌现出了大量歌剧、秧歌剧、历史剧等优秀的文艺作品。延安市还遗留有3处古代村落遗址，为芦山峁遗址、贾家河遗址、圪驼遗址。历代建设书院，有嘉岭山书院、龙溪书院、云岩书院等近10处，现仅留嘉岭山书院遗迹可考。[⑤]

陕北地区的文化特征主要为黄土高原文化、游牧与农耕文化和边塞军事文化。陕北文化是中华民族古老文化遗产中极为珍贵的一部分，也是陕北改革、建设的两个重要优势之一。开发和利用陕北的文化资源，不仅对我国民族文化事业和本地民众的社会文化生活产生重要的影响，也将对陕北地区的乡村建设起到指导作用，是传承中华优秀传统文化的具体表现。

二、黄土高原文化

陕北地区是华夏文明发祥地之一，在陕北特别是榆林地区，新石器时代晚期遗址数量丰富，已经考古发掘的绥德小官道遗址和神木石峁遗址均是新石器时代晚期的重要遗存，尤其是面积达425万平方米的石峁遗址，是陕北发现的规模最大的龙山文化晚期的人类活动遗址，距今4000年左右，遗址由皇城台、内城、外城三座基本完整并相对独立的石构城址组成，形制完备、结构清晰，表明石峁遗址的社会功能已经跨入我国早期城市滥觞阶段，进入作为统治权力象征的邦国都邑行列之中。

[①] 吕静. 陕北文化研究 [M]. 上海：学林出版社，2004.10：41.
[②] 赵文林，谢淑君. 中国人口史 [M]. 北京：人民出版社，1984.
[③] 吕静. 陕北文化研究 [M]. 上海：学林出版社，2004.10：53.
[④] 榆林地区地方志办.《榆林地区志》稿 第九卷 文化 [M]. 西安：西北大学出版社，1994.4.
[⑤] 延安市志编纂委员会. 延安市志 [M]. 西安：陕西人民出版社，1994.12.

(a) 石峁遗址　　　　　　　　　　　　　(b) 统万城遗址

图3-3-1　陕北城池遗址

位于榆林靖边的统万城遗址，是东晋时南匈奴建立的大夏国都城遗址，城址由外城和内城组成，城址中马面林立，角楼高耸，宫殿楼观遗址雄伟，是我国至今唯一保存基本完好的早期北方少数民族王国都城遗址，其蕴含的历史文化反映了中国历史上北方少数民族及其游牧文化与中原汉族及其农耕文化的交融。这些数量众多、内涵深厚、价值突出的遗址充分表明陕北地区是华夏早期文明与游牧文明的交汇地之一（图3-3-1）。

三、游牧与农耕文化融合

陕北地区是中原与北方游牧地区的交汇处，陕北文化是中原农耕文化区系与北方草原游牧文化区系长期对峙中形成的以原生农耕文化为主体，融汇游牧文化、驳杂多样性文化因素和文化特征的一种区域性亚文化。多民族、多族源的民族构成特点，必然表现为文化上的多元继承、多元融合、多元发展的特点。所以，文化品格的多元性与文化类型的多样性也是陕北区域文化的一个重要特征。[①]

陕北长期是北方游牧民族活动的地方，有很长一段时间以畜牧业为主要生产生活方式。自汉代有少数民族内迁，南北朝时游牧民族大量迁入，游牧民族在与当地农耕民族的长期杂居中，掌握了一定的农业耕作方式，出现农牧并存的现象，到隋朝甚至宋元时期，陕北仍然处于半农半牧的生产方式。

这种农牧并存的生产方式也带动了陕北商业的发展。作为边关军事重镇的榆林城，军事防务是其首要目的。但城池的发育要有足够的人口、相当规模的财富和比较完善的仓储、货币、商业物流作为支撑。榆林城的许多街道名称，诸如"仓巷"、"瓦窑沟巷"、"沙锅巷"、"瓷店巷"、"芝圃巷"、"米粮市顶"等，无不反映了当时手工业、商业的规模及地域分布。而延续了几百年的榆林城南的"九月十三骡马大会"是当年北方最大的马、骡、驼交易市场。这个交易市场源源不断地把蒙古纯种良马输往内地，把放牧的马变成供征战和役使之用的工具，从而换回北方少数民族需要的粮食、布

---

① 吕静. 陕北文化研究[M]. 上海：学林出版社，2004.10：3，41，51.

匹、棉花、日用百货等生产资料和生活资料。

半农半牧的生产生活方式是陕北的主要经济形态，这种劳动生产形式就是黄土农耕文化与草原游牧文化融合而成的陕北文化特征之一。

司马迁在《史记》上描述游牧民族的衣食习惯时说："自君王以下，咸食畜肉，衣其皮革，被游裘。"[①]《列子·汤问》："南国之人，祝发而裸；北国之人，鞨巾而裘；中国之人，冠冕而裳。"[②] 这里的"中国人"指中原华夏民族；"北国之人"指北方少数民族。"鞨巾而裘"，是说包着头帕，穿着皮衣。如今陕北人头上的毛巾——白羊肚手巾，即由北国之人的鞨巾演变而来。毡礼帽、皮靴和冬日御寒的"毡窝子"，都是蒙古族鞋帽的陕北版。旧时，穿光板羊皮袄，头饰白羊肚手巾是陕北人衣饰的显著特征。另外，他们还特别喜欢穿白颜色的服饰，这种衣裳尚白风习，当与戎狄民族有内在关联。

陕北人尚白的习俗，也和白狄尚白的宗教心理有关。狄为春秋时代北方游牧民族的泛称，并以崇尚颜色之不同而分为赤狄、白狄等。榆林自古为白狄之地，这种尚白的习惯深深地融入在陕北人的潜意识中。

"徙民实边"、流放等人口流动又把全国各地的衣饰带到榆林。作为榆林妇女象征的"米脂婆姨"以精巧的女红闻名，比如美观耐穿的千层底鞋、绣花枕顶、绣花袜底、袜垫、绣花鞋、剪纸、皮影、小孩的"百衲衣"等都是精美的艺术作品（图3-3-2），这些都是汉族固有的纺织品工艺的体现。

四、边塞军事文化

陕北榆林市地处黄土高原和毛乌素沙地交界处，从战国至明代2000多年的时间里，一直都是中国封建王朝的交通咽喉和军事边塞要地。这里是汉民族与匈奴、突厥、党项等少数民族长期混居之地，也是汉民族与诸少数民族长期发生战争的拉锯之地。且由秦至明，陕北榆林北部长城沿线素为边塞重地。绵延的长城、宽阔的直道、众多的堡寨及驿站等均是陕北地区边塞军事文化的物质见证（图3-3-3、图3-3-4）。

受军事文化影响，聚落往往利用自然山水修筑防御工事，利用山势增加城墙高度或作为城墙外围的防

（a）安塞县腰鼓

（b）皮影-手工艺术品

图3-3-2　陕西民俗（来源：网络）

---

① 司马迁. 史记 [M]. 北京：中华书局，1959：2875.
② 王强模. 列子全译 [M]. 贵阳：贵州人民出版社，1993：140.

图3-3-3　陕北清涧王宿里村李王寨

图3-3-4　子洲县张家寨村克戎寨

线，利用河流作为一部分护城河，且村内常设有防御性设施。堡寨聚落以军事硬性防御与精神软性防卫并重，选址"因地形用险制塞"，城市四面关城、高墙厚筑，城中南北轴线上设鼓楼、凯歌楼、钟楼等兼具军事功能的建筑，东西轴线辅以文庙、寺阁、县署等，以通人伦教化。以家氏族群为单元建造的群组式民居，注重选址结合自然地形进行防御，形成壁垒高筑、随山就势、等级分明的寨堡式民居建筑群。受中原地区营建的影响，榆林、神木等地区形成了以木构架为主、偶有混合少量窑洞建筑的合院式民居，其规模体量适中，适应小型人口家庭，院落相对独立，可保证较好的安全私密性，空间组织兼具严整的秩序性和紧凑尺度的防卫性。如张寨村、梁家甲村、吴堡古村、安定村、虎焉村、黄甫村、响水村等（图3-3-5）。

图3-3-5　寨堡型聚落：虎焉村

第四节　陕南地区历史人文背景

一、概述

陕南地处秦巴山脉，是我国南北气候交汇区，其"两山夹一川"的地貌格局，北亚热带大陆性季风气候，垂直地带性的地理分异，丰富的水资源，具有鲜明的地域特色。

陕南的历史最早可追溯到旧石器时代的"蓝田人"。据中国最早的地理著作《尚书》记载，将全国分为九州，称"华阳黑水惟梁州"，唐代学者认为梁州即为现在的汉中、安康、商洛一带。春秋战国时期，安康成为南北方文化的汇合之地，被称为"秦头楚尾"，地扼南北要冲。公元前611年庸国被秦、巴、楚三分，安康成为秦楚必争之地。

陕南地区的自然山水格局与社会发展促进了活跃、多元文化的形成，对陕南地区的传统聚落形态产生了深远的影响。因陕南独特的地理位置，处于多元文化的交汇区，因此在陕南不同的地理单元中，聚落呈现了不同的文化特征。陕南聚落形态特征源于自然，高于自然，折射出了人类活动与自然环境和谐共生的人居观和兼收并蓄、共趋一体的文化观。

唐代安史之乱时，陕西失去了全国政治经济与文化中心的地位，关中的社会生产力和建设事业都遭到了极大的破坏，大批难民逃往陕南，将之视为乐土。元清时期，两个少数民族入主中原，依然是以武力荡平了原有政权，生灵涂炭。地处陕南的汉水流域，由于山高路险而免遭战乱，社会比较安定，加之物产丰富，水路便利，生产力和建设事业因而有了极大的发展。如兴元府、金州、洋州、兴州、商州等陕南城镇，工商发达，水陆交通便利，成为秦巴地区富甲一方的世外桃源。

清康熙年间，陕西官府招徕各地贫民前往陕南开山垦荒，各地流民纷纷前往这一地区，至乾隆时期，流民汇聚于秦巴山地，形成村镇。抗日战争期间，汉水流域一个小镇竟汇聚了18个省市的人口，真正实现了五湖四海、八方来客的局面，极大地改变了当地百姓的人口结构，对陕南社会生活产生了深远影响。[1]

二、多元文化融合

陕南地区文化类型与内涵十分丰富，主要原因是明清时期的陕南大移民促成了南北文化的大碰撞，古老的陕南文化在巴蜀文化、荆楚文化、吴越文化、三秦文化以及岭南文化等外来文化的冲击中，形成了南北交融、东西交融的地方特色（图3-4-1）。[2]

1. 古道文化

陕南位于秦岭、巴山之间，秦岭高大险峻，巴山群峰并列，形成两道天然屏障，但这也阻碍不了陕南与其他地区的交流，古人为了与外界沟通，不畏艰险地探索和开辟出很多道路，其中最著名的有穿越秦岭的六条通道和穿越巴山的三条通道。这些通道成为历代战争的军事通道和陕南与外部联系的经济命脉，也是明清移民进入陕南的主要路线。

秦汉时期，形成了穿越秦岭的五条沟通长安与汉中、商县并与外省四川、湖北等相通的水陆联络路线：

---

[1] 祁嘉华，张婉瑶，王慧娟. 陕西传统村落地域文化探究[M]. 西安：陕西旅游出版社，2019：77-78.
[2] 王晓平. 明清移民与陕南民间音乐的流布[J]. 南京艺术学院学报（音乐与表演版），2008（03）：54-60.

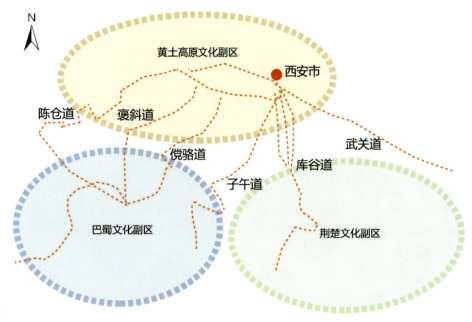

图3-4-1 陕南文化圈示意图

褒斜道、陈仓道（嘉陵道）、子午道、傥骆道和武关道。穿越巴山的通道为金牛道和米仓道。

隋唐时期，由于南北经济关系的进一步加强，汉水上、中、下游交通进入全盛阶段，穿越秦岭的通道增加库谷道成为六条，穿越巴山的通道整修了荔枝道成为三条。

唐代以后，从北宋定都开封开始，随着政治中心逐渐东迁远去，汉水上游交通逐渐没落，汉水流域的交通地位呈下降趋势。

依据古道而建的村落有大河镇兴红社区，处于子午道起始位置，位于河谷平坦处，河流在村落前穿过，背靠山体，沿山设栈道供来往通行，历史时期古道的通行使兴红社区经济发展水平高于一般村落。[1]

2. 移民文化

明初时期，为了抚治战乱造成的社会凋零、恢复和发展生产，政府采用移民垦荒和屯田的办法促使大量移民进入陕南。移民在此从事垦殖、烧酒、制茶等各种农业和手工业活动，使得社会渐趋稳定，生产规模与人口规模逐渐增加。

明末清初，天灾人祸使陕南社会经济几乎陷于绝境，政府大力推行"移垦"政策，从顺治颁布至嘉庆历经一百余年，使得一场涉及全国十几个省的大规模移民得以实现。

咸丰至光绪年间，民间起义太平天国运动沉重地打击了腐朽清王朝的封建统治，再次造成社会大动荡，进而引起清代的第二次大移民。[2]

明清的大移民使得陕南地区成为南北文化大交融的地区，湖北、四川、湖南、安徽等南方文化与陕西、甘肃等北方文化相互交融与影响，形成了南北交融的地方特色。这种文化特色反映在陕南乡村聚落的各个方面，如汉中西部巴蜀文化影响较深；东部地区具有中原文化的特点；安康受湖北楚文化的影响最大；商洛兼具

---

[1] 陈良学. 湖广移民与陕南开发［M］. 西安：三秦出版社，1998.
[2] 陈良学. 明清时期闽粤客家人内迁与秦巴山区的开发[J]. 汉中师范学院学报（社会科学），2001（02）：81-88.

(a) 北五省会馆鸟瞰

北方的粗犷和江南的灵秀。

移民文化反映在聚落层面则是形成了随遇而安的自然村落，一个家族居住在某一个地方，经世代繁衍就成了这个地方的主体，姓氏加上居住地的地理位置就成了地名，如安康汉阴县的花鼓戏之乡王家河等。

移民来自全国各地，多以家族或者宗族为单位集体迁徙，以宗族为单元的社会组织比官方组织更具效力。因此宗族中的祠堂是约束和聚合族人的纽带，体现在聚落上，常营建有城堡、连环宅院等，且城堡内设有围墙、门楼、哨垛等设施。经济发展促进了会馆的产生，这是一种以家族为母体但又超越家族的社会组织，是传统宗族制的进一步体现。紫阳北五省会馆位于紫阳县瓦房店，始建于清乾隆末年，分期营造，至清同治年间完成。地处江河、渚河与任河交汇处的山壁上，坐北面南，依山势营构，高台相通，自山门至大殿形成近10米高差，俯瞰任河，气势宏伟（图3-4-2）。

(b) 川主会馆

(c) 北五省会馆

图3-4-2 陕南瓦房店会馆群

图3-4-3 旬阳县赤岩镇七里村庙湾村

3. 防御文化

陕南有汉江穿过，起着沟通中原与中南、西北、西南等传统经济区的交通大动脉作用，且汉中盆地是闻名遐迩的富庶之地，因此经常成为战火弥漫之地。宋代川陕地区为全国三大抗金战场中的两大御敌战区；明清时期白莲教农民起义转战驰骋鄂楚，太平军西征陕南等。为保一隅之安，很多陕南传统村落在选址时注重隐蔽性与防御性，如旬阳县赤岩镇七里村庙湾村位于山体北侧接近山脚处，吕河南岸，掩映于竹林与山包之后，人在路上与河对岸无法看到村落，只有北部一条横跨吕河的小桥与外界沟通，有良好的隐蔽防御性（图3-4-3）。旬阳县沙阳乡双河口村，村落位于山腰处，海拔约880米，较高的地势使得交通不便利，且位于山坳处，既难于发现又难于登临，这就使得双河口村有良好的隐蔽性与安全性。

4. 宗祠与宗教文化

在陕南这个以移民为主的地区，宗族文化是影响聚落形成其类型特征的一个重要因素，迁移人口多以家族或更大的宗族迁入，以族法族规约束家族成员。很多陕南聚落以宗族姓氏命名，聚落成员有较严格的封建秩序，使得这种聚落有很强的内聚力和自卫力。[①]

如汉阴县合族而居的城堡"永宁堡"、"福宁堡"，张氏自入陕之初到光绪十一年经过200余年的发展已成为一个庞大的家族。嘉庆初年，"礼门"由元声公兄弟牵头在添水河北岸修建了规模宏大的城堡，号曰"永宁堡"；"仁门"亦由月青公牵头在涧池铺以南的沙坝修建了"福宁堡"。两堡相距20余里，南北对峙，互为呼

---

① 陶卫宁. 明清时期陕南汉江走廊乡村聚落类型的地名研究[J]. 中国历史地理论丛，2003（03）：72-78+159.

应，使张氏在此地名声大震。至今南北两座张家堡仍为当地地名的代名词。尽管张氏子孙分布在汉、安两邑，南北二山，但两堡作为其迁陕之初开基创业的大本营却成了维系整个张氏族人的纽带，也是张氏春秋祭祀和聚会之所。

陕南宗教文化具有兼容并蓄的特点，不论是佛家的寺、尼庵，道家的宫、观，都有本教外的神共享人间烟火，不但不排斥异己，而且相容共存；二是以人为神的世俗寺庙多以实代虚，实多虚少；文化底蕴深厚，商业操作少，保持历史原貌；活而不乱，立足长久。[①] 汉中市留坝县留侯镇的张良庙是代表之一，为明至清古建筑，被国务院批准列入第六批中国重点文物保护单位名单。张良庙依山傍水，柴关、紫柏二山在此形成一个圈椅状，庙前一水和庙后一河又成环抱之态，庙四周幽静肃穆，方圆百里苍松紫柏挺拔苍翠，大有护法卫道之像（图3-4-4）。

5. 产业文化

明代以前，陕南农作物种植以小麦、糜谷为主，产量不高且病虫害较多，易受鸟兽之害。明清大移民后，南方各省客民垦荒成熟后不甘于种植杂粮，他们有水稻种植的习惯，因此千方百计引水开田，使得梯田、坡地和山间平地广泛分布，农业结构发生改变。现代陕南依山多种植经济作物，如茶、油菜等。作为灌溉农业水利工程形式的"堰"也形成了"堰文化"，堰渠建成后或以姓名命其堰，或立功德碑，传扬主持修建者功德，遗迹遍布灌区形成一种文化景观。[②] 基于产业而发展出来的聚落多选址在山腰部位，山腰地带聚落周围一定范围内有较大面积的耕地，可支撑一定规模聚落生产发展，向山下有较便利的水源。

（a）汉中市略阳县江神庙

（b）安康市汉滨区白云寺

（c）汉中市留坝县张良庙

图3-4-4 陕南宗教建筑

---

① 王济宪. 陕南宗教文化的兼容特征[J]. 华夏文化，2012（03）：17-19.
② 刘乐. 汉中盆地的"堰文化"[J]. 陕西水利，1996（05）：43-44.

三、文化对村落的影响

陕南东西跨度较大，不同区域的文化特征有一定差别，对建筑形态也产生了不同的影响。

陕南东部地理位置便利，与中原相接，往来较为密切，故受到中原文化，尤其是秦文化的广泛影响；另外，关中长安地区的政治地位使陕南东部人民向往关中地区，受关中儒家文化的影响也相对较深；由于山大而无川，不具备农耕文明发展条件，森林有效面积不大，许多河流水道陷入无水或断流状态，这种自然资源的枯竭阻碍了经济和文化发展，也导致陕南东部文化相对封闭落后。受这些文化因素影响，陕南东部院落布局与中原相似，建筑依山而建，进深受限，不拘朝向；硬山封火墙形态多变；穿梁式木构架居多，辅以山墙承重，形成"山墙搁檩"的结构特征。

陕南中部自然资源丰富，人民多倚重山水，乐山乐水的道教文化在这里有深厚的基础；另外，由于南北山脉阻隔，陕南中部在地理位置上相对闭塞，其对外交通很大程度上依靠汉江水运，依东南出荆湖，文化也倾向荆楚文化。所以这个区域的建筑体现出荆楚风格：石墙青瓦或石墙灰瓦、硬山屋顶、跌落式或人字形封火山墙、多重院落。

陕南西部地理位置上靠近四川，受巴蜀文化影响较大。以汉江为载体的水路交通和以栈道为标志的陆路交通发展，使陕南西部成为经济发展的通道和融合点、文化的过渡带和交汇区，承担着缓冲、黏合作用，成为汉文化的过渡地。陕南西部院落宽大开阔，类似北方民居院落木骨（穿斗式木构架）泥墙（竹筋夯土或砖石山墙），悬山小青瓦屋面，出檐深远，体现了蜀文化基因。

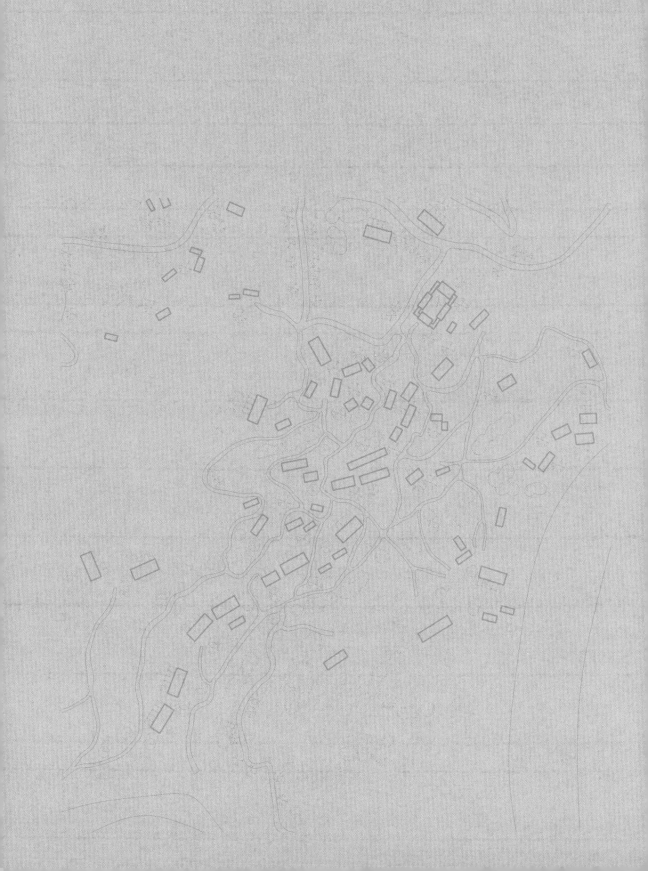

由于陕西关中、陕北、陕南三个地区自然地理、气候资源等差异较大，本章将分为关中、陕北、陕南三部分讨论聚落选址与布局、聚落空间特征、聚落景观特征、聚落营造技术与材料特征。

第一节　聚落选址与布局特征

一、关中传统聚落选址与布局特征

关中地区传统聚落体现出"因地制宜、和谐共生"的选址与布局特征，以及"等级分明、序列明晰""村寨结合、多层防御"的聚落格局特征。

（一）"因地制宜、和谐共生"的选址与布局

中国传统村落建立在自给自足的小农经济基础之上，山、水、林、田是影响生产和生活的基本要素。"背山面水，负阴抱阳"的择址理念被认为藏风聚气、利于生态。

关中地区的传统村落遵循"因地制宜、与自然和谐共生"的选址与营造理念。村落选址与格局充分体现尊重自然，强调自然与人类相同、相近和统一、和谐共生的原则。关中地区典型的地形地貌是村落选址的关键因素，村落选址结合山、水、塬、沟、崾等自然地貌合理布局。

渭河两侧的阶地平原区，地势平坦、夏有高温、冬有寒风。为应对夏季炎热、冬季寒冷的气候条件，多建合院式民居，正房面南，体量和高度均高于其他房屋，后墙厚于两侧山墙，既可在冬季阻挡寒风，又可在夏季时使合院中多数建筑可以处于屋檐的遮蔽之下，起到夏季避暑通风以及冬季挡风保暖的效果。

由于关中地区人口相对密集，而耕地资源有限，人口与耕地的矛盾造就了关中民居"小面宽、大进深"节约土地的营建智慧，形成关中特有的窄院民居（图4-1-1~图4-1-3）。

渭北的黄土台塬区塬面广阔，整体地势呈阶梯状或倾斜的盾状，聚落布局自由分散，建筑形式则以独立式

图4-1-1　关中合院式聚落

图4-1-2　关中合院式聚落布局

图4-1-3 关中窄院

图4-1-4 三原县柏社村窑房院落

图4-1-5 三原县柏社村下沉式窑院

窑院和下沉式窑洞为主[①]（图4-1-4～图4-1-6）。由于地势起伏变化，黄土冲沟方向及土层厚度决定着村落的选址和布局，村落在建造过程中多利用黄土层壁立性强的特点，创造出垂直立体的空间形态。村落与台地错落有致，庭院和屋顶依山就势互相结合，根据地形不同，高差较大的区域多为窑洞民居，较为开阔的区域多为合院民居。

如韩城市西庄镇柳村，选址位于三面环沟的黄土沟壑地带，村民充分利用地形将村落打造成堡寨用以抵御外敌，村内道路呈鱼骨状布局，与周边的沟壑环境融为一体（图4-1-7）。

（二）"等级分明、序列明晰"的聚落格局

关中周礼文化对传统村落的形成和发展起着至关重要的作用，宗法制度、礼教传统也是影响聚落形态的决定性因素。

在宗族制度的影响下，关中地区村落的空间结构多以宗祠为核心的同心内聚型，是以血缘关系相关联且等级森严的宗族组织。宗祠是村落的结构核心，也是族员心理场所的中心。祠堂前空间是具有交通、聚会及生活功能的公共空间。如韩城党家村，村落形态结构是以村内党家祠堂和贾家祠堂为中心，民居院落以祠堂为中心环绕布局，形成村落的精神文脉中心与日常活动中心。

---

① 王军. 西北民居［M］. 北京：中国建筑工业出版社，2009.

图4-1-6　铜川市耀州区小丘镇移村下沉式窑院

图4-1-7　韩城西庄镇柳村依托地形地貌选址布局

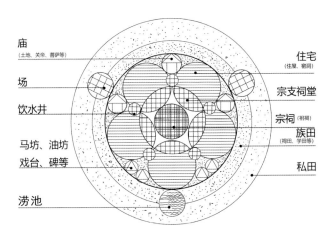

图4-1-8 传统村落物质要素组织模式示意图（来源：根据《韩城村寨与党家村民居》改绘）

在自然经济条件下，宗族组织管理一切，建立并维持村落社会生活各方面的秩序，如村落选址、规划建设、伦理教化、社会规范、环境保护和公共娱乐等，一般会设置族田、建造祠堂、编制族谱。

村落物质环境的主要构成要素，如街巷、住宅、祠堂、庙宇、书院、文昌阁、廊桥、涝池等组织方式都体现出条理清晰的有序性（图4-1-8）。

礼制思想自诞生以来长期影响着居民的生活方式和行为，也是关中传统村落空间布局的基础。关中平原地区的乡村聚落空间多以方格网状布局，院落空间多呈中轴对称，房屋功能及规格严格按等级制度布局，在建筑尺度、形制乃至色彩、图案等方面也有明确的等级差别，这与中国长幼有序的家庭伦理观一致。

村落结构多呈骨架式格局，街巷纵横交错，院落集中和规整，为内向合院式院落。如韩城市新城办留芳村就是典型的骨架式格局，留芳村地处黄河岸边，南北临沟，西接原野，以关中特色的四合院式民居为主（图4-1-9）。

（三）"村寨结合、多层防御"的聚落格局

关中地区由于土地肥沃、气候温和，历来为各朝建都首选之地，但优越的地理地貌环境也成为此地改朝换代和兵荒马乱的重要原因，传统村落无论在选址、格局还是构筑方面，均可体现力求保障安全的各种措施，因而"住防合一、村寨结合"成为关中传统村落的主要特点。

村落选址时通常依托自然深沟、高崖、河流等险要地势，作为外围防卫的第一道防线。党家村即为典型案例，充分体现防御自然灾害，利于生产生活的特征。村落位于韩城东部黄土台塬的边缘区泌水河流经的沟谷中，北依高原，南临泌水，日照充足。村落地处葫芦形谷底，可抵御西北风的侵害，泌水河可提供丰富的生活用水，地势北高南低，利于排水（图4-1-10）。

在防御思想的影响下，关中传统村落的布局呈现规整集聚内向的形态特征，在堡寨型村落中表现尤为突出，如合阳县灵泉村、王峰乡王峰村等。防御体系主要由村落外围的整体性防线、村落内的防御体系、村落内的最小防御单元三个层次构成。

1）村落外围的整体防线

村落利用天然地形和沟壑形成村落防御性的整体边界，建构完整的防御性堡寨，一般有完整的城墙、城寨、寨门，是一种高级别且坚固的防御方式，这些部分构成村落的第一层防御体系。如党家村上寨——泌阳堡依托天然峭壁修筑坚实的堡墙，并在险要处建造堡门，用以扼守通往下寨的必经之处，形成森严的守卫边界（图4-1-11）。

2）村落内的防御体系

村落内防御体系是由村落内部的街道路网、街门、望楼等经由人工规划构成的第二层防御体系。

（1）街道路网

为防止外敌入侵，村中街道网一般不取整齐的直交，多采用"T"形和"卍"形的迷路和尽端小路，形成环状，四通八达的路网体系，外人在内部难以辨别方向和道路，而敌人一旦攻入村内，村民可及时逃生（图4-1-12、图4-1-13）。

图4-1-9 韩城市留芳村鸟瞰

图4-1-10 党家村村落格局

图4-1-11 党家村泌阳堡

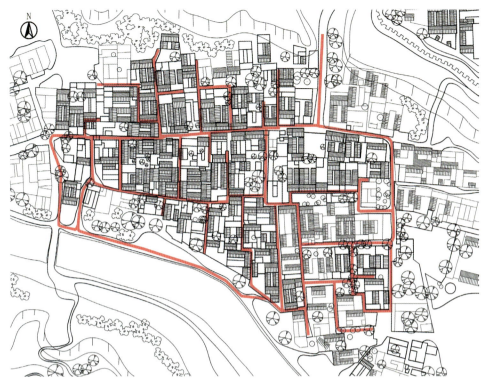

图4-1-12　党家村街巷路网

图4-1-13　党家村街巷

图4-1-14 党家村街门

（2）街门

街门是与住户、基地布置和街道网相关联的重要防御设施，一般位于村落街道的紧要地点，分两级设置，以数户构成一个防御单元。在"T"形和"卍"形路网的尽端入口设置街门，再以数个防卫单元为一组，在干线道路附近设置街门，此种情况下，住户的宅基地面宽越小越有利于防御。街巷较窄也是利于防御的重要特征之一，如党家村的主街道路幅宽3米，南北小街2米，尽端小路仅1.2米，在街巷的一些重要位置设街门，可谓"一夫当关，万夫莫开"（图4-1-14）。

（3）望楼

有些村中还设有瞭望楼，多位于村落中心，是整个村子的制高点，以方便观察四周的敌情，如党家村的看家楼。

3）最小防御单元

民居是村落的最小防御单元，用于防止外敌对普通住户及其房屋建筑的侵犯。关中民居主要采用三合院、四合院等内向封闭的形式，一般会筑起厚实高大的外墙，外墙上不开窗或仅开小窗。院落内部会建一些暗道、紧急入口等防御性的紧急疏散设施，方便在出现敌情时藏匿或逃生。

二、陕北传统聚落选址与布局特征

陕北地区传统聚落的主体空间分布与陕北的自然生态环境分区基本一致，分为两大区域：南部和中部黄土高原丘陵沟壑区；北部长城沿线风沙滩地区。黄土沟壑区的聚落空间分布以洛河、延河、无定河构成的"Y"形河谷为骨架，最终在整体上呈现出枝状形态体系。北部长城沿线风沙滩地区形成东北至西南走向的聚落分布带。[1]

陕北地区密集的沟壑地貌与枝状水系是形成聚落总

---

[1] 周庆华. 黄土高原·河谷中的聚落——陕北地区人居环境空间形态模式研究[M]. 北京：中国建筑工业出版社，2009：51，73，109-110.

体分布规律的主导因素，而基于军事防御职能建构的城镇体系，也是其重要成因。陕北地区传统聚落空间分布以延安、榆林为中心，以各级流域河谷为主体分布区，加上长城沿线及洛川黄土塬等分布带，构成了以河谷川地为主的聚落分布总体格局，具有等级特征的河谷沟道成为陕北人居聚落空间形态发展的主体地区并延续至今。

（一）乡村聚落沿流域分布

陕北黄土高原独特的地貌形成了密集的枝状河谷沟壑体系及其等级结构。大、中、小河谷沟道形成了许多较宽阔的川地，这些地区是优良农业耕地的集中分布区，也是城镇乡村聚落的主要分布区。

陕北黄土沟壑区河谷空间体系有三个等级，聚落规模与分布相应呈现三个等级：黄河一级支流（主要有延河、北洛河、无定河、清涧河、窟野河等），主要分布着城市及一定数量的镇和村；二级支流（主要有周河、西川河、秀延河、沮河、大理河、淮宁河等），主要分布着镇区及少量县城；三级支流（长度在50公里以内，一般为20公里长且较为狭窄的小流域），主要分布着乡村聚落，基本没有城镇。①

陕北地区传统村落在无定河流域范围分布较为密集。受地理环境、经济因素、交通因素的影响，传统村落主要沿着无定河主河道不均匀分布，并向主河道两侧的支流分布。传统村落分布数量在支毛沟最多，支毛沟沟谷纵横、道路狭窄、地势起伏大、交通不畅，山沟中的信息不通畅、闭塞，因此民居的更替速度缓慢，同时较少有外来势力的侵袭，保留下的传统村落数量较多；河谷平原地区地势平整、交通便捷、水资源以及土地资源利于村落的发展以及农业的种植，传统村落分布较为密集；梁峁坡地，坡顶取水用水不便，不利于生活，传统村落数量相对较少。

陕北地区沟谷纵横，庞大的水网系统附着于其中，而在沟谷、河谷处有着丰富的水资源。由于具有生态、军事攻防、道路交通、耕地资源等方面的优势，陕北河谷川道处的人口密度明显高于周边区域，体现了聚落首先向主要河谷集中的规律。村落在选址择基时也会遵循"近水利而避水患"的原则，小流域中的乡村聚落主要在主川道上分布，并向较开阔的支毛沟方向延伸，以便获得朝向、交通、聚居的便利。在河流交汇处会聚集更多的村落，例如延安市地处延河、南河交汇处，呈"Y"形发展；子长县城地处秀延河、南河交汇处；绥德位于大理河和无定河交汇处；在陕北延安、榆林的25个区县中，位于两河交汇处的有9个；陕北地区重要河流交汇处均为人居选址环境密集处。②

（二）节能节地、依托自然的聚落选址

传统聚落在形成和营建过程中，会选取利于聚居的自然环境条件。陕北聚落在营建选址上充分体现"背山面水，山水皆宜"的理念，避冬日风寒，获取充足日照，便于取水、出行与防御。

陕北地区日照充足、少雨，传统窑居背靠黄土坡，内部通风不畅、光线不足、潮湿等，为适应生存，获得居住和农耕所需的充足日照，窑洞选址时，多选择坡地向阳的地段，以获取最多的日照，解决潮湿、光线不足等问题。因此形成了陕北地区传统村落整体向阳分布的特征。

榆林市米脂县县城，东依横山，西面无定河，虽主要朝向为西，仍可做到山环水绕，负阴抱阳，众多小流域中的村镇环境更易满足这一要求。米脂县高西沟村的窑居组团，基本分布于主沟道的凹形山坳中和支毛沟的凹形沟道内（图4-1-15）。

---

① 周庆华. 黄土高原·河谷中的聚落——陕北地区人居环境空间形态模式研究[M]. 北京：中国建筑工业出版社，2009：51，73，109-110.
② 同上。

图4-1-15 榆林市米脂县高西沟村航拍图

图4-1-16 处于山腰的小流域村落

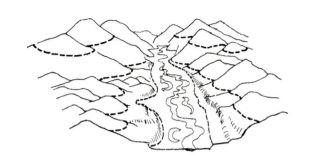

水源作为人们生存必不可少的自然资源之一,对村落的选址有着决定性的作用。陕北冬春易旱,靠近水源是聚落选址的要则,聚落应尽可能取水便捷,以满足人畜饮水和农耕灌溉之需。黄土沟壑区由于水土流失严重,聚落选址会考虑雨季少量排洪的便利,避免或减少聚落遭遇洪涝及次生灾害。因此,城镇多集中于河流二级阶地上,小流域村落多处于山腰,以兼顾汲水、耕作和防洪等多方面需求(图4-1-16)。

保证居住、生活和农业生产安全是聚落选址和布局的重要需求,陕北地区聚落选址大多避开岩石层及其他山体易滑坡地段,巧借山势地形、河流地物等进行有效的自然防卫,以趋利避害,避免或降低天灾的风险。古时取水不便,人们选择聚居地首要条件就是离水源近,土地适宜耕种,以及适宜的阳光、风向。因此,人们趋于选择在临沟山坡的向阳一面选择基址。

陕北地区适宜耕种的土地在村民生产生活中十分重要,人们倾向于将坡度较小、较为平坦的地区用于耕种,在其周围剩余地点选址居住。如图4-1-17所示,将黄土塬上较为平坦肥沃的土地留作农田,而在河沟的山腰上沿等高线建窑,聚落呈带状。此种类型聚落离水源和耕地较近,并且在夏季丰水期河流上涨时,不会被淹没。

(三)军事防御体系影响下的聚落布局

陕北地区在汉族历代王朝中均是军事要冲和边防重地,秦汉、北宋和明代根据军事设防需求在横山沿线修建了大量军寨、城堡,与长城一起形成防御工事。由坞堡壁垒组成的军事防御体系,对陕北城镇聚落的形成与分布也产生着重要影响。

北宋时期,为防备北方西夏、金国侵扰,陕北地区修筑(重筑)军、堡、寨、镇共达129个之多,如绥德军(今绥德县)、克戎寨(今子洲县)、威羌寨、平戎寨、安定堡(今子长县)、怀威堡、保安军(今志丹县)、怀威堡(今吴旗县)、神木寨(今神木县)、葭芦县(今佳县)等。明代军事城池(堡寨)沿着长城大边、二边两道防线而建,集中了神木、榆林、靖边、定边、镇羌堡、永兴堡、建安堡、鱼河堡等军堡,形成了等级分明的网状防御体系。这些军镇既是攻防基地,又是地域管制中心,还是民族商贸活动集市所在,故成为日后城镇发展的基础。[①](图4-1-18、图4-1-19)。

---

① 周庆华. 陕北城镇空间形态结构演化及城乡空间模式[J]. 城市规划,2006,(02):39-45.

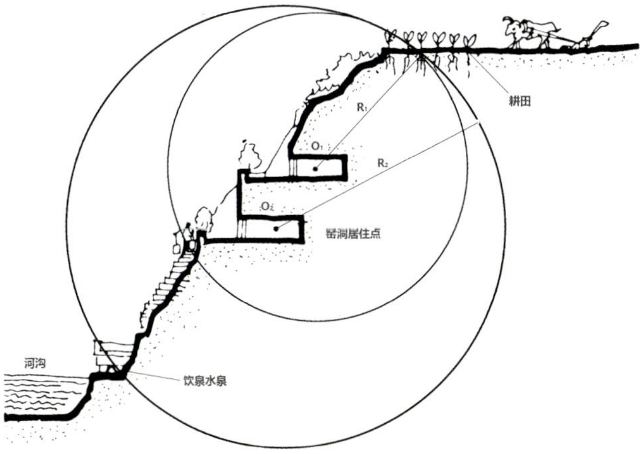

图4-1-17 窑洞居住环境（来源：《中国窑洞》）

图4-1-18 府谷府州城瓮城（来源：吴晶晶 摄）

图4-1-19 府谷府州城城门（来源：吴晶晶 摄）

三、陕南传统聚落选址与布局特征

陕南地区位于秦岭山脉南坡、大巴山脉北麓，是我国秦巴山区的核心组成部分，汉江、丹江、嘉陵江、洛河流经区域形成四条主要川道，按地形地貌及海拔可划分为平原盆地、低山丘陵与中高山地三个地理单元。平原盆地包括汉江流域的汉中平原与石泉—安康盆地、丹江流域的商丹盆地，以及洛河流域的洛南盆地；低山丘陵地带主要分布在汉江及其一级支流、丹江及其一级支流，以及嘉陵江的流域范围；中高山地指秦岭、大巴山的高山、中山地带，主要分布于嘉陵江上游、汉江与丹江二级以上支流、洛河上游及其支流的流域范围。陕南传统聚落体现出依山傍水的聚落选址特点，聚落形态受水系影响突出。

（一）依山傍水的聚落选址

陕南地区江河众多，水系蜿蜒，呈树枝状分布。传统村落选址非常看重"背山面水"的环境，即山环水绕、聚风藏气的大环境。

在陕南三个不同的地理单元中，水文条件与地形地貌存在显著差异，但传统聚落多建于河水内湾环抱处。

1. 平原盆地聚落选址

平原盆地地形对聚落的选址、建设限制较小，规模较大的城镇多分布于此，聚落选址体现"平畴之中，依水而居"的特征。汉中平原上的汉中市、城固县、勉县与洋县的传统城区均选址于汉江北岸，北望秦岭、南眺巴山。小城镇选址倾向于沿交通干线分布；乡村聚落多依河而建。

在村镇尺度下，多遵循背山面水的聚落发展格局，在单体民居方面，陕南村落中的大户人家在给自家宅院选址时，既要"背山面水"也要坐北朝南。汉中市宁强县青木川古镇的魏氏庄园，整体坐北朝南，为保持"背山面水"的传统，主人专门令工匠从山上引水到门前，形成山水景观（图4-1-20）。

2. 低山丘陵聚落选址

低山丘陵地区的聚落建设受到水系与地形的限制，聚落选址充分利用河谷中相对平缓的低山坡地和坡脚，体现了"倚山就势，择水而栖"的特征（图4-1-21）。

旬阳县城位于汉江与旬河交汇处，传统城区及新区均选址于旬河南岸河水内湾环抱处；蜀河镇位于旬阳县城以东，古时是鄂、陕、川三地物流交汇的重要中转集散地，北倚秦岭，南傍巴山，挟汉江而携蜀河，城镇新区与古镇分别选址于蜀河与汉江交汇处东西两侧的缓坡地带。

宁强县城位于玉带河与小河交汇处的河谷川道中，主城区选址于河流两侧的平坝和起伏较小的坡地；青木川镇位于宁强县城西，选址于金溪河与其东侧支流的交汇处，古镇坐落于南河岸，新区建于北河岸，群山环绕。

乡村聚落选址受地形制约，更加注重提高土地利用效率，聚落位于沟谷地带坡度较缓的小规模平坝地上，紧邻农业生产用地。

3. 中高山地聚落选址

中高山地海拔较高，聚落空间布局受地形限制明显，城镇数量相对平原盆地和低山丘陵较少，传统聚落多位于山间谷底的河流两岸阶地，沿等高线进行建设，选址体现"凭山栖谷，顺势而为"的特征（图4-1-22）。

凤凰古镇位于柞水县社川河畔，选址于社川河、皂河沟、水滴沟三河出口交汇处的三角洲上，水源充沛，背靠大梁山，面向凤凰山。

"依山傍水，攻位于汭"是陕南地区三个不同的地理单元城镇与乡村聚落选址的共同特征，由于交通方

图4-1-20 宁强县青木川古镇魏氏庄园

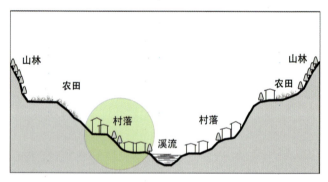

图4-1-21 低山丘陵聚落选址示意图

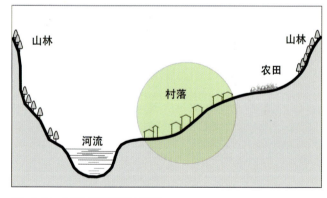

图4-1-22 中高山地聚落选址示意图

(a) 安康蜀河古镇　　　　　　　　　　(b) 汉中青木川镇

图4-1-23　沿水系两边布局的聚落空间形态（来源：谷歌地图）

(a) 安康云峰村　　　　　　　　　　(b) 汉中广坪镇

图4-1-24　沿水系单边布局的聚落空间形态（来源：谷歌地图）

式、耕作半径等因素使其各具特色，体现了陕南地区人民尊重自然规律，善于利用山水环境的城建智慧。以地形地貌及水文条件为首要的自然要素，不仅影响了聚落选址，也影响了不断发展变化的聚落空间形态。[①]

（二）水系影响下的聚落形态特征

秦巴山地从东到西，从南到北大多数聚落内部的空间结构和景观体系都与水系联系紧密。聚落与水系构成了三种基本形态关系（图4-1-23、图4-1-24）：一是沿水系两边带型或是阶梯型布局，河流穿城而过，形成以水系为中心的空间形态。这一空间形态主要分布在秦巴山地四周川谷内较大的聚落中；二是沿水系呈单边的线形或团块状布局。这一形态主要存在于秦巴山地四周川谷以及汉江腹地较小的聚落中；三是沿水系一侧分布逐渐向两侧发展，逐渐形成以水系为中轴的团块状分布的空间形态。这一聚落的空间形态主要分布在汉江腹地的

---

① 住房和城乡建设部. 中国传统建筑解析与传承 陕西卷 [M]. 北京：中国建筑工业出版社，2017：139-165.

城镇聚落中，如勉县、汉中、安康、西乡等较大的城镇聚落，其原因主要在于沿汉江两岸，秦岭和巴山水系形态的差异（图4-1-31）。

灌溉与排水是聚落中重要的生产和生活组成部分。《管子·乘马》中说到："凡立国都，非于大山之下，必于广川之上，高毋近旱而水用足，下毋近水而沟防省。"此话充分说明聚落、地形地势、水系的辩证关系。凡营建都城，不把其建立于大山之下，便须建在大河旁。高不可过于干旱，以便用水充足；低不可近于水源，以节省沟堤的修筑。

陕南地区人民聚落选址和营建过程中始终遵循这一原则，以保证聚落取水方便，预防水涝，利于聚落水系人工组织和排水，反映人类对于水系的依赖和对水系利用的智慧。

第二节　聚落空间特征

一、关中地区传统聚落空间特征

（一）空间结构特征

关中地区传统聚落是以血缘关系为纽带的同族村落，村落整体结构受传统祖先崇拜思想和家庭演变模式的精神影响，以祠堂为中心围绕布置，宗祠既是村落祭祀中心，又是整个宗族中心。宗族壮大后，形成分支，从而形成更小层级的组团，村落发展就是在组团之间的缝隙饱和后，以增加组团的方式不断扩大，形成一种以同心圆模式向外继续发展的状态，从而形成一个村落的生长。

1. 传统聚落的空间结构类型

传统聚落的基本结构主要是指村落平面结构形态，由于村落大多数是自发建成的，聚落形态受周围环境的多重影响，主要分为团状和带状两种类型。

1）团状村落

团状村落多分布于关中阶地平原区和用地较为平坦的黄土台塬区，在长期发展中处于历代皇权集中之所，聚落空间结构完整，层次鲜明，用地规整，属集中发展模式。村落形态近乎圆形或不规则多边形，常位于耕作中心。村落的空间结构是以宗祠为核心的同心内聚型，强调建筑群多层次的发展，有轴线和节奏起伏及空间的疏密变化。例如韩城县柳村古寨（图4-2-1），村落整体布局紧凑，居住建筑围绕公共中心布置，道路具有清晰的层次性，主街、次街、巷道均匀分布。团块状村落一般空间领域感、归宿感比较强，用地节约，在曲折、进退、对景等方面运用较好。

2）带状村落

带状村落多位于平原或开阔地带，一般邻近河道或道路，沿河岸、湖岸、道路、山谷、冲沟等呈带状扩展。带状村落沿着轴线走向延伸布局，建筑成行列地紧密排列。组团内部依然遵循规整布局模式，顺应地形地貌。此聚落类型方向性明确，肌理清晰，层次鲜明。

由于村落狭长，公共服务设施较难布置，故在阶地平原区，带状村路多沿主路呈长条形发展。例如西安市蓝田县石船沟村，村落处于秦岭山区边缘，小河自北向南穿村而过，民居沿河流、山形顺势布局，形成沿水型的带状村落，空间序列清晰（图4-2-2）。

图4-2-1 韩城市柳村

2. 传统村落的街巷层级

传统村落的道路系统因村落选址环境的不同而略有差别,关中平原地区因地势相对平坦,村落路网通常较为规整、方正。

1)街巷布局

关中传统村落的主要道路多沿东西向排布,便于布置南北向院落,南北向则多为小巷,布局较为密集。街巷受地形限制表现为自然多变,少有一望到底的街巷形式。街巷布局多呈树枝状分布,街为干、巷为枝,街巷结构一般呈"一"字形、"丁"字形、"十"字形、迂回形。

"一"字形道路联系住宅与建筑群体,由两侧宅院的高墙围合构成狭长的空间,避免往来交通的嘈杂,确保居住空间的安静与私密。

"丁"字形道路在关中平原地区的明清时期村落中大量出现,从防御角度理解,丁字街遮挡视线,起到迷惑入侵者的作用;从地区气候解析,"丁"字形道路相比于"十"字形道路,更有助于阻挡冷气流,改善村落内部小气候。

"十"字形道路将村落分割成为规则网格,有时与"丁"字形道路相结合,形成"土"、"王"字形的道路体系。

迂回形道路通常在渭北的窑居村落中大量出现,受地形影响,道路设计迂回。

2)街巷空间层次

传统村落的空间布局往往通过空间序列和节奏将街巷各层级的私密空间呈现出来,从村落入口至村落的核心空间要经过一系列的起、承、转、合。比如党家村,大多街道尽量避免一望到底的形式,并利用自然景观或村落内的重要公共建筑,如塔、庙等作为"收点",增强空间的序列感以及节奏变化(图4-2-3)。

关中平原地区,地势平坦,多数村落布局规整,有着完整、清晰的空间层级变化,具体表现为:村入

图4-2-2 西安市蓝田县石船沟村鸟瞰

口—主街—公建—次街—住宅或者入口—院落。这是一个公共空间—半公共空间—半私密空间—私密空间逐级过渡的渐变过程，各空间沿着轴线依次展开，人流路线方向清晰明确（图4-2-4）。

3. 公共建筑分布

传统村落中公共空间是村落空间构成的重要部分。这些公共空间是村民们集体活动的场所，也是各家之间相互联系的重要元素，是血缘关系、地缘关系、宗教信仰、社会交往习俗的物态载体。

庙宇、祠堂、戏楼作为村落空间的标志性建筑，可丰富村落的空间层次，凝聚人气。在关中传统村落中寺庙与戏台或戏楼配套出现，形成村中重要的公共集会空间，并兼做晾晒等生产空间。如韩城市堡安村有南北两座戏楼，均为元代建筑，且门前都有一广场。每当农闲时期，两座戏台及其门前广场就成为人们休闲娱乐、邻里交往的重要场所（图4-2-5）。

村庙是关中平原地区村落中最常见的宗教建筑，也是村落地缘关系的体现。在传统村落中，"三家之村必有一庙"，一村数庙的现象亦十分常见（图4-2-6）。庙宇位置常常与方位紧密相关，例如掌管科举仕途前程的"文昌阁"、"魁星楼"，一般位于村落东南角，与天上"文曲星"的方位对应，体现了"天人合一"的传统哲学思想。

祠堂的重要性体现为村落的空间结构是以祠堂为中心布置的，以祠堂来组织建筑群空间布局，在平面形态上形成由内而外自然生长的村落格局。由单一宗祠"分裂"出更多的分支宗祠，再分别以这些宗祠为次中心，即为村落空间的生长过程（图4-2-7）。

（二）空间形态特征

传统村落的空间形态包括村落内部的建筑体量、高度、形态、天际线、制高点以及街巷的尺度、界面、材

图4-2-3　韩城市党家村文星阁鸟瞰

（a）渭南市澄城县尧头村街巷

（b）铜川市陈炉古镇街巷

图4-2-4　街巷空间层级

（a）南戏台及其门前广场

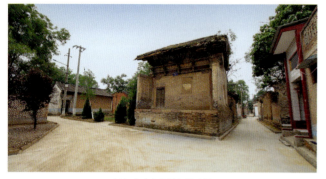

（b）北戏台及其门前广场

图4-2-5　堡安村南北戏台及其门前广场

料、色彩、质感等。民居建筑是构成村落形态的基本细胞单元，关中传统村落的空间形态按照民居建筑的不同可分为合院式和窑洞式两种。

1. 合院式村落的空间形态特征

合院式村落由尺度较小的合院民居院落构成，多为1~2层的坡屋顶建筑形式，有单坡、双坡两种类型。合院式村落的空间形态表现出关中传统民居的内向封闭和质朴厚重的特点，由民居构成的合院式村落形成丰富的天际轮廓线，宗祠、塔等构成天际线的制高点，外部空间形态整体且有机。合院式村落中常常利用自然景观或者人工构筑物，如古树、塔、庙、祠堂、戏楼等形成空间中心或收束，以增强村落空间的可识别性和标志性（图4-2-8）。

通向宅院的巷道具有明确方向感和领域感，道路交叉的位置往往是重要的空间节点，临街的建筑形态多

（a）渭南市白水县康家卫村杜康庙

（b）渭南市合阳县南长益村药王庙

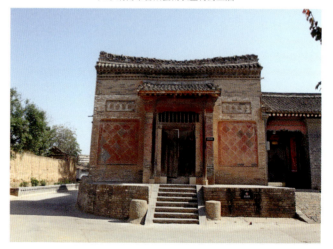

（c）合阳县灵泉村观音庙

图4-2-6　关中庙宇

（a）韩城市清水村祠堂

（b）渭南市澄城县尧头村李氏宗祠

图4-2-7 村落祠堂

图4-2-8 渭南市澄城县尧头村千年皂角树

图4-2-9 韩城市党家村水井

有变化，在村落中也设置古井、涝池等公共设施，进一步提升了空间的趣味性和交往功能。党家村水井，徐村、尧头村涝池均形成村落公共空间（图4-2-9、图4-2-10）。

在街巷的空间形态上，合院式村落的道路主要沿东西向排布，街道受地形影响而多变。组合多变的民居院落形成丰富的街道空间界面形态，临街的墙体和入口虚实交替，使得空间界面既朴素又具有韵律感，街道的宽窄变化也使得街巷本身有机自然，变化形成的宽阔处通常是交往空间。

关中地区合院式村落的巷道宽度一般在2米左右，建筑檐口出挑明显，街巷的上部空间被压缩，空间围合感强，尺度亲切。合院式村落街巷的材料通常为砖石材料，色彩以灰色和土色为主。

合院式村落的典型代表是党家村，借用自然地势，形成形态规整、变化有序的村落布局形态和浑然一体的院落群。村落整体风貌古朴典雅，地方气息浓郁，街巷尺度亲切，建筑材料以当地的黄土或青砖为主，色彩稳重古朴。建筑群体组合丰富，以看家楼、塔作为中心的体量构成丰富的天际轮廓线（图4-2-11）。

（a）合阳县灵泉村涝池

（b）澄城县尧头村涝池

图4-2-10 涝池

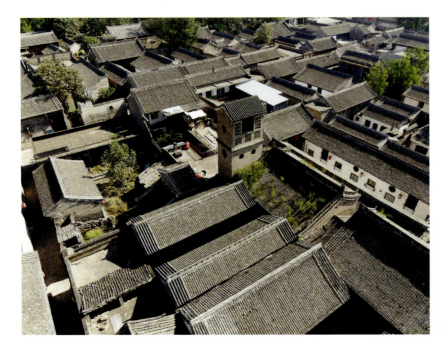

图4-2-11 韩城市党家村看家楼

2. 窑洞式村落的空间形态特征

关中地区的窑洞村落以下沉式窑洞为主。在渭北丘陵山地铜川、澄城一代也有箍窑村落。下沉式窑洞主要分布在黄土台塬地区，如咸阳地区的乾县、永寿、淳化、三原等地，其布局形式受地形限制较小，村落整体采用散点布局形式，星罗棋布般处于黄土台塬之上。村落内大部分建筑隐藏于地下，地面上只留有少量房屋。村落的营造就地取材，以天然黄土作为建筑材料，建筑色彩与环境融为一体，天际轮廓线自然，形成了"进村不见村，树冠见三分，麦垛星罗布，户户窑院沉"的景象。

三原县柏社村即为典型代表，村落周边为关中渭北旱原区田园自然景象，地势北高南低。村落除北部有数条自然冲沟洼地嵌入外，基本为平坦塬面。村落内高大繁茂的楸树遮天蔽日，形成十分封闭、幽静的村落空间环境。（图4-2-12）。

渭南地区澄城县以及铜川地区，结合坡地建有靠山式窑洞村落，其中最具代表性的是陈炉古镇，沿等高线

图4-2-12　三原县柏社村鸟瞰

图4-2-13　铜川市耀县陈炉古镇

图4-2-14　陈炉古镇窑洞作坊

层层展开的窑洞院落布局于山体上,这些民居将居住与陶瓷生产功能融为一体。与山体融为整体的聚落,构成渭北高原上雄浑壮观的山地聚落形态(图4-2-13、图4-2-14)。

二、陕北地区传统聚落空间特征

(一)空间格局特征

1. 沿沟底溪岸发展的线形村落

村落沿着"V"形冲沟的河岸向纵深展开。早期村民多将窑院建在洪水侵袭线以上,尽量靠近溪水,以方便人畜饮用。村落选址首要考虑近水源,有村落的地段,往往有泉水,或在沟下打井取水。冲沟村落一般建在不宜耕种、沟坡陡峭的阳面,住户分散,各家院落以向阳的四五孔靠山窑为主体建筑,配以猪羊圈舍、厕所、院墙及门楼,共同组成一个居住单元。有许多住户并无院墙,窑前为平坦场地。空间开阔、层层展开的院落形态是陕北冲沟村落的显著特点(图4-2-15、图4-2-16)。

2. 沟岔交会处聚集的村落

在黄土高原丘陵沟壑区,一些规模较大的村落往往聚集在几条沟岔交会处。如陕北米脂县的刘家峁村,全村聚集在五条相交的冲沟内,民居高低错落地分布在向阳的沟坡上。在较陡的沟坡上,院落一般沿等高线横向展开,院门设在东侧。个别大户人家在黄土坡上开拓较大平地,修建窑洞四合院,如刘家峁村的姜耀祖宅院(图4-2-17)。

3. 依托地理优势的军事聚落

陕北地区在历史上是北方游牧民族与农耕民族多次征战、碰撞与交融的地区,其东隔黄河与晋西相望,西以子午岭为界与甘肃、宁夏相邻,北与内蒙古相接,南与关中的铜川相连,是历代的军事重地。为抵御外族侵

图4-2-15 沿沟底溪岸发展的线形村落

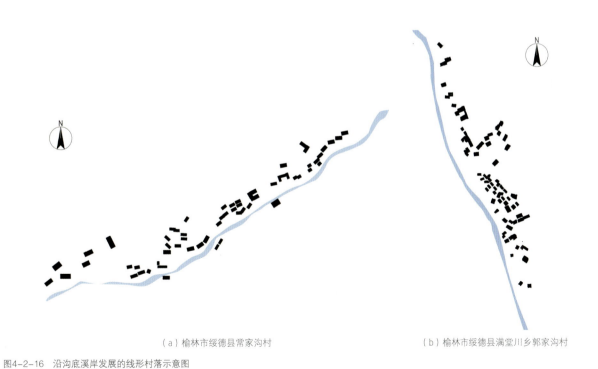

（a）榆林市绥德县常家沟村　　　　　　　　　（b）榆林市绥德县满堂川乡郭家沟村

图4-2-16 沿沟底溪岸发展的线形村落示意图

图4-2-17 米脂县桥河岔乡沟岔交会处聚集的村落

犯，此地多建有各类军事寨堡，军事防御寨堡在失去军事功能后多演变发展成聚落。百姓世代聚居于此，不断提高村落宜居性，形成陕北地区军事要塞型、民间自卫型两种聚落，共性在于营建具有防御能力的设施。

1）依山筑城、以河为塞的聚落选址

军事要塞型村落选址多踞险要山岭，目的在加强自身防御功能、巩固军事地位，以御外敌。居岭头、扼要塞、踞大道、靠江河，以及整个村落依地势高差大的山体盘踞，都是要塞型村落的选址依据。如子长县安定村（安定堡）选址于两山夹一水的沿河咽喉要道，属流域川道型选址；横山县响水村（响水堡）北依无定河，南靠黄土高原腹地，东靠沐浴沟河，西靠柿子沟河，为山口要冲地带，居于陕北黄土高原的龙头要塞，是历代军事、政治、商贸、文化中心；绥德县虎焉村选址于台塬沟壑，民居层叠布局，环绕山体，防御性极佳，古时战事吃紧，此地作为要冲存在，具有军事防御功能，后战事平息，赶往边关之人一般多在此地歇脚，村落作为驿站逐步发展（图4-2-18）；又如延川县会峰古寨东临黄河天堑，西南两侧濒临寨河深谷，四面悬崖突兀，仅西北有条狭隘的嵝岘港为径与山寨相通，更加突出其军事要冲的地位（图4-2-19）。

民间防御型村落以防御匪盗兵患为主，选址多利用天然的地形山势构建防御体系，以保障村民人身财产安全。选址形式包括有普通型堡寨村落、因险设防山寨以及庄园大宅堡寨等。因险设防山寨则多选址在峻岭之间，可依靠山势修建堡寨，以护村民周全；庄园大宅堡寨依靠庄园为核心放射状营建民居，一般选址在地势较为平坦的沿河地带或置于塬峁平台上，可提供足够建设用地的区域，有些庄园则依靠山势迤落布局，选址于山塬间。

图4-2-18 绥德县虎焉村俯视

图4-2-19 延川县会峰古寨城墙

2）紧倚山势、村堡共生的聚落格局

军事要塞型村落布局原则取决于其倚靠的山形地貌以及所营建的防御性能高低。大多村落盘踞山岭，依靠山势起伏布局，平面类型不一。如响水堡至今仍保留有倚靠山势营建的东南西三座城门，以及一座小西门，村落整体近似方形，由此反映其军事堡寨的特性。军事要塞型村落布局较民间防御型村落更为规整，聚落一般有防御性建筑均匀布局于村内，如驿道、烽火台、战壕等，防御性的寨墙将村落围合，其间设有城门，道路形态大多较为规整。又如安定村（安定堡）选址较为平

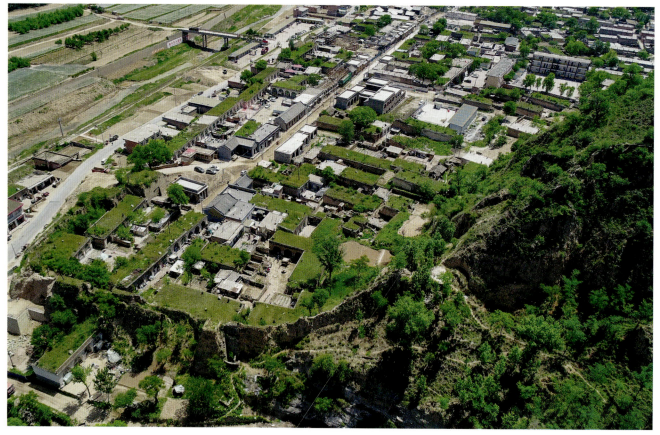

图4-2-20 子长县安定村古城墙

坦，主要为带状空间布局（图4-2-20）。

民间防御型村落布局较军事要塞型村落略有不同，除村落本体以外，会有依借山顶、崖端等防御地势营建的避难堡寨，因择址险绝难以维持长期正常的生产生活而仅具有临时性，在村寨格局形态上，表现为村堡合一、村寨分离、多堡并存、堡中有堡等多种类型。如杨家沟村的马氏庄园（图4-2-21）、贺一村的党氏庄园以及刘家峁村的姜氏庄园（图4-2-22）等。

（二）空间形态特征

陕北地区聚落主要分布于黄土丘陵地区的梁峁坡、坡麓台地、支毛沟、坪、川和河谷平原等地。处于不同地貌条件的聚落，为争取最佳的生活、生产条件，因地制宜、开山凿洞、随形生变，在山地景观特征下又形成各有特点的聚落布局与形态。如梁、峁山地和台塬地形的聚落，多为沿水系、沟谷延伸的枝状分布和沿丘陵为中心的环状分布，并且由河谷、盆地至山坡形成梯形布局。而山麓平原地带的聚落则多沿冲沟积扇状逐次展开，聚落窑居随山就势，多呈前低后高的空间形态，以增加聚落内各窑洞的采光通风，减少室内潮湿。

1. 分布于河谷平原的聚落

此类聚落主要为城镇或百户以上规模较大的村落，多分布于黄河、延河、清涧河以及无定河等大河的低阶地以及后缘部分，因地势低平，聚落内部建筑较集中，平面形态常呈块状、带状或枝状。

在各级河谷川道中，多数城镇和村落都呈沿河道带状组团分布的空间形态，如榆林市米脂县城沿无定河河

图4-2-21 米脂县杨家沟村马氏庄园

图4-2-22 米脂县刘家峁村姜氏庄园

图4-2-23 榆林市佳县木头峪村

谷川地呈带状发展；又如榆林市佳县的木头峪村，位于黄河一侧的平坦阶地上，村内以土、石砖拱窑洞建成的四合院，布局紧凑，平面似带状，沿黄河呈南北走势（图4-2-23）。在宽阔的河谷环境中，城镇有条件形成集中团块状，如府谷、绥德和子长县等。在狭窄的河谷交叉处，聚落沿着各个方向的河谷向外发展，呈枝状形态，如延川县张家河村（图4-2-24）。

2. 分布于梁峁坡的聚落

这类聚落主要位于地势较高的梁峁坡或者沟垴缓坡地带，其平面形态多呈沿山体等高线分布的线状组团。如榆林市米脂县桥河岔乡的刘家峁村，背靠牛家梁山，地形多变，坡度陡峭，为便于耕作和争取南向采光，宅院建于坡耕地附近，并顺山形水势线形延展分布。窑居院落层层叠叠，错落有序，构成典型的山地窑洞聚落风貌（图4-2-25）。

3. 分布于坡麓台地的聚落

坡麓台地型村落主要位于河谷川道两侧的台地或坡度较缓的坡麓上，地势有高差，但坡度适宜，村落利用坡度高差在竖直方向上错层建设靠崖窑或接口窑，整体发展方向沿着山体发展走势拓展，因地制宜，且多与市县级公路相邻。

这类聚落主要分布在延河与无定河等大型河流下属

图4-2-24 延安市延川县张家河村

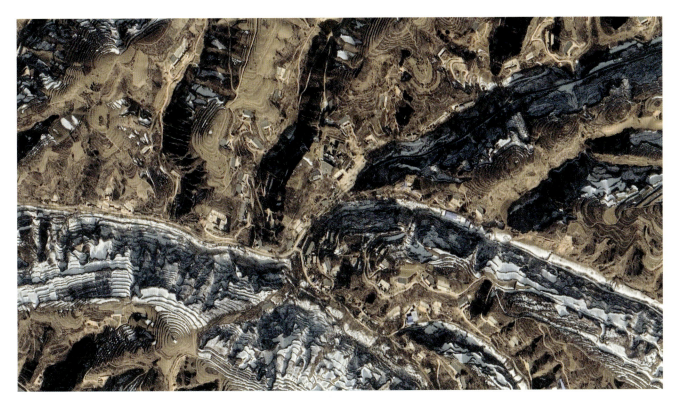

图4-2-25 米脂县刘家峁村卫星图(来源:谷歌地图)

一级支流的川坝地后部及坡麓上，聚落内部窑居布局松散，平面形态常呈分散状，如延安市安塞县的魏塔（塌）村，四周环山，聚落用地平缓、充裕，其形状呈椭圆形，形似聚宝盆，内有河流经过，水源充足。聚落内部窑居主要沿河谷和等高线方向分布，依据地形坡度错落布局。因用地限制相对较小，为开垦和占有更多耕地，邻里之间没有明确的空间界限，最终形成零星散落的布局特征。

4. 分布于支毛沟的聚落

支毛沟型村落是指在河流二级、三级河道延伸出了狭窄的沟壑地势，两边山体紧邻，形成的沟壑狭窄，溪流在沟底流淌而过。这种类型的村落规模小且分散，耕地较少，交通不便。聚落主要分布在延河及无定河等大河下属二级支流的河谷内，聚落内部窑居沿着主河道和各支毛沟方向延展，在平面形态上常呈树枝状。

如榆林市米脂县银州镇的高西沟村，由40座山、21条沟组成，沟谷交错。聚落范围内沟谷狭长，宽阔台地极少，耕地主要分布于山坡、沟道坝地及少量川台地内，而农户宅院则依主河道和各沟谷两侧黄土坡麓因势而建，窑居密度从主河道向各沟谷逐渐递减，形成树枝状平面形态（图4-2-26）。

三、陕南地区传统聚落空间特征

（一）空间格局特征

1. 城镇聚落空间分布

陕南地区地理单元划分及水系特征对城镇聚落空间分布起重要作用，河流冲积强度影响农业生产人口以及城镇建设的用地规模。城镇聚落主要集中于汉江、丹江与洛河流域的平原盆地及其两侧的低山丘陵地区，中高山地内则分布较少，体现了"倚水择地"的城镇聚落空间分布特征。

平原盆地易于耕作、利于建设，便捷的水陆交通加强了各城镇之间的联系，因此，城镇聚落规模较大且分布密集，如汉中市、安康市、商洛市及勉县、城固、石泉、丹凤、洛南等县城。低山丘陵地区内低山、河谷、宽坝交织，城镇规模相对平原盆地较小。其中宽坝地区地势平坦，耕种条件相对较好，易形成人口规模较大的城镇聚落，如旬阳、西乡、商南等县城及青木川、蜀河等古镇。中高山地山高坡陡，交通不便，耕地缺乏，因此，聚落规模小且分布稀疏，如佛坪、镇巴、镇平等县城及凤凰、云盖寺等古镇。

2. 乡村聚落空间格局

村落在平原盆地、低山丘陵、中高山地这三种地形地貌内分布。村落分布自平原盆地溯河而上，延伸至低山丘陵，直至中高山地腹地，地形地貌的差异及对水系的选择，使乡村聚落呈现出"川行山止"的空间格局特征。[①]

1）平原盆地聚落的网状空间格局

平原盆地地势平坦，交通便利，聚落多位于自然水系与人工灌渠交织而成的水网之中，水源充足。优越的农业生产条件、聚落之间的紧密联系为乡村聚落的均等、集中分布提供了有利条件，乡村聚落呈现出以集镇为中心、村落为网点的网状空间格局。

2）低山丘陵乡村聚落的树枝状空间格局

低山丘陵地区乡村聚落主要沿河谷分布，多集中在由河流冲积而成的河滩附近。道路沿水系延伸，聚落之间交通不畅。随着水系级别的降低，聚落规模和密集程度逐渐变小，乡村聚落分布呈现出以乡镇及其间的干流

[①] 住房和城乡建设部. 中国传统建筑解析与传承 陕西卷 [M]. 北京：中国建筑工业出版社，2017：139-165.

图4-2-26　米脂县高西沟村鸟瞰

为主轴，以村落及支流为分枝的树枝状空间格局。

3）中高山地乡村聚落的藤叶状空间格局

中高山地的乡村聚落多集中于沟谷源流两侧的坡地与台地。受耕地面积、河流水量及交通设施限制，乡村聚落一般规模较小且布局分散，呈现出以河流为藤干、聚落为叶片的藤叶状空间格局。

3. 乡村聚落空间分布特征

1）聚落规模与水系尺度变化一致

陕南地区的三个地理单元为聚落的产生、发展提供了条件。汉江、丹江及洛河冲积形成的平原盆地，为聚落提供充足水源和生产建设用地，便捷的水陆交通为聚落间及对外的经济交流提供了有利条件，一般聚落规模较大；低山丘陵地区水利和土地资源有限，聚落间及对外经济因交通不便缺乏交流，空间拓展缺乏土地支持，聚落规模小；中高山地聚落因生产建设用地少且分散，多呈点状分布，聚落规模小，交通联系相对独立、封闭。

2）聚落职能与自然环境和社会环境统一

陕南地区的自然环境与社会环境，两者相互作用。平原盆地由于其地形、水资源、交通利于聚落发展，聚落职能多样。陕南地区历经多次移民活动，社会环境受到了中原文化、湖广文化、巴蜀文化、荆楚文化的影响。在一些移民活动频繁、文化交流活跃的地区形成了一批商贸型聚落，如紫阳县城、蜀河古镇、漫川关古镇、凤凰古镇等。

（二）空间形态特征

按照聚落所处的地理单元及其与山水的关系，可将陕南地区的传统聚落划分为平地型、河谷型、坡脚型、坡地型、沟谷型五种类型，聚落在规划建设时力求遵循礼法，结合陕南山水格局，形成团状集聚、带状集聚与组团扩散三种空间形态。

1. 平地型聚落

平地型聚落主要分布于汉江流域地势平坦的汉中平原与石泉—安康盆地。聚落临河而建，规模较大，表现出团状集聚的空间形态特征。

汉中传统城区平面规整，东、北、西三面城墙方正，南面城墙的平面形式与汉江流向基本一致。城墙共设四座城门，与城门相对的南北、东西主要街道形成两条垂直相交的中轴线，城内方格路网主次有序，中心明确。

2. 河谷型聚落

河谷型聚落主要分布于洛河流域的洛南盆地、丹江流域的商丹盆地及低山丘陵地区。聚落临河建于平地上，山体之间为坡地或台地农田。聚落具有一定规模，形制规整，一般为团状集聚的空间形态，代表聚落有商洛市、汉阴县城、西乡县城等。

商洛传统城区平面接近正方形，北城墙无门，南城墙开两门。东、西二门之间以东西大街贯通，南北大街连接南门与城北的商山祠，轴线清晰，结构简洁。汉阴传统城区平面为规整的矩形，四周城墙各设一门。城内以东西向轴线为主，南北向轴线为辅，重要设施多沿东西大街布置，南街正对文庙，北门所对盐店街为传统商业街区。

3. 坡脚型聚落

坡脚型聚落多分布于低山丘陵地区山体与河流间规模较小的平地之上，河对岸为陡峭山体。聚落规模一般较小，空间形态为带状集聚。典型聚落有汉中市宁强县青木川镇、商洛市丹凤县棣花镇等。

青木川传统镇区沿金溪河、顺应南侧山势带状延展，布局紧凑。镇区入口空间特征明显，主街走向平行于河流，两侧民居、店铺、酒肆、商场及旅馆等建筑穿插分布，在镇中风雨桥头形成活动与景观中心。

4. 坡地型聚落

坡地型聚落多分布于低山丘陵地区的山体与河流之间相对平缓的坡地上，河对岸山势陡峭。聚落一般规模较小，受限于山体与河流间的距离，聚落空间形态表现为团状集聚特征，如安康市紫阳县城；小城镇多呈带状集聚空间形态，如安康市旬阳县蜀河镇、商洛市山阳县漫川关镇。

蜀河传统镇区沿蜀河西侧的狭长坡地由南向北延展，为传统商贸型城镇。聚落内部功能结构清晰，空间层次分明。为充分利用水运交通，商业设施大多沿镇区南北向主要道路两侧布置，结合会馆、寺庙等公共建筑，形成镇区的空间节点。

5. 沟谷型聚落

沟谷型村落主要分布在中高山地，多处于两山之间的狭长沟谷之中，河流尺度小，两侧山势陡峭，建筑的建设和农业生产多在谷地较宽的空间进行，受地形限制较大，村落规模小，集聚程度低，边界模糊。聚落内部的主要道路多沿河铺设，住宅顺河流、道路分散布置，与周边耕地共同构成相对独立的空间单元，空间形态体现出自由分散的特征。典型的沟谷型聚落如安康旬阳县赤岩镇的庙湾村和赵湾镇的郭家老院村等。

陕南地区五种空间形态特征可总结如下表所示（表4-2-1）。

陕南传统聚落空间形态类型统计表　　　　　　　　表4-2-1

聚落类型	聚落剖面示意图	聚落空间形态特征
平地型聚落	巴山山林—农田—传统聚落—河流—农田—巴山山林	团状集聚
河谷型聚落	秦岭山林—农田—丹江—传统聚落—农田—秦岭山林	团状集聚
坡脚型聚落	山林—农田—河流—城镇—农田—山林	带状集聚
坡地型聚落	山林—河流—城镇—农田—山林	县城多呈团状集聚 小镇多呈带状集聚
沟谷型聚落	山林—农田—村落—溪流—村落—农田—山林	集聚程度较低

第三节　聚落景观特征

一、自然景观

（一）气候

不同的气候、地形地貌、地质、水环境、土壤、植被以及动物资源构成了特色鲜明的区域自然环境，这是乡土景观营建的基础。陕西三个地区气候条件差异较大，自然景观特征也各有不同。

1. 关中地区

关中地区属于暖温带大陆性季风气候类型，气候温润、雨量适中、四季分明，冬夏较长，冬季较寒冷，夏季较为炎热，春季降水量较多，因此沙尘天气很少，春秋气温升降急骤，夏有伏旱，关中一年四季降水分配比较均匀，夏季降水量占比最大，秋季9~10月多连阴雨天气，7~9月为主汛期，年降水量约600毫米，水旱灾害少。这一气候特征影响了关中聚落整体风貌，以及民居的外形特征。

2. 陕北地区

陕北位于我国北部季风区，属于温带大陆性气候，日照充足，温差较大，气温偏寒，雨少不均，冬季寒冷干燥，春季干燥多风，由于较为干旱，春季陕北多沙尘天气。夏季陕北降雨较多，7~8月多雨，天气湿热，秋季秋高气爽；冬季受干燥而寒冷的变性极地大陆性气团控制，形成低湿、寒冷、降水稀少的气候特点。只有在夏秋相交的月份，这一片干涸的土地才可能出现降水，而且多为大雨，极易造成水土流失，形成沟壑纵横的地貌。

3. 陕南地区

山脉对陕南地区的气候影响很大，高大的秦岭阻断了北方寒流的南下通道，使陕南地区的冬季很少受到寒流的侵扰，但从东南方吹来的暖湿气流却可以在这一地区聚集，形成了该地区多雨、湿热的亚热带季风气候特征。

陕南的温润气候和丰富降雨量，给植物的生长创造了很好的条件。有数个国家森林公园，如汉中的黎坪国家森林公园、安康的南宫山国家森林公园、商洛的牛背脊国家森林公园等。森林绿化率在全国范围内居于前列，植物种类非常丰富，有着诸多国家级保护植物。

陕南地区河网密布，水系整体呈格子状分布，最主要的水系为汉江，汉江是长江流域最大也是最长的支流，支流众多，这些山形与河网的条件对该区域的传统村落建造有重大影响。

（二）地貌

一般地貌类型的划分是按照地面高度和形态进行的，可以分为高原、山地、丘陵、盆地、平原等类型。由于地貌不同，大地所接受的水、营养、污染物和太阳辐射的数量以及物质流动、生物移动和各种自然现象发生的频率也就不同，生态环境完全不同。因此不同的地貌本身就形成不同的乡土景观外貌和空间格局。不同的地貌影响乡土民居建筑的类型、外观以及内部结构。

1. 关中地区

关中地区属于平原，关中平原地势平坦，大地一望无垠。民居建筑以上房、厦房形成院落；渭北高原地势

图4-3-1 关中农耕景观

起伏较大，民居建筑中就出现了窑洞。地貌不同，人们的耕作方式和土地利用类型也不同，梯田、水田就是由于地貌的不同形成的（图4-3-1）。

受地理环境的影响，关中北部黄土台塬区的传统民居中出现了窑洞建筑，南部地区的民居建筑则多以砖瓦建筑为主，而中部平原地区多为四面围合的院落建筑。这种合院建筑更是汇集了砖、瓦、木、石、土、灰、麻等北方所有的建筑材料，也集建筑工艺之大成（图4-3-2）。

2. 陕北地区

陕北黄土高原深处大陆内部，是我国西北黄土高原的重要组成部分，陕北黄土高原经严重侵蚀，沟壑纵横，峁梁交错，大部地区已成为破碎的梁峁丘陵，沟谷深度大都在50～200米，水土流失严重，是黄河泥沙来源区。其间只有少数基岩低山凸起在高原之上，状似孤岛。基本的地貌类型是黄土塬、梁、峁、沟等，地形破碎，"寸步皆山，坡高岭陡"，同时干旱少雨，植被稀少。

陕北地形地势较为复杂，农业聚落形态往往随之作相应变化，位于塬面上的聚落集中，而位于沟谷间的聚落较为分散。[①]最典型的是处于丘陵沟壑地貌的聚落，逐阳光而居的传统使区域内的窑洞多集中在向阳的山坡，村落沿山坡逶迤，将各家的窑洞勾连，形成紧密的路网。因合适坡面较少，为离耕地较近，窑洞建造在沿水平方向发展的同时，沿山坡层叠而上，形成立体的聚落景观（图4-3-3）。

---

① 祁嘉华. 陕西传统村落地域文化探究[M]. 西安：陕西旅游出版社，2019：55-76.

图4-3-2 渭南澄城县尧头村鸟瞰

图4-3-3 陕北黄土景观

3. 陕南地区

陕南地形地貌类型多样,可依次划分为秦岭山区、大巴山地区、汉中盆地、安康盆地、商丹盆地。"两山夹一川"的地势结构使汉中、安康、商洛三地被秦岭、大巴山包围。

秦巴山脉之间的汉江由西向东横贯陕南,使陕南形成山清水秀的大格局,林木茂盛,水源充沛,物产丰富,有陕西"米仓"之称。汉中盆地包括汉中平原和丘陵、河谷,由汉江冲积而成,在地形上显得较为平坦和开阔。安康盆地西边与汉中盆地相接,北边与商丹盆地毗邻,地块紧窄,起伏较大,东西长达100余公里,南北宽度不一,汉江蜿蜒流过盆地,地平土肥,灌溉便利,为陕南的"粮仓"。商丹盆地位于商洛市境内,主要集中于商州区和丹凤县之间的河谷地带,地跨长江和黄河两大流域,丹江横穿而过。历史上商洛道为秦驰道的主干道之一,为秦楚相通的咽喉要道,是长安通往东南诸地和其他中原地区的交通要道。[①]陕南民居以合院式建筑为主,其形态受多元建筑文化影响较大(图4-3-4、图4-3-5)。

二、人文景观

(一)关中地区

关中平原是中华民族定居最早的地区之一。关中地区的传统村落多是以大家族为主的聚集之地,一般是选择地势平坦、背山面水的风水宝地营建村落。这种典型的平原地区居住方式,有别于陕北、陕南零散分布的居住模式。村落的规模少则十几户,多则上百户。一个

---

① 祁嘉华. 陕西传统村落地域文化探究[M]. 西安:陕西旅游出版社,2019:55-76.

图4-3-4 陕南大河社区三合院鸟瞰

图4-3-5 陕南合院民居庭院空间

村庄是以同姓最多的家族为主,外加少许外姓家族,村落格局以族中长者住居为中心,后代住居则呈放射状分布,这种具有向心性的群落居住方式,产生于以血缘为核心的宗法制度和风俗习惯(图4-3-6)。

关中地区的生产方式以农业为主,村落的密度、规模均受到耕作条件的影响。适宜耕作的地区,如渭河及其支流地区,村落密度较高、规模较大、往往被耕地围合;耕作条件较差的地区,如渭北高原地区,村落密度较低、规模较小。由此看来,村落的布局和规模一般与所在地的生产条件相协调(图4-3-7、图4-3-8)。

关中地区传统村落受儒家、道教文化影响,村中都修建有专门供奉神灵的庙宇,每个院落都修建有专门供奉土地神的龛位,这种现象体现出村民的民间信仰。院落中的建筑自然也要体现"尊卑有分,上下有序"的礼

图4-3-6 渭南赤水镇辛村

图4-3-7 渭南康家卫村俯视

图4-3-8　渭南康家卫村鸟瞰

（a）渭南市澄城县尧头村白家家庙

（b）韩城市芝川镇徐村祠堂

图4-3-9　关中传统村落中的祠堂

制等级思想，房屋的大小、方位、形态都有所讲究。在由血缘联系起来的村落，还会建有体现祖先崇拜的祠堂，而且要建在村落中最重要的位置（图4-3-9）。

关中地区文化底蕴深厚，不仅体现在选址、布局、街巷、建筑等方面，还体现在细部装饰，如关中传统村落大门"铺首衔环"的装饰艺术，各具特色、精美细致（图4-3-10）。

（二）陕北地区

农耕民族与游牧民族融合的区域特点，使得陕北地

图4-3-10 关中传统村落大门"铺首衔环"装饰艺术

区的传统村落形成了与关中截然不同的文化特色。从少数民族逐水、草而居的生活习惯可知,陕北地区形成村落的时间较晚。从戍边军垦、移民汇聚,到守土安家的垦荒种地,在多民族交融中,陕北逐渐形成以汉文化为主体、多种民族文化为依托的独特历史文化个性。窑洞就是陕北高原上很有特色的居住形式,体现着中华民族在漫长农耕历史中对大地的情结。[①]

陕北窑洞具有多功能一体的空间格局,其不仅为人提供住处,也可作为存储粮食以及喂养牲畜、室内劳作的场所。窑洞屋顶还提供了新的场地空间,为处于沟壑丘陵的山地聚落提供了珍贵的活动空间。由于生活习惯上的差异,陕北传统村落在选址、布局、选材、装饰等方面也自成体系,形成了独具特色的文化内涵(图4-3-11)。

陕北传统村落的空间布局结合地形特点,一些靠山窑洞前的院场可以直达沟坡的边沿,形成开阔的窑前空间。由于村民多在向阳的坡面上建窑,且高原沟壑区的地形起伏较大,一个坡面上只能建几孔窑、住一户人。

[①] 郭冰庐. 窑洞风俗文化 [M]. 西安:西安地图出版社,2004.

（a）古桥

（b）郭家沟村街巷

图4-3-11　榆林市绥德县郭家沟村

这样的情况导致陕北地区的窑洞聚落往往要分布在众多的山丘上，户与户之间的往来联系不便，需要爬坡、跨沟、翻山，一个村落分布往往延续十几里（图4-3-12）。

村中的公共建筑较少，庙宇一般在距离居住区较远的山丘上，是村落的制高点，如横山县五龙山村的五龙山庙（图4-3-13）；防御性建筑几乎每个村落都有，形式各有不同，有些为高墙围护；有些则是在距离村落较远的地方另建一处隐蔽的场所，紧急时刻可供全村人躲避藏身。

陕北地区传统村落体现出来的是对水源、阳光和避险的需要，也有庙宇这类建筑用以寄托精神的场所，其建设目的是村民祈求平安。

村落公共空间类型多样，石磨、石碾、打麦场结合地形形成丰富的公共节点空间，如碾畔村围绕石磨形成村落公共空间（图4-3-14）。

到了收获的季节，家家晾晒谷物，形成了独特的村落景观（图4-3-15）。

（三）陕南地区

祁嘉华老师将秦巴山脉中的陕南积淀出两种文化现象归纳为商贸与归隐。

陕南地区山高岭深，河流众多，且河流多与周边的省份连通。因此，当地人利用河道将山地的产品运输出去，再将外界的日用品通过河道运进大山。经年历久，在一些交通要道附近或货物集散场所便形成村落。

陕南地区平原稀少，村落大多倚山而建，靠水而居，有些则因地制宜，合理利用高差，顺应山势起伏建造，形成极具当地特色的村落格局与建筑形态（图4-3-16）。

除却上述两种文化现象，陕南地区多元文化融合的特点，造就此地丰富的人文景观。此地区人文景观类型包含有古遗址、古墓葬、古代寺庙与名人祠庙、博物馆、古代建筑与古代建筑工程、古聚落等多种形式，如古道雄关——楚长城、张骞墓、云盖寺、汉中博物馆、青木川古镇以及镇内典型陕南民居魏氏庄园等均是文化交融的客观表现（图4-3-17）。

如果说关中地区传统村落的布局更加凸显儒家的思想，讲求礼仪规矩，在面南背北中追求建筑布局的主次秩序，那么，陕南地区在进行村落营造时，则更加顺从于自然山水，依据山形和水势的走向进行布局，体现出老子所强调的"道法自然"的思想、追求"天人合一"的境界，以及推崇尊重自然、与自然和谐共生的生活观。

图4-3-12 陕北传统村落空间布局

图4-3-13 陕北榆林横山五龙山庙

图4-3-14 石碾形成的公共空间

图4-3-15 晒谷仓

图4-3-16 顺应地势的安康市共进镇高山村建筑群体

(a)陕南留坝县张良庙

(b)陕南镇安县塔云山金顶观音殿

图4-3-17 陕南寺庙

第四节 聚落营造技术与材料特征

一、关中合院民居营造特征

关中地区地貌特点突出,渭河穿流而过,自然资源丰富,交通便利,百姓生活富足,人文历史积淀深厚,这些优势是村民在营建用料上注重考究、精工匠造诉求明确的重要因素。

(一)用料考究——择类明晰

传统民居形态的不同很大程度上是建造材料地域性差异的表现,以及以往交通不便、运输成本高等多重因素,决定了村民营建民居多采用就地取材的方式。关中地区具有独特的地貌特点,即秦岭北麓渭河平原(即关中平原)和渭河谷地及渭河丘陵,建筑材料丰富,其中包括土、木、砖、瓦、石等。

土的应用,主要体现在对土的处理方式不同,直接利用黄土进行建造的方式如窑洞,将黄土夯实、捶压称为夯土建筑,将土加工为土坯砖称为"胡墼"或"土墼"。关中东部的渭南地区由于靠近山西,土质较疏松,沙质地较多,因此,采用青砖材料作墙体者较多,尤其是韩城附近。关中的中部多以条石、卵石或青砖作为基础,再在上面砌筑土坯、夯土或砖。关中西部的宝鸡地区由于海拔较高,属于黄土高原地貌,干旱少雨,土质较坚硬,普通家庭普遍采用夯土墙与"胡墼"砌墙(图4-4-1~图4-4-3)。

在木材选取方面,村民通常选取针叶树为主要材料,这源于其树干高大笔直、纹理均匀、材质坚硬的特点。在制作小木作构件时,村民多采用阔叶树,因为其抛光后表面光滑有光泽(图4-4-4)。

自明代后,以砖建房得到普及,自此,关中建筑也将砖作为建造的主要材料。砖材在不断地发展过程中产

图4-4-1 铜川市耀州区孙源村建筑墙面——胡墼

图4-4-2 渭南市韩城市堡安村土坯砖墙面

图4-4-3 礼泉县南坊镇水平村土坯墙面

生多种形式以配合建造时不同的功能需求。同砖材一样，瓦加工成不同形状和赋予不同功能，也丰富了建筑形式（图4-4-5、图4-4-6）。

在选取石材时，工匠通常选用青砂石和花岗岩作台基、石条和铺地，官宦富商和地主宅院也有用花斑石铺地，且院中雕刻会选取青白石，少量部分选用汉白玉（图4-4-7）。

据对土、木、砖、瓦、石的用料考究程度可见，关中民居在营建时着重关注材料与材料间的特性，以及对材料进行等级和功能的划分，最终成就民居营建在材料方面突显的地域性特征。

（二）工艺独特——精雕细刻

关中工匠之间交流较少，工匠传承多为父子、师徒相传，形成各自不同的帮派匠作体系。"四匠不出门，代代做长工"的四匠，指的就是"漆匠、瓦匠、木匠和铁匠"。

木材经过初步加工后，进行大木画线，制连接件，抛光上漆等步骤，梁、枋、柱、檩以及垫板、飞椽、望板等均有各自独立的加工技艺（图4-4-8、图4-4-9）。

石材加工按加工结果分为做粗和做细两种，匠人对制件的粗细分类有明确标准，且根据制件不同，采用不同的加工工具；匠人对工艺要求分轻重、大小、长

图4-4-4　户县老县城村民居

图4-4-5　韩城市党家村贾祖祠瓦屋面

图4-4-6　蓝田县石船沟村民居瓦屋面

图4-4-7　党家村党族祖祠青花石铺地

短、刃口宽窄薄厚等，加工的位置不同，加工技法同样不一；加工则包括画、耕、打坯、修光、磨、黏接、榫接、上药和打点等多重工序。

关中地区主要使用三种形式砌砖。一种是磨砖对缝，一种是磨砖勾缝，最常见且朴实的则采用消白丝缝的砌筑手法，除此外，关中地区对灰缝的外观形式以及其操作手法均有一定体系。瓦的做法多是只用单层仰瓦而不是盖瓦，另一种方式则是仰瓦灰梗。

关中地区对于砖砌工艺的追求，不仅表现于砌筑手法，当地的门楼亦是精雕细刻，颇为精美（图4-4-12、图4-4-13）。

对于夯土的处理，需要一定的技术处理，使用的版筑工具同样极为精妙。选料、附加物料的比例以及错缝处理，都是夯筑的关键步骤。"胡墼"的主要工序有选土、坯模、制坯等，制作方法也有手模坯、杵打坯、水制坯三类，其中前两类较为常见（图4-4-14）。

二、陕北窑洞民居营造特征

陕北地区地形地貌限制条件多，百姓又以农耕为主

图4-4-8　韩城市堡安村建筑斗栱

（a）砖木门楼　　　　（b）木门

图4-4-9　蒲城县山西村民居入户门

图4-4-10　韩城市党家村上马石

图4-4-11　韩城市堡安村传统建筑砖砌墙面

图4-4-12 韩城市堡安村传统建筑门楼营造

图4-4-13 韩城市堡安村传统砖雕艺术

（a）土坯砖　　（b）夯土墙面

图4-4-14 关中传统夯土工艺

要生产方式，村落为发展建造当地聚落独特的依山布局形态以及阡陌纵横的交通路网。陕北地区气候多变，当地生态存在一定脆弱性，为节约能源消耗，保护村落生态，窑洞的居住形式应运而生，其中靠山窑洞充分体现了当地居民的生存营建智慧。

（一）适应气候与地形地貌——因地制宜

陕北黄土高原区域为典型的温带大陆性季风气候，年平均温度为3.6~14.3℃，具有冬季严寒、夏季暖热的特点，气温年较差和日较差大。夏秋季多雨，而冬春季干旱少雨，年降水量小，400~600毫米，较为干旱，无霜期140天，日照时数2200~3070小时。陕北黄土高原地质灾害点多，土层厚而松，夏季气象易变，遇暴雨天气容易发生泥石流、山洪等灾害。

适应气候进行的聚落营建在聚落规划与单体建筑上均有所体现。地处山地丘陵的村落多选址在背山面水、向阳背风的一面，周围环山形成的相对封闭空间可以使基地避免大风，起到冬季防风的作用，同时，村落临近水流，夏季可获取更多的水陆风，起到夏季降温的作用。与地形相呼应，多数村落往往选择团状、带状等集聚型的布局，既节约用地，又利于冬季防寒，夏季遮阳。为适应不同的气候，建筑单体营造呈现出不同的特点。窑洞是黄土高原的产物、陕北人民的象征，其厚重封闭的建筑形态正是对陕北冬季严寒的适应表现（图4-4-15、图4-4-16）。

（二）节约能源——持续发展

生活在黄土高原地区的人们，使用最简单的生产工具、营造自己的居住空间——窑洞。

陕北冬季最冷月1月平均气温，为-10~-4℃，而窑内温度仅靠烧饭时的余热就可达到10℃左右。白天充足的日照使窑内室温升高，夜间厚厚的黄土层为其保温。夏季，厚实的土层所起的隔热作用又使室内升温较缓。窑洞是真正的"低成本、低能耗、低污染"的生态建筑。

窑洞节约能源，一是窑洞建筑材料本身不需要消耗能源进行烧制加工（砖拱窑例外）；二是窑洞在使用过程中也不需要耗费大量的能源，不需要保温隔热。黄土窑洞建筑以极少的能源就能满足人类生活的基本需要，这是其他建筑形式不能比拟的（图4-4-17 、图4-4-18）。

图4-4-15　与山水环境共融的佳县荷叶坪村

图4-4-16 结合地势布局的延川县永坪镇赵家河村

图4-4-17 高效利用能源的炕灶相连

图4-4-18 炕灶边的村民生活

（三）节约耕地——绿色基因

我国农耕文明源远流长，耕地资源对于聚落的重要性不言而喻。

陕北高原地区的山地传统聚落为尽可能地节约耕地，多选择沟坡地进行建筑营建。丘陵沟壑冲沟村落多选址于不宜耕种、沟坡陡峭的阳面。建筑在不宜耕种的坡地上，簇团布局，户户毗邻，不占用或尽量少占用高原上难得的宜耕种土地（图4-4-19）。

窑洞建筑充分利用黄土特性，凿崖挖窑、取土垫院。其有效空间取自地下黄土层，并且建造不破坏自然风貌和地面空间，且窑洞顶部又可以是上层窑居人家的院落，这种对土地的支出近乎为零的建筑形式，在中国民居建筑中独树一帜（图4-4-20）。

靠山式窑院建筑具有很好的生态优势，由于其开凿在山体或黄土层内，窑居者不必过分担心窑顶渗水破坏土质结构，靠山窑洞在受到地形限制时，可以独立成户，在用地宽裕时，则可配合厢窑、倒座、耳房等其他房间，共同组成组合式窑院，此种营建方式充分地体现了窑洞建造的灵活性。处于山坡或台塬沟壑地区的村落则以窑洞院落为单位，沿道路或山体成排连成线，随山就势形成阶梯状的布局特点（图4-4-21、图4-4-22）。

（四）营建技艺——传承语汇

靠山式窑洞，作为黄土高原上最古老的建筑形式，独立式、下沉式窑洞的前身，分布十分广泛。可分为靠山式窑洞和靠山式接口窑两种类型。各地靠山式窑洞建造流程基本相同，都分为前期准备、中期开挖、后期装饰三个阶段。

靠山式窑洞营造的核心是利用"减法"的方式在黄土中挖去天然材料以获得居住空间，因此选址直接影响窑洞安全性，要结合相地选址的传统理念判断该区域的黄土土质是否适合开挖，并考虑是否便于生产，确定选址之后开始建造，其具体营建步骤主要分为：相地选址、平整崖面、画出窑脸轮廓、放线、开挖窑洞、修整窑壁、砌炕灶、掏烟道、砌窑面、安门窗、铺砌地面和室内装饰。

材料方面，陕北地处黄河中游一带，地貌为黄土高原，黄土层深厚致密，黄土干燥时坚如岩石，除此外，靠近山体以及河道的石材，也是便于获取的建造材料。在黄土地区的各区域之间所应用的拱券结构是由黄土材料本身的性能所决定的。黄土材料既是围护结构又是承重结构，加之人们对于黄土保温隔热性能的有效利用，促使窑洞民居形成了冬暖夏凉的建筑环境。随着材料技术的不断提升，黄土材料又以土坯技术、夯土技术等多种技术进行呈现与不断发展完善（图4-4-23）。

陕北窑洞根据窑洞类型不同，建造所用材料有些许不同。靠山窑开凿于山体黄土层之内，主要涉及的材料是石材与黄土；独立窑不依靠山体，建造于平地之上，难以同靠山窑一样采用黄土做窑腿，而是四面凌空，由砖块、石块或土坯发券砌筑而成，砖块、石块的用料较多（图4-4-24）；下沉式窑院修建于平地之下，挖方、发券均在黄土下进行，对黄土的处理是其建造过程中的主要步骤。各式窑洞整体用材用料均是基于同环境共融为出发点，由此可体现当地居民长期以来发展总结的营建智慧。

除靠山窑、独立窑以及下沉式窑院外，在陕北农耕与游牧交融地区，居于风沙草滩区的农民与牧民不断地进行文化融合，最终诞生出新的营建智慧结晶——柳笆庵，柳笆庵也称"束条拱屋顶"，是一种特殊拱窑，其材料主要为沙柳与黄土，当地村民多用柳笆庵做住宅，原因在于其具有省工、省钱、顶轻、防震、保暖性能好等多重特点（图4-4-25）。

传统窑洞民居是由匠作技术，通过建造技术，将材料技术、结构技术在黄土地区不断实践与传承的典型，是非物化的工匠本体将自然资源物化成人类住居类型的典范。

传统窑洞民居的营建涉及土工、泥工、瓦工、木工等工匠，完全由业主自行组织人员实施，技术全部来自

图4-4-19 榆林市米脂县桃镇村

图4-4-20 延安市延川县上田家川村

图4-4-21　延安市延川县碾畔村

图4-4-22　为节约耕地营建于山腰的陕北聚落（来源：王琛 摄）

图4-4-23　窑洞立面用材

图4-4-24　发券搭建

图4-4-25　束条拱屋顶（来源：郭冰庐 摄）

当地民间人士，不需要借助外来资源，所用建筑材料和工具也均为本地出产，各种匠人在窑匠的统筹下，整个营建过程和传承方式显得非常独特。

因此，中国传统窑洞民居也被国外学者称为"没有建筑师的建筑"的范例。陕北窑洞雕刻艺术在民间广为赞颂，其主要分为木雕、砖雕、石雕三种类型。

陕北窑洞建筑木雕是建筑构造的重要表现形式，具有极强的民俗民风，体现着陕北人民的文化生活和精神向往。在《营造法式》的雕刻制度中，对木雕的描述非常详细，木雕技法可分为混雕、剔雕、线雕、透雕和贴雕等。最具有代表的雕刻有门楣木雕，如雀替、斗栱；门匾雕刻；门窗雕刻，如门扇、门簪、铺首。在窑脸装饰中，这些雕刻起到了全方位的装饰作用，除窑洞的门拱弧线之外，最具代表性的就是各式的门窗花格造型，体现了浓浓的黄土风情（图4-4-26）。

陕北石雕造型独特、历史悠久，主要用于窑洞的建筑装饰构件，如木质柱础、抱鼓石等。柱础为民居的建筑支撑结构，为了防止柱脚发生磨损腐蚀，专门在柱子下端所垫的石制基础，有圆形、方形及八角形，四周多雕刻花纹。抱鼓石是大门两侧门框下的石墩，起加固门窗的作用，露在外侧的部分被雕刻成石狮、青龙等纹饰（图4-4-27）。

砖雕是除石雕和木雕之外的另一种别具特色的雕刻类型。因砖块的质地较松软，容易加工雕刻，在窑洞民居中被普遍应用，花纹种类比石雕更加丰富和精巧。砖雕常被应用在屋脊、瓦当、兽吻、滴水、影壁、神龛等部位，装饰性强且具有镇宅的作用（图4-4-28、图4-4-29）。

（a）米脂县刘家峁村姜氏庄园门楼

（b）佳县刘家坪村冯家大院

（c）绥德县贺一村党氏庄园门楼雕花

（d）绥德县贺一村党氏庄园窑脸木窗雕花

（e）绥德县贺一村党氏庄园木窗雕花

图4-4-26　陕北窑洞建筑木雕

(a) 佳县神泉村抱鼓石　　　　　　(b) 米脂县刘家峁村姜氏庄园石雕　　图4-4-27　陕北石雕艺术

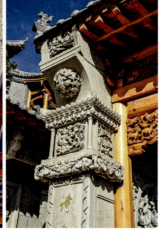

(a) 佛龛　　　　(b) 墀头

图4-4-28　米脂县印斗村豪华窑洞砖雕

图4-4-29　神木县土地神龛

三、陕南土木民居营造特征

陕南地区在传统建筑营建过程中注重结合自然，追求与自然和谐共处的人居观，最终实现"天人合一"。结合陕南独特的气候地貌、自然资源、地域文化，聚落追求依山就势、就地取材、文化融合的方式进行营建。

（一）气候适应性

陕南属于北亚热带气候区，北有秦岭、南有大巴山脉两大屏障，潮湿气流不易北上，气候温和湿润。整个陕南地区年平均相对湿度分布基本呈南大北小态势。结合陕南气候特点，传统民居在建筑形态以及材料构造方面都表现出适应性的一面。

建筑形态表现为利于自然通风的开敞式院落和贯通式布局，院落天井可为高窄的民居空间提供足量的采光，天井周遭的房屋出檐可为院内提供一定的灰空间，夏季可达到避热的效果，且大多民居出檐深远，立柱成廊，屋顶也多为双坡顶，加速排水，建筑四周普遍采用石质防水台来进行防潮（图4-4-30）。

多进院落的天井间相互沟通，可起到拔风除湿的穿堂风效果，院落同样能够提供明暗沟用以有效解决排水问题，这种方式有效地回应了陕南夏季闷热、雨季潮湿的特点，此外，院落也可晾晒衣物及农产品。架空的干阑使得流通的空气分隔房屋主体与潮湿的地面，由此保持建筑构件处于干燥的状态，同时也起到了降温、调节庭院小气候的作用。

陕南建筑墙体多用厚重夯土、土坯实墙，同时也有采用竹篾夹泥墙，这种墙体轻盈稳固，易于修葺，防潮耐腐蚀，很好地适配陕南气候。

当地民居大多屋面不加望板，直接在檩条上覆盖小青瓦或草屋顶，这种形式被称为冷摊瓦，冷摊瓦具有良好透风性，能够有效地解决内部潮湿问题，当冷摊瓦屋顶局部采用透明材料代替小青瓦时则被称为"亮瓦"，以此来补充室内日光（图4-4-31、图4-4-32）。

此外，瓦当滴水、博风板、封檐板、石砌墙基等均为应对陕南雨季潮湿所做的气候适应性做法。

（二）丰富的材料资源

陕南地域自然资源丰富，传统建筑用材又皆取用于本地，因此，石材、木材、竹材以及土等天然材料成为

图4-4-30　陕南石泉村传统建筑瓦屋面

图4-4-31　陕南石泉村传统建筑茅草屋面

（a）洛南县鞑子梁村

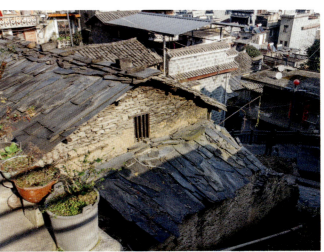

（b）蜀河古镇同善社旧址

图4-4-32　陕南传统建筑石板屋面

了地域性营建方式的基础。

土在陕南民居中主要与木材、石材配合运用在夯土墙、土坯墙、竹编夹泥墙中，具有良好的热舒适性（图4-4-33、图4-4-34）。

木材是以梁架结构为主的陕南地区重要的用材之一，作为维护结构的墙体并不承重，木材在陕南民居建造中的表现尤为突出（图4-4-35）(a)(b)。

竹材多用于陕南民居建造，其生长速度较木材快、运输容易、耐储存、自重轻、柔性、易于施工，常代替木作为墙壁中的"骨"，用以加强墙体的稳定性（图4-4-35）(c)(d)。

石材是陕南民居用作墙基、柱础的基本材料，其除却增加了建筑稳定性与牢固度，还增加了防雨淋能力，台阶踏跺、檐廊台基等亦多是运用石材砌筑。在陕南秦巴山区深处，山体多为板岩，村民们都住着全由石料堆砌的"石板房"，屋顶用从山上采取的青石板铺盖，风雨不透，以石条或石块砌墙，墙可垒5～6米高。除檩条、椽子为木料外，其余均采用石料。石板房的承重结构是穿斗式木构房架，石料只作围护结构和屋面防水材料。适宜石材的选取造就了石板房冬暖夏凉、防潮防火的特点（图4-4-36）。

除了墙体屋顶以外，陕南地区还将石材用于生产生活器具，如石磨、石碾、石缸、石墩、石狮等（图4-4-37）。

（三）地域文化融合

陕南早期人少地荒，传统建筑形态少，文化形态单一，继明清大规模移民后，文化内容与形式得到充实与完善，陕南与各地的贸易往来增多，本土文化与外来文化相互融合，陕南独特文化环境也推动着本地民居形态与风格的发展，大量外来文化的融入也直接影响着陕南地区原有传统民居的建筑风格、装饰特征和营造技法（图4-4-38）。

陕南地区地处多元文化交会地，东西南北各有荆楚文化、氐羌文化、巴蜀文化、关陇文化围绕周边。陕南村落及民居不具备明显的南北特征，其主要体现的是秦蜀文化交融的结果（图4-4-39）。

建筑风格方面，大挑檐悬山屋顶，木装板壁与穿斗木架体现蜀文化，厚重夯土墙显示秦文化影响，房屋多以四合院或窄院的形式进行空间组织，院落尺度适宜。

在装饰特征部分，陕南传统民居更是充分体现着历史文化传承的特点。门的类型包括板门、隔扇门、木排门，且其中包括有表现文化特征的精凿木雕构件；作为

图4-4-33 陕南传统建筑夯土墙面

图4-4-34 生土在陕南传统建筑营建中的利用

(a) 穿斗式木构架　　(b) 木屋架

(c) 竹笆墙片　　(d) 竹篱笆

图4-4-35 陕南地区木材的利用

(a) 陕南石板屋面　　(b) 陕南石板房山墙面　　(c) 陕南鞑子梁村街巷　　(d) 陕南石板房墙面细节

图4-4-36 陕南地区石材在建筑中的利用

图4-4-37 陕南地区对石材的利用

图4-4-38 错落排布的建筑屋面

图4-4-39 汲取外来文化的陕南传统建筑结构"封火墙"

门上装饰构件的门簪，外部多作圆柱、四方或六角、八角形，数量多少体现不同等级，其上雕有牡丹、葫芦、寿或桃等；窗棂的类型、图案不同，体现房间的不同等级，主要包括有直棂窗、槛窗、横坡窗、气窗等（图4-4-40）；陕南民居多请四川匠人雕刻砖雕木雕，因此在手法与装饰元素方面与川北民居多有相似之处；匾额的题字体现地方文化，匾额类型多达五种。

建筑营建技法方面，陕南传统民居在南北营建技术交流下，出现穿斗和抬梁的混合形式；承重方式采用了混合承重即山墙与木框架共同承重，形成独特的结构特征。

陕西聚落的营造主要遵循气候、资源、材料和技术的适应性，充分体现了地域特征，展现了当地人类的营建智慧。本章主要介绍了陕西省传统聚落的特征，第五至第七章将通过典型聚落案例的形式，具体详尽地描述陕西聚落。

图4-4-40　陕南传统建筑窗棂

第五至第七共3章将分地区对陕西省传统聚落进行典型案例分类解析，共选取27个聚落作为解析对象。本章选取关中地区12个传统村落典型案例进行解析，按照地形地貌及村落形态特征，将其分为黄土台塬平地团状集聚和黄土台塬坡地团状集聚两种类型。

第一节 黄土台塬平地团状集聚

一、党家村

1. 聚落概述

党家村位于韩城市东北方向，距韩城城区约9公里，坐落在东西走向的泌水河谷北侧，所处地段呈葫芦形状，俗称"党圪崂"（图5-1-1）。

村落始建于元至顺二年（1331年），是党姓人家从陕西朝邑迁来于此定居形成，距今已有690多年的历史。明成化年间，党、贾两姓联姻，在明清两代有较大规模的建设活动。

党家村于2001年6月被评为国家重点文物保护单位，2003年10月被建设部、国家文物局公布为首批中

图5-1-1 党家村航拍图

国历史文化名村，2006年12月被列入国家文物局重新修订的《中国世界历史文化遗产预备名单》，2012年12月被公布为第一批中国传统村落。

2. 选址布局

党家村由下村、上寨和新村三部分构成。下村与上寨主要形成于元明清三朝，新村系20世纪80年代陆续搬迁所建（图5-1-2、图5-1-3）。

村落防御体系严密，村落的主体下村建在黄土坡底，南北两边是平原，处于避风低凹处。上寨建在下村东北方的坡上，主体建筑为泌阳堡。村中为加强防御，还建有瞭望塔。下村与上寨共占地约1.2平方公里，村内错落有致地分布着四合院、私塾、祠堂等公共建筑，其中文星阁、看家楼、贞节牌坊是村内三大公共建筑（图5-1-4）。

3. 公共环境

1）街巷空间

党家村的街巷由主巷、次巷、端巷三个层级构成，根据地形长短不一，曲折尽致。街巷空间由各院落的门房、门楼及厢房、厅房的背墙所构成，并结合地形兼顾巷道与宅院的排水（图5-1-5）。

巷道路面一律为石墁，中间低、两侧高，以利顺势排水于中央，防止雨水浸进民居墙基（图5-1-6）。

下村的道路网呈不规则状，村落中心是被称为主巷的东西向街道，宽3米左右，其余南北向次巷宽约1.5米。

上寨的道路网简单清晰，南北向三条道分别称东巷、中巷和西巷，周围为环路，通称马道。上寨入口处是广场，该广场是上寨的交通枢纽空间。

党家村街巷虽窄，但青石铺砌，两侧房屋均为青砖，街宇严整，路面整洁，巷道幽深而古朴。在营建巷道时，还很好地处理了巷与户、巷与巷的关系。院门不对巷口，凡住户大门均避开巷口，不与巷道相通。院门开设考虑居住建筑的私密性，相互错开，无一相对，减少干扰。党家村内无十字街，除东西向主巷贯通外，南北巷道与主巷均呈"丁"字形。

2）标志性建筑

（1）文星阁

文星阁位于本村东南小学校（旧关帝庙）的南侧，文星阁名取自"文星高照"一语，始建年代不详，光绪年间重修。文星阁虽称"阁"，实为六层攒尖顶砖塔，六边形平面，高约35米，周长14米，底层墙厚约1米，台基高约2米。文星阁墙身平直，仅檐下出挑砖数匹作为拔檐，二层以上除正、侧立面墙身有砖砌圆形格窗外，无过多装饰，外形较一般砖塔高耸，是典型的风水塔。

（2）节孝碑

节孝碑位于文化广场东端路边，是为表彰一位母亲含辛茹苦地将儿子培养成才的事迹所立。碑高约19米，面宽1.6米，深1.6米，碑头为悬山顶式，三层斗栱，山花、额坊、漏窗、楹联等均有精美的砖雕。

（3）哨门、寨墙

哨门是党家村防御设施的重要组成部分，是在巷道端部设置坚固厚重的大门，党家村共有哨门25处。哨门一般处于关闭状态，主巷东西两端的哨门作为村落出入的正式门户，日间开放，傍晚关闭。现村中仅遗存破损哨门一座，位于村南紧邻下道巷西边的巷道末端。

泌阳堡寨墙位于泌阳堡北边，原长约150米，宽约3米，高度约为6米。寨墙内为夯土，外砌青砖。寨墙隔一定距离设城垛，有城壕环通，除在南边崖壁上挖地道与沟底老村单路相通外，其余皆不设门，通道外设寨门，保障了泌阳堡的防御能力。东北部寨墙于1940年开口后，逐渐损坏。沟底老村通向泌阳堡的通路，以青石铺砌而成，这条通路作为党家村避难的专用线，现依旧保存较好（图5-1-7）。

图5-1-2 党家村主要建筑分布示意图

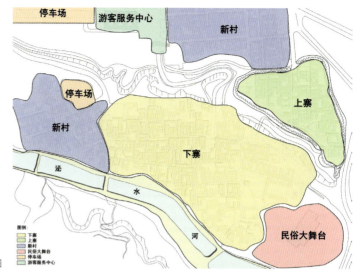

图5-1-3 党家村村落构成示意图

图5-1-4 党家村总平面图布局

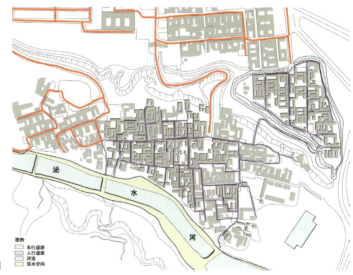

图5-1-5 党家村巷道分布示意图

图5-1-6 党家村巷道空间

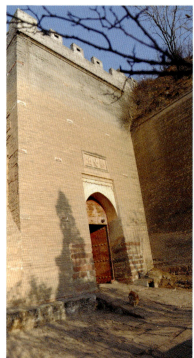

（a）寨门　　　　　　　　　　　　　　　　（b）寨墙鸟瞰

图5-1-7 党家村泌阳堡

（a）井房　　（b）古井

图5-1-8　党家村古井

（4）古井、涝池

全村遗存古井共6口，其中4口明代古井，2口清代古井。古井上均建有井房，墙上有神龛。井口以青石砌筑，辘轳以硬木制成（图5-1-8）。

涝池是党家村上寨的主要储水之处，用以解决上寨水源不足的问题。古井和涝池构成村落公共空间节点，也是党家村居民相互交往、交流信息的聚集场所。

4. 传统建筑

1）民居

党家村古民居建筑群始建于元至顺二年（1331年），党姓始祖在此开荒种地，修建小坡崖祖居，这便是最初的居住之处，也是党家村形成的最初形态，现只留部分遗迹。

党家村下村和上寨现有清代四合院120余处，大多采用单院四合院的平面布置，厅房居上，厢房分置两侧，门房与厅房相对，四房相合，中间则为砖铺庭院。各房均为木构架青砖墙，上覆小青瓦屋面。民居宅院面宽较窄，多为三间共10米左右，平面狭长，多在20米以上，深者可达30米以上（图5-1-9）。由周围高耸的

图5-1-9　党家村民居院落

（a）入口　　　（b）内院

图5-1-10　党家村党丕经家民居

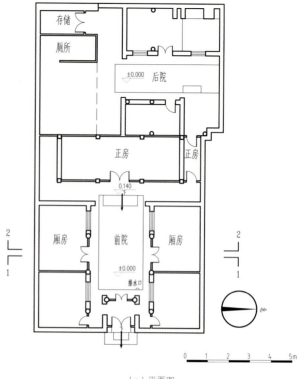

（a）平面图

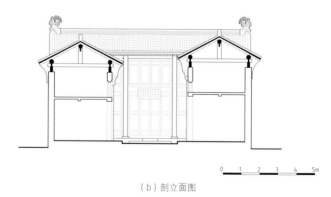

（b）剖立面图

图5-1-11　党家村党丕经家平面、剖立面图

房屋所围成的四合院呈现着强烈的封闭性，用地十分经济，村落整体的建筑密度高。

下面以党丕经家（图5-1-10、图5-1-11）与檐廊院（图5-1-12、图5-1-13）为例进行解析。

党丕经家平面方形俗称"一颗印"。因前院进深短无倒座偏门，只能开中门，开了中门为使院内"聚气"，故在进入大门后建第二道门——"苫屏门"，门楣上写"步伐恒严"四个字。四合院大门开在墙上，称之为"墙门"，门楣是砖雕的"瑞气永凝"四个字。在正厅前正中的上方悬挂着"一代乡贤"木刻牌匾，是党家村两委会送给这家主人党丕经先生的挽匾。

厅房为功能单纯的礼仪性公共空间（图5-1-14）。多为三开间，房屋高大做工讲究。当地人有"连升三级"的说法，即门前照壁一脊（脊与级谐音），门房一脊，厅房一脊，一脊高于一脊，喻望子登科，连升三级之意。室内不作分隔，以三间阔厅承应婚丧嫁娶及祭祖、节日行事之需要。

党家村四合院厢房间数依据宅基地尺寸确定，少者三四间，多者五六间不等，最多达八间之长，其中以

图5-1-12 党家村檐廊院内院

图5-1-14 党家村民居厅堂

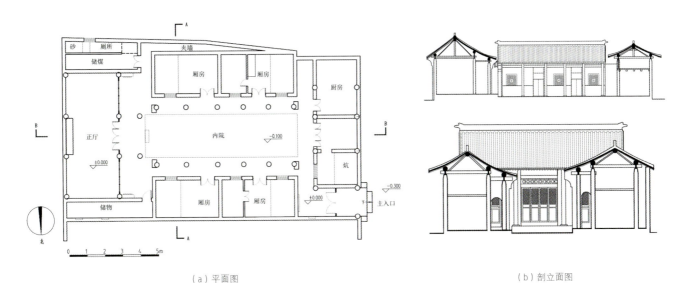

(a) 平面图　　　　　　　　　　　　　　　　(b) 剖立面图

图5-1-13 党家村檐廊院平面、剖立面图

四间型厢房最多。厢房尺寸较小，开间多为2米，进深2.1~3.0米。檐口高度在4.5米左右，厢房各间独立，互不连通。

小五间型倒座门房是党家村普遍采用的做法，一侧梢间用作门道，另一侧梢间可作厕所或库房，中间三间为一室，其中一间盘火炕，另两间用于休息和待客。党家村门房做成两层，入口通道处取两层通高，大门安装在屋脊正下方，上置匾额。门楼高大气派，当地俗称走马门楼（图5-1-15）。门外有拴马桩、拴马环；门前有上马石，青石踏步；门下则有各式各样的抱鼓石或门墩。

四合院入口的方位根据巷道走向而确定。讲究的官宦人家门前设有旗杆斗子，进士家为双斗旗杆，举人家为单斗旗杆，这样的四合院被称为"旗杆院"（图5-1-17）。党家村中少数四合院为二进，中间有"过厅"，门房设有数间客房；四合院旁是为进牲口扩建的跨马房，也称"马房院"；也有靠崖边挖土窑洞、外边建厢房及门房而形成的窑洞四合院。

2）公共建筑

（1）祠堂

党家村共建有祠堂十余处，保存较完整的祠堂有四处。党家祖祠位于大巷东端，坐北朝南（图5-1-16、

图5-1-15 党家村门楼

（a）正立面　　　　　　　　　　　　　　（b）内院

图5-1-16 党家村党家祖祠

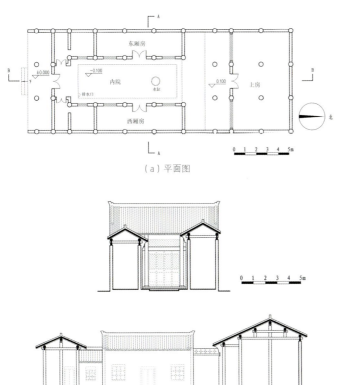

(a) 平面图

(b) 剖立面图

图5-1-17 党家村党祖祠平面、剖立面图

(a) 正立面

(b) 内院

图5-1-18 党家村贾家祖祠

图5-1-17）；贾家祖祠位于大巷西端与贾巷之间，坐西朝东（图5-1-18）。

党家祖祠与贾家祖祠入口处相对开阔并设有柱廊，形成过渡空间，给人以威严、敬重感，内部空间无门房设计，进院门后为厢房及厅房。

另两处祠堂，一为上寨南广场中央的祠堂，位于涝池北侧，门前有照壁，两厢有檐廊。上寨涝池东侧还有一名为"党二合门"的祠堂。

（2）分银院

党家村曾经以经济贸易为主，因此党家与贾家都有各自的分银院。贾家分银院的布置与党家村普通民居形式相同，而党家分银院平面形式为正方形，单面布置厢房（图5-1-19、图5-1-20）。

（3）私塾与学校

清乾隆以后，由于村中经济富裕，陆续兴办私塾提倡读书。至清末，村中私塾多达13所，多利用祠堂和富户的别宅设立。1943年，党家村与他村在本村原关帝庙旧址合建党家村小学（图5-1-21）。

（4）看家楼

看家楼亦称望楼，建于民国初期，位于党家村下村的中心，为三层砖木结构建筑。看家楼造型优美，正侧面装饰有多彩的格子状砖雕纹样，是下村的标志性建筑。

5. 给水排水系统

党家村农业生产用水主要依赖村南泌水河和村北塬上的农灌渠，而生活用水主要取自井水，一般用水则就

图5-1-19　党家村党家分银院

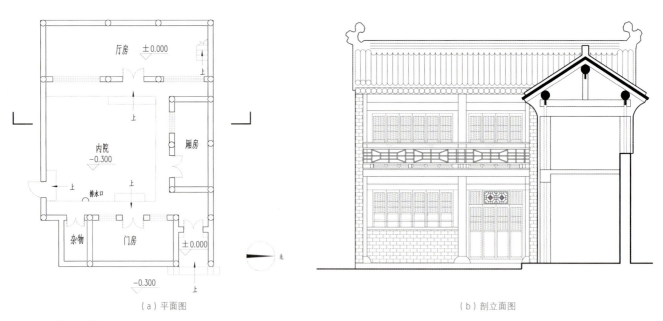

（a）平面图　　　　　　　　　　　　　　　（b）剖立面图

图5-1-20　党家村党家分银院平面图、剖立面图

近利用泌水河和村中涝池。现全村有水井13处，下村10处，新村2处，上寨1处。

全村雨水和生活用水的排放虽然没有专用的排水沟，但道路断面已考虑集水导流的功能（图5-1-22），院落的水由暗沟排向巷道（图5-1-23），再由巷道排向泌水河。村外塬上的雨水则由自然形成的冲沟流向泌水河。泌水河党家村段河道较宽，河岸高差达30~40米，可满足泄洪的需要，建村以来，不曾受水患。

6. 非物质文化遗产

党家村列入国家级非物质文化遗产保护名录的有"韩城行鼓"、"韩城秧歌"；列入省级非物质文化遗产保护名录的有"韩城抬神楼"、"司马迁民间祭祀"；列入市级非物质文化遗产保护名录的有古乐曲谱"谏

图5-1-21　党家村小学

图5-1-22　街巷排水

图5-1-23 民居排水

图5-1-24 党家村门楣题字

公"、"韩城古门楣题字"、"韩城南塬蒸食制作技艺"。

7. 细部装饰

1) 门楣题字

党家村的先民在建设美好家园的过程巧妙地把祖先遗训雕刻在大门之上，时刻激励自己和后代子孙。几乎家家都有门楣题字，种类繁多，各不相同，多为木制，现存门楣共100多个，体态各异，风格不同，多为党家村村民自己书写，也有请名人书写（图5-1-24）。

2) 雕刻装饰

党家村民居的建筑装饰种类繁多，石雕、砖雕、木雕一应俱全。

石雕：多见于拴马桩、上马石、门枕石、柱础石、抱鼓石、旗杆座等部位，工艺手法有圆雕、浮雕及嵌石。

砖雕：用于屋顶部分以利防水，脊砖雕塑有繁有简，繁者立雕立塑，简者阴刻划线，并有五脊六兽的说法；用于檐下的墀头，巧夺天工，引人注目，线脚圆浑，层次丰富，各类题材精雕细刻，工艺手法有圆雕、浮雕与透雕（图5-1-25、图5-1-26）。

木雕：包括门楼木雕、门窗装饰、分间屏墙、结构装饰等，明清两代将古代雕刻技艺推向高峰，形式纹样成熟（图5-1-27）。

除石、砖、木雕装饰之外，党家村传统民居的建筑

图5-1-25 党家村砖雕墀头

图5-1-26 党家村砖雕

图5-1-27 党家村木雕

装饰还有彩绘和铁饰,均对建筑的环境空间起到了美化作用。

3) 窗扇与窗帘罩

党家村的门窗以方形为主,装饰为木制拼装雕刻,在没有玻璃之前,人们用粉连纸糊裱窗格。为更好地遮风挡雨,木构框窗格排列较密集,窗格的纹样一般采用几何纹样,变形多达几百种(图5-1-28)。门罩上部有镂空云纹的大全格图案(图5-1-29)。

4) 照壁

党家村的影壁墙分内照壁墙和外照壁墙。内照壁墙置于大门内直对的厢房山墙上,俗称"照墙"。从大门而出,正对的是外照壁墙,俗称"照壁"(图5-1-30);它的上部成脊梁状,低于门房,是连升三级脊中的第一级脊,由于建筑空间限制,房屋栋宇相连,照壁的设置多借墙而刻。党家村的浮雕影壁墙分为三种形式:浮雕画壁、题壁刻字和素壁照墙。

5) 抱鼓石

抱鼓石是紧挨墙体,立于大门两立框之下的石墩,其功能在于加固门框,或作为露在门面的基石部分,或加工为方体的雕饰石座,又或雕成圆鼓的形状。抱鼓石既有高浮雕的蹲石狮,又有低浮雕的纹样。鼓面的雕刻最为丰富,纹样结构以适形居多,题材

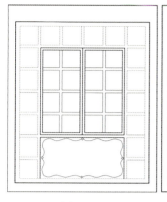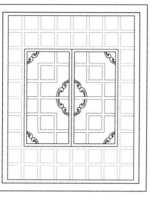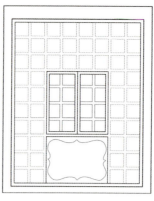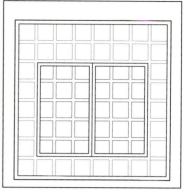

图5-1-28　党家村木窗格

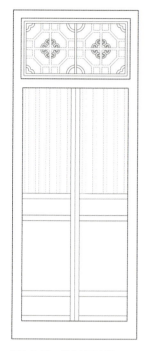

图5-1-29　党家村窗帘罩　　　图5-1-30　党家村照壁　　　图5-1-31　党家村抱鼓石

多样,从琴棋书画到吉鸟瑞兽,生动传神;与石鼓相连的底座称之为须弥座(图5-1-31)。

6)拴马桩和拴马钩

拴马桩也称拴马柱,是为拴马而埋设在地上的石桩,放置在走马门楼一侧。

拴马钩其实是墙上的把镯。镯是用铁或铜打成的扁平的两脚钉,用来连合破裂的陶瓷等器物。把镯是固定砖与墙体内侧的木柱、横木,使之紧紧固定在一起的铁器物。如图5-1-32为党家村内的拴马桩和拴马钩。

7)佛龛

佛龛是安置佛像的地方,漫长的农业社会中,人们把一切都托付给自己所供奉的保护神,对各路神仙虔诚笃信。各家将神像都按比例缩小,供奉在内门道墙上的适当位置(图5-1-33)。

图5-1-32 党家村拴马钩和拴马桩

图5-1-33 党家村佛龛

党家村将保护与开发利用紧密结合起来。对古建筑、古民居进行维修时，严格执行保护规划，以尊重文物原状的原则进行修缮，不随意拆掉旧材料、不以"新"代"旧"、以"洋"代"土"、以"今"代"古"，注重保护历史风貌和地域文化风情，完整地保存了传统村落的历史文脉、历史积淀和整体风貌。

二、堡安村

1. 聚落概述

堡安村位于韩城市城南10里的嵬秀塬上，属芝川镇，西临西韩铁路，东距黄河2公里（图5-1-34）。村落始建于明万历三十六年（1608年），村民迁居于此

图5-1-34 堡安村卫星地图

筑堡居住，以保安宁，由此得名"堡安村"，距今已有400多年的历史。2015年3月被列入第一批陕西省传统村落名录。

2. 选址布局

堡安村整体布局是传统的村寨形式，设有城墙、哨所等防卫系统。村落主要形成于明朝，之后陆续扩建形成现有村落布局。村落布局形态为东西长、南北短，村内主要有东西南北四条主街（图5-1-35），分别通达村落四周夯土城墙的四个门洞，四个门洞均为砖砌的拱形门洞，洞内有城门，门洞上方建有造型各异的箭楼、神庙等。村东南有龟鹤寨一座，村南有魁星塔一座，村西北有西晋汉阳太守殷济昌墓一座（图5-1-36）。生活用水主要取自井水，一般用水则就近利用周边河水和村中涝池。

3. 传统建筑

1）传统民居

堡安村传统建筑群始建于明万历三十六年（1608年），堡安村的民居四合院是韩城民居的典型代表之一。

传统四合院为清一色砖木结构，一砖到顶，筒瓦包沟，五脊六兽，有的有正门、后门，还有的有偏院、马房院、看家楼等建筑。四合院以长方形为多见，有照壁，进大门一侧为门房，正对庭院主轴线的房屋为厅房，两边为厢房，长辈居上，长幼有序。

四合院从北面进院，在院落的门房、厢房、正房入口处设置有柱廊，在东厢房南端留有门洞，家人可经过此门洞到达另一进院落，并通过廊道到达各自的房间，起到避风遮雨的作用，并以拱门洞的山墙收尾，独具特色。

堡安村民居结构基本为三架梁，做法简洁，有廊者

图5-1-35 堡安村街巷空间

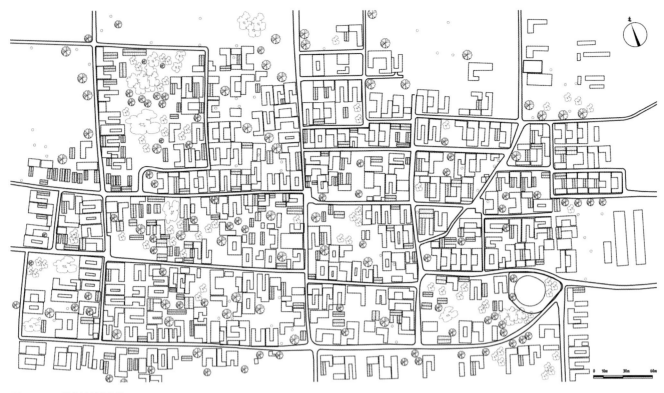

图5-1-36 堡安村村落布局

多一架。厅房比厢房做法讲究些，所用木料优质，脊梁的支撑立木以原木雕花驼峰代替，花板雕饰卷草纹样，轮廓呈三角形云朵状，构件本身无太多装饰；受力结构为木架，围护结构为外皮砖砌，芯子为"胡基"（即土坯），门窗一律木装饰（图5-1-37、图5-1-38）；屋顶以硬山为主，少量悬山，形成"灰瓦硬山顶"的房屋形式（图5-1-39）。

2）公共建筑

（1）陈家祠堂

祠堂是典型的走廊院。祠堂门朝北开，正房用于供奉先祖牌位，可通过大殿两侧直接进入后院，大殿前后都有柱廊。

（2）龟鹤寨

龟鹤寨有三座古墓，位于寨东南。古寨四面环沟，高居其中，形呈正方，夯土筑城，寨墙外高8米多，内高3米多，厚2米有余，周长约300米，寨门向西。

（3）南北戏楼

村中有两座戏楼，据考证为元代建筑，坐南朝北，相距200米，南北相映，建筑精巧。古村中心位置街道十字路口的西南角为"土地庙戏楼"，因戏楼正对面是土地庙而得名。村北街道十字路口的东南角为"马王庙戏楼"，因戏楼正对马王庙而得名。

土地庙戏楼与马王庙戏楼结构基本相同，戏台筑于高台上，砖砌墙，单檐歇山顶，筒瓦包沟，雕刻式梁架，四椽栿，用二明柱，斗栱四铺作，单下昂，有蚕头，雕刻木龙头15个，垂钓莲花斗5个，两边八字墙，两边墙上刻有对联（图5-1-40）。

（4）兴安寺

兴安寺俗称东寺，紧靠东城门而建造，占地约6700平方米，以南北为中轴线，横穿四个庭院。山门朝南，

图5-1-37 堡安村民居

图5-1-38 门窗木装饰

中国传统聚落保护研究丛书 陕西聚落 / 第五章 关中传统聚落典型案例

图5-1-39 堡安村"灰瓦硬山顶"房屋形式

拾级而上,建有前殿、东西房,两层藏经楼,进献殿、入大殿(俗称后楼),大殿里绘有大型《赵氏孤儿》壁画,塑大神像,木雕神像、佛像等。寺中儒教、道教、佛教三教合一,共享一寺,钟声悠长,香火旺盛。寺庙后作为堡安村小学使用,现校门依旧挺立(图5-1-41)。

(5)魁星塔

魁星塔也叫魁星楼,俗称五角楼,位于南稍门外偏东300米的高台上。早期为三层砖塔,1608年增加两层,现有五层,攒尖顶,通高20米,无底座,塔门朝西北方向,门楣为"口路"。塔的外部,层与层之间有叠涩砖檐,每层均建有瞭望窗口。塔内每层以木板相隔,形成木楼,每层木楼有矩形上下通口,用木梯或绳索可逐层登上塔顶。

3)雕刻艺术

(1)砖雕

四合院内砖雕多为历史典故和故事存在,例如"孟母三迁"、"松下问童子"等,蕴含了求学或者生活哲理,体现了中华民族深厚的历史文化底蕴。

北戏楼

原兴安寺遗址

南戏楼

涝池

图5-1-40 堡安村公共空间布局图

图5-1-41　堡安小学校门——原兴安寺遗址

（2）木雕

民居厅房的屋架上和公共建筑的檐口、屋梁上刻有"山水鸟兽、人物花卉"等各种图案，造型逼真、栩栩如生。

三、徐村

1. 聚落概述

徐村[①]位于韩城市西南嵬山脚下，属芝川镇管辖，距今已有1800年的历史，司马迁的后代子孙世居于此（图5-1-42）。2015年3月被列入陕西省第一批传统村落名录。徐村是我国著名的史学家、文学家、思想家司马迁后裔长期生活和居住的村落，是韩城"司马故里文化"的重要组成部分，具有十分独特的历史文化价值和重大影响。

2. 选址布局

徐村东、南、北三面环沟，西临山梁，梁高坡陡，交通不便，为发展生产谋求生存，先辈们在南沟修起一座土桥，是本村与外村联系的唯一通道。村落总体布局规整方正，道路平直，是棋盘式格局（图5-1-43）。现今土桥已不存在，公路绕村东而过，交通便利。

徐村的巷道基本上决定了村寨的结构，由长短不一的主巷、次巷、端巷构成，各巷道的走向符合地形的排水方向，又满足宅基地的合理划分（图5-1-44）。

3. 传统建筑

1）民居

徐村民居特点为"上七下八""五脊六兽""四檐八滴水"。"上七下八"指民居建筑一层高为八尺，二

[①] 徐村原名"续村"，只因"徐、续"两谐音，定"徐"立名，意义为深。余字古文意为我，双人旁指的两个人，徐村就是余二人，同冯兄弟一家亲。先祖为了后人能安居乐业，司加一竖改同姓，马添两点是冯姓。

图5-1-42　徐村鸟瞰

楼主要堆放杂物层，高度为七尺。"五脊六兽"，是指上房的五条屋脊上共放六个兽吻。"四檐八滴水"指一座房子上有一洞槽，下雨时，四个大房檐和四个小洞槽八处同时滴水。徐村民居四合院的门，俗称二门（图5-1-45），民居外形是清一色的青瓦盖顶，砌墙是一砖到顶。

徐村民居四合院大多采用一进院落的平面布置形式。以厅房为"首"，左右厢房为"臂"，门房为"足"，俗称"全欢四合院"。厅房搭建得最高，作为宴请宾客和祭祀祖先的地方，两边是厢房，供子女居住。（图5-1-46）。

2）公共建筑

（1）汉太史遗祠

汉太史遗祠建于清代，是司马迁后裔的长门祠堂，也是徐、冯两姓的公共祠堂。祠堂内供奉司马迁的塑像，祠堂为一座两进院，主要建筑包括山门、东西厢房和正殿，山门门额木刻"汉太史遗祠"五个大字。2017年，韩城市文物局将汉太史遗祠整体维修，经市文物局和村委会沟通，将社区博物馆选址定于此处（图5-1-47）。

（2）九郎庙

由于韩城是"赵氏孤儿"历史事件的发生地，所以过去韩城市域内建有多处九郎庙。目前，韩城现仅存4处九郎庙，其中徐村九郎庙和韩城古城内九郎庙保存较好。"九郎"指赵氏孤儿，"九"与"救"谐音，于是俗称九郎庙。在九郎庙内祀奉的皆为赵文子（武）、程婴、公孙杵臼。徐村九郎庙为韩城市文物保护单位，建于金兴定五年（1221年）。

图5-1-43 徐村村落总平面

图5-1-44 徐村街巷

图5-1-45 徐村门楼

图5-1-46 徐村传统民居院落

（3）墨池

村中有个涝池，形状像砚台，村民称作史公墨池。

（4）法王行宫

"法王行宫"位于村口黄土台塬上。据说，法王是指宋代韩城名医房寅，宋神宗赵顼的皇后难产，是房寅医术高明为她保住了太子，宋神宗为表示感谢，差人修建了这个庙宇，在石牌坊上刻下"法王行宫"；而徐村人却将这四个字反过来念，即"宫刑枉法"，以此纪念太史公的受辱之冤。

（5）龙门书院

徐村自古就崇尚耕读文化，村中现存一座龙门书院（图5-1-48）。

(a) 南　　(b) 北

图5-1-47 司马迁祠文字砖雕

图5-1-48 徐村公共空间布局图

四、袁家村

1. 聚落概述

1）地理位置

袁家村位于关中平原腹地的咸阳市礼泉县烟霞镇东北部，距九嵕山唐太宗昭陵约10公里，距离陕西省会西安市约60公里（图5-1-49）。107省道、关中环线及昭陵旅游专线途经附近，周边文物古迹26处。

2）历史沿革

村落因北宋建隆二年（公元961年）袁氏避战乱迁至此地聚族而居形成。康熙七年（1668年）山西郭氏迁入，适逢"康乾盛世"，村民安居乐业、人丁兴旺，修祖庙盖祠堂，其后，陆续迁入王氏、张氏。明清之际，袁家村作坊发达，贸易兴旺，为方圆几十里货物集散地和出入北山要冲。

袁家村1953年建立互助组，1962年袁家村单独成立生产大队，发展至1972年，袁家村建立党支部。在1970年以前，袁家村经济并不富裕，在队长郭裕禄的带领下，农业生产发展迅速；20世纪80年代开始进入工农商结合的模式，村落经济飞速发展。近年来，袁家村以关中风情观光旅游、地域特色小吃、绿色果园采摘、会议餐饮接待、秦腔文化传播、户外体验活动等特色项目为依托，大力发展乡村旅游，成功打造"关中印象体验地"。

2. 产业发展兴旺

从建立互助组，到建立党支部，袁家村大力发展农业，致使得粮棉丰收。袁家村一步步发展起来，转折点出现在改革开放初期，村落迈入工农商相结合的发展路子，逐步建立起较为发达的村办工业体系，形成一定的村工业品牌效益优势。2007年开始，袁家村大力发展第三产业，建立以关中民俗聚落生活文化特色为主题的关中印象体验地、村史博物馆、唐代宝宁寺（修复）和农家乐，吸引了众多国内外游客。

袁家村先后获得"国家级特色景观旅游名镇（村）"、"国家级AAA旅游景区"、"中国最有魅力休闲乡村"、"全国生态示范村"、"省级历史文化名村"、"陕西乡村旅游示范村"等殊荣，并于2013年8月被列入第二批中国传统村落名录。

3. 选址布局

袁家村地处渭北高原和关中平原的交融区域，地貌分为南部台塬和北部丘陵沟壑区两大类，地势西北高，东南低。气候属于暖温带半干旱大陆性季风气候，四季分明，雨热同季，冷暖适中，自然环境优越。

村庄北依九嵕山，东近泾河，建筑体量与自然山水相融。村落整体布局北高南低，因形就势，高低错落。村落布局以关中印象体验区为核心，外围区块半围合式发展。南北向通村道路，将村庄分为农家乐区与关中印象体验区（图5-1-50、图5-1-51）。

1）农家乐区

农家乐集中分布在正街周边的居民住宅区，保留了20世纪80年代形成的聚落街巷尺度、立面空间和整体风貌。该区域由西向东依次为袁家村西门入口牌坊、砖砌民国建筑风格的村委会、毛主席雕塑、村史馆，以及休闲农家乐（图5-1-52）。主街具有宜人的街道尺度，并且保留20世纪90年代的建筑风貌，临近关中印象体验区的农家乐为仿古建筑风格，其余农家乐均为典型关中新民居风格。

2）关中印象体验区

关中印象体验区空间形态以两条东西向道路同时展开，通过平行、相交等方式形成空间发展的多条路径，通过建筑的错动布局、节点的巧妙穿插以及景观的有效烘托，使其呈现出与自然环境高度融合的状态。

关中印象体验区主要分为康庄老街、茶楼戏台、酒吧文化街等几个街区。空间表达注重对乡村生活场景的

图5-1-49 袁家村鸟瞰图

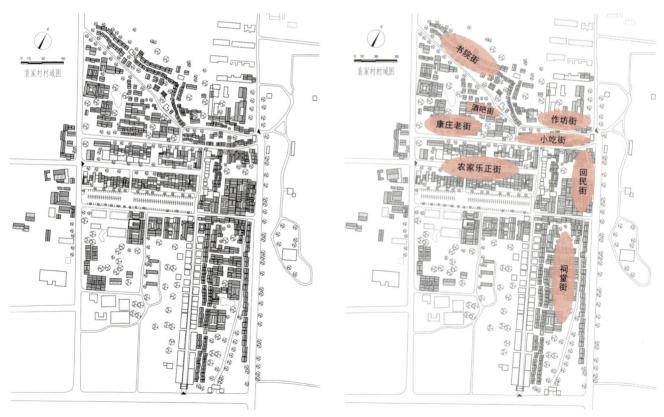

图5-1-50 袁家村村落平面图

图5-1-51 袁家村平面布局图

(a) 入口牌坊

(b) 袁家村主街

(c) 袁家村后街

(d) 村委会

图5-1-52 农家乐区街景

塑造与表现，不仅保留门楼、抱鼓石、砖瓦等传统要素，也融入现代酒吧街、文化长廊、生活客栈等。这些生动有趣的活动场景被巧妙穿插于街巷节点之中，在彰显村落本土风貌与民俗特色的同时，也为当代村落的空间营建带来许多启示（图5-1-53）。

4. 公共空间

1) 街巷空间

（1）康庄老街

康庄老街整体位于休闲农家乐北侧。康庄老街整体街巷西窄东宽，东侧与东入口衔接形成入口广场，西侧通过照壁与游客中心以及入口广场相衔接，游览步道4米宽，均采用青石铺设。街巷根据两侧建筑的进退开合变化，曲折有序（图5-1-54），街巷两侧分布有"永泰和"布坊、"五福堂"面坊、"德瑞恒"油坊、"五味斋"醋坊、"天一坊"辣子坊、药坊同顺堂、醪糟坊稻香村、豆腐坊"卢氏"豆腐、茶坊"童济功"以及磨房、酒坊等作坊，生动地呈现出原生态的关中市井生活图景。而作坊间夹杂着的各种小吃铺，羊血饸饹、豆腐脑、锅盔、煎饼、油饼、菜卷、

(a) 康庄老街入口

(b) 小吃北街

(c) 康庄老街

(d) 精品民宿

(e) 风情商业街

(f) 醋坊

(g) 精品民宿

(h) 街巷空间

图5-1-53 袁家村关中印象体验地街景

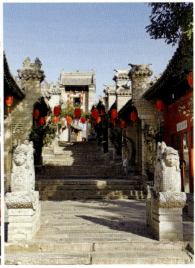

图5-1-54 袁家村康庄老街街景

面条、醪糟等关中地方风味小吃应有尽有，木桌木椅随街摆放街巷两侧，生活气息浓郁。

（2）酒吧街

酒吧街位于康庄老街北侧，利用地形高差，通过踏步与老街衔接，因地制宜，巧妙地利用高差营造空间序列。酒吧沿街道南侧布置，古朴的传统建筑风格、青石板街与具有时代气息的广告牌、织布机改造而成的茶座相互映衬，体现出别样的时空感受。透过街巷建筑间隙，能依稀看到远处的帝陵、山峦，近处康庄老街的灰色屋脊，能感受到古今、时尚与民俗的交叠渗透（图5-1-55）。

（3）创意作坊

关中印象体验区集聚多种功能，包括特产作坊与销售、手工艺品文创店，街巷空间布局的灵活性以及不同主题区的相互连通，增加了空间的趣味性和层次性，不同功能与空间的穿插复合使游客体会到逛、游、吃、娱、憩的多重乐趣（图5-1-56）。

（4）水渠

袁家村水渠的路径是经过精心设计的，贯穿关中印象体验区的大部分街巷空间，因此整个水体环境也形成一条游览线索。水渠依托地形高差，蜿蜒流淌至东南方向。水渠在地面以30厘米宽的明沟形式存在，在有高差踏步的位置则以斜向的水槽形式存在，有效地串接了建筑空间，让游客在行进中感受到亲水的乐趣（图5-1-57）。

2）景观小品

村落景观小品极具生活气息和地域特色。有古井的

图5-1-55 袁家村酒吧街街景

（a）文创店　　　　　　　　　　　（b）书院街　　　　　　　　　　　（c）柿饼作坊

图5-1-56 袁家村创意工坊

图5-1-57 袁家村水渠

188

(a) 酒坊　　　　　　　　　　　　　　　　　(b) 面坊

图5-1-58　袁家村景观小品

辘轳、石碾子、推板、犁耧耙杖等关中传统的农耕生产生活用具，还有拴马桩、石槽、石鼓、照壁等，充分展示关中民居的传统风貌。这些丰富的景观小品与袁家村的建筑、民间工艺相得益彰，进一步提升了村落的关中民俗文化氛围（图5-1-58）。

5. 传统建筑

1）民居

传统民居建筑集中分布在正街农家乐、康庄老街和正在建设的关中四合院内。民居多采用异地重建的方式，利用关中地区保存下来的传统构件，异地复原修造，展示关中民居的风格，体现精湛的营建技艺。

袁家村目前以乡村旅游业为主导产业，其建筑按功能划分为底商上住、关中四合院民居院落以及商住结合三种类型。底商上住型主要位于袁家村正街农家乐区。村民在原宅基地按照规划统一修建两层住宅，底层作为商业，上层用于居住。关中四合院民居院落主要包括碧山堂、左右客等以住宿为主的民居院落。建筑平面采用典型的窄面阔、长进深的独立院落形式，沿纵轴厅堂层层组织院落（图5-1-59）。

关中四合院民居的街巷恢复传统尺度，墙体材料采用砖或夯土，墙体抹面材料选用传统麦草泥抹面，山墙面和门楼古朴简约，墙体厚度也体现出关中传统民居敦实、厚重的特征，体现关中地区乡村生活场景与传统风貌（图5-1-60）。

商住结合型主要集中于关中印象体验区，即康庄老街两侧，关中民居风格，青砖灰瓦，各家店铺沿街巷依次进退。经商人员既在这里经营店铺，也在此居住生活（图5-1-61）。

2）公共建筑

（1）宝宁寺

宝宁寺为皇家寺院，唐天宝十年（公元751年）为守护昭陵而建，后损毁严重。20世纪80年代，建筑按照原有历史风貌整修重建，采用硬山屋顶，三开间（图5-1-62）。

（2）村委会办公楼

村委会办公楼采用民国时期建筑与中国传统坡屋顶建筑相结合的形式，柱廊通过层层后退的砖砌线脚装饰丰富了竖向的光影变化。建筑整体色调突出青砖与素土砖的明暗变化。

图5-1-59 袁家村民宿庭院内景（来源：戴志坚 摄）

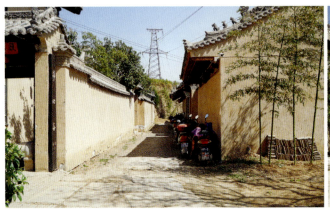 

图5-1-60 袁家村民宿外观

图5-1-61 袁家村商住结合式民居

（3）村史馆

村史馆是袁家村历史、成就和荣誉的展示地。建筑同样采用民国时期建筑与中式坡屋顶相结合的形式，土漆木门，中式传统门楼瓦当采用兽面纹样装饰，滴水采用花草纹样装饰（图5-1-63）。

3）装饰艺术

（1）建筑装饰

袁家村砖雕、石雕、木雕样样俱全，制作工艺颇为考究，多采用传统的手工雕刻技艺。砖雕主要应用于屋脊、门头、墀头、影壁等重点部位，图案以动物、花鸟、

（a）入口　　　　　　　　　　　　　　　（b）大佛殿　　　　　　　　　　　　　　　（c）古树

图5-1-62　宝宁寺

图5-1-63　袁家村村史馆

福寿等图案为主。木雕主要应用于门窗、梁架、梁头等部位，原料以松木为主，工艺多采用浮雕、圆雕以及镂空雕三种。石雕装饰主要应用于柱础石、抱鼓石、石狮子、拴马桩上，图案以动物、花鸟草虫为主（图5-1-64）。

（2）砌筑工艺

袁家村民居将坚固实用与传统技艺有机融合，外观均改用青砖砌墙，内饰沿用传统的泥水粉刷，再现关中民居中"土坯垒墙，麦草泥糊墙，白土泥水刷墙"的传统工艺特色。

6. 非物质文化遗产

袁家村的非物质文化遗产主要包括表演艺术、节庆风俗、传统手工艺。表演艺术主要是秦腔、碗碗腔、华阴老腔、评书等陕西地方曲艺。节庆风俗方面主要是村庄的社火等传统节庆表演活动。传统手工艺技能主要体现在制作豆腐、传统工艺榨油、以麦胚或小米发酵土醋、传统工艺自制酸奶、传统织布、毛驴拉磨、老牛上碾、手拉风箱等。

袁家村最吸引人之处在于与传统建筑空间十分契合的浓厚传统生活气息。建筑并非精美"摆设"，而是"活"的经济实体，以传统建筑为载体，四处弥漫的传统小吃气息、儿时记忆中的民间手工制作工艺、热闹纷呈的民间演艺等，触及人们心底最质朴也最眷恋的乡愁。

图5-1-64　雕刻艺术（来源：戴志坚　摄）

图5-1-65 柏社村航拍

五、柏社村

1. 聚落概述

柏社村历史上因广植柏树而得名"柏社",距今已有1600多年历史,以保留较为完整的下沉式窑洞四合院和关中传统民居建筑为特色。目前柏社行政村内保留完整的窑洞共有780院,核心区集中分布有225院下沉式窑洞四合院。2013年9月,柏社村被国家住房和城乡建设部、文化部、财政部联合公布为第二批中国传统村落。2014年3月10日,柏社村入选中国历史文化名村名录。

1)地理位置

柏社村位于咸阳市三原县新兴镇西北部黄土台塬上,属三原县最北端,与耀州区接壤,距三原县政府驻地25公里(图5-1-65)。

2)历史沿革

柏社村流传着一个民间戏曲名为"十里窎[①]柏社"。可见该村规模之大,村内最早是"同"、"何"两姓在此居住。柏社村起源于晋代,由于战乱频繁,百姓为

---

① "窎"音读diào,是关中方言,长、深、远的意思。

了躲避战祸来到了沟壑纵横、林木蔽日、水草丰茂的台塬坡地（老堡子沟）。在后来的1600余年中，柏社村虽不断迁址扩建，但始终在5平方公里的范围内。南北朝时期，北魏在此建城堡，现城堡遗址在柏社村东北，城沟、城形依稀可辨；至隋代，在南北朝的城堡西南800米处建新城；现今，北魏以及隋代的村庄遗迹被称为南堡西城；唐代贞观之治之后，又在此建东城；至宋代时，柏社逐步发展为商贸集镇，至明清时更是店铺林立，据记载镇内盐行、炭行、药铺、当铺、颜料店、杂货铺、客栈、车马店等一应俱全，成为名副其实的商贸城。

抗日战争时期，柏社是通往革命根据地"照金""马栏""延安"的咽喉要地，设有秘密交通站。柏社村现遗存商业街一条、古街三条、明清古建民宅四院。柏社村保留的文化古迹有柏社老堡子沟旧址、菩萨庙遗址、戏楼遗址、娘娘庙遗址、古涝池遗址、胡同古道、窑洞式民居等。

2. 选址布局

柏社村地貌为典型的关中北部台塬，整个村落地势北高南低。村落毗邻浊峪河、清峪河、嵯峨山等自然风光区。村内用地多为平坦的塬面，仅北部有数条自然冲沟洼地嵌入。村内现有大量高大繁茂的楸树，遮天蔽日，形成了幽静的村落空间环境，周围为果园，林木繁茂，村落微气候温和，空气清新（图5-1-66）。

南部村落中心地带窑洞分布较为集中，北部有结合冲沟地形改造的胡同古道，古道两侧有部分靠崖窑院。中段东部主体为具有百年历史的明清古街区，村小学与其毗邻，西南为近年新建的村民住宅区。商业建筑主要分布于中心横向道路的两侧。村内建筑大多有50年以上历史，其中具有百年历史的建筑有26处（图5-1-67）。

远眺柏社村所在的新兴塬，绿荫蔽日，偶露屋顶城垣。近观柏社，楸树成林，杂木交错，窑房结合，百年古槐挺立村中老城旁。

柏社村现有纵横两条道路，其中东西道路宽度约为20米。其他道路均为不规则的自由形态，且以步行为主。柏社村自然沟渠形成的胡同古道深约6～10米，狭长弯曲，长达4.5公里（图5-1-68、图5-1-69）。

3. 传统建筑

1) 下沉式窑洞

柏社村位于渭河以北的台塬地，人们没有挖掘横穴的条件，所以当地人利用坚固稳定的黄土直立边坡创造出另一种窑洞形式——地坑窑，这是合理利用资源、节能节地的营造智慧（图5-1-70）。

柏社村仍保留大量完整的地坑窑，这些窑洞建筑作为古老而特殊的居住方式，积淀了丰厚的建筑、历史、人文信息。柏社村的传统建筑以地坑窑院落为主，也有局部结合地形，以靠崖式窑洞与土木结构的厦房结合的院落形式。地坑院窑洞进深多为7～8米深，部分达12米深，宽3.5～4米，窑洞高3.5米，洞顶土厚3～3.5米，窑院顶部多砌有拦马墙，窑内墙壁多采用当地极具特色的"白土"粉饰（图5-1-71）。通常人居二至三孔，家畜二孔，厨房一孔，其余储藏杂物，紧邻家畜窑洞设旱厕。院内常设水窖一口，收集储存院落雨水。

每一下沉式院落为一户，多数人家院落东、南、西三面各开两孔窑，北向开一孔窑，旁边即为通向地面的坡道，也有院落受地形与位置的限制入口坡道开在其他方位。进入下沉院落的坡道则根据地形条件，采用直线或折线等形式（图5-1-72）。

2) 房窑结合的关中渭北院落

当地居民将靠崖窑洞（也有用土坯或砖箍窑）与关中土木结构的厦房相结合，配以精致的门楼，组成关中特有的窑房院落。此类民居院落，大门一般较简朴，正房是向阳的靠山窑，两孔或三孔草泥抹面，室内明亮，是长辈居室。左右两侧保存完好的三间厦房，是晚辈居室或厨房与储物间。单坡屋顶的厦房山墙与门楼之间由院墙连接，共同构成临街面。典型的窑房院落与关中北部特有的台塬地貌田园景色交织一起，形成具有鲜明特色的渭北高原窑房建筑群（图5-1-73）。

3）涝池

在村中央的涝池曾经是柏社村的蓄水之地，涝池的形成与柏社村特有的地坑窑有直接的关系，村内目前留有大小不等的涝池，但均已废弃（图5-1-74）。

图5-1-66　柏社村楸树林与地坑院

图5-1-67 柏社村平面图

图5-1-68 柏社村地坑窑院

图5-1-69 村落街巷布局图

图例
主要道路
次要道路

(a) 平面图
(b) 北立面图
(c) 剖面图

图5-1-70 习仲勋故居测绘图

图5-1-71 柏社村民居

图5-1-72 柏社村下沉院落的坡道

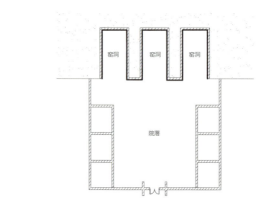

图5-1-73 柏社村传统房窑民居

198

图5-1-74 柏社村涝池

六、莲湖村

1. 聚落概述

莲湖村位于富平县县城的中心区，北临温泉河，东毗杜村堡，西接连城，南临西禹路，历史上因南门外有大片莲花池而得名（图5-1-75）。"南门外稻子莲花，西门外一座宝塔。北门外水流桥上桥下，东门外杜村堡千家万家"，这首民谣形象地再现了历史上的莲湖村。

莲湖村总用地面积17.1公顷。莲湖村原为富平老县城，随着经济发展，1970年富平县城迁至新城区，老县城改做杜村镇莲湖村。2013年8月莲湖村被列入中国第二批传统村落名录。

2. 选址布局

1）聚落选址

村落选址在中山塬余脉之上，四周川塬相间，由于地势中间高，四周略低，三面环水，一方面满足军事防御的需求，另一方面居住环境优美。莲湖村是全国唯一一座保存完整的"斩城"；所谓"斩城"就是借助天然高阜，削四壁夯筑而成，具有防兵燹、御匪乱之功能，是冷兵器时代最有效的防御手段之一（图5-1-76）。

2）聚落布局

莲湖村老城为不规则长方形，长约520米，宽约350米。城垣内有三街、四门、十巷。三街即老城正街、南街、北街；四门即南门（石盘门）、北门（带温门）、东门（华翔门）、西门（荆踞门）；十巷即书院巷、姜米巷、东顺城巷、北顺城巷、鸳鸯巷、王家巷、马家巷、关帝庙巷、后巷、重庆。260余栋院落分布在老城三条主街、十条巷道内部（图5-1-77）。

莲湖村街宽巷窄，各辅巷与主街多以"丁"字形相交，主次有序，巧妙地把传统民居与防御功能结合在一起（图5-1-78、图5-1-79）。

3. 传统建筑

莲湖村内历史文化资源丰富，主要有文庙、城隍庙、关帝庙、望湖楼、图书楼、魁星楼等传统建筑以及保存完整的明清院落。

图5-1-75 莲湖村谷歌卫星图

图5-1-76 莲湖村鸟瞰图

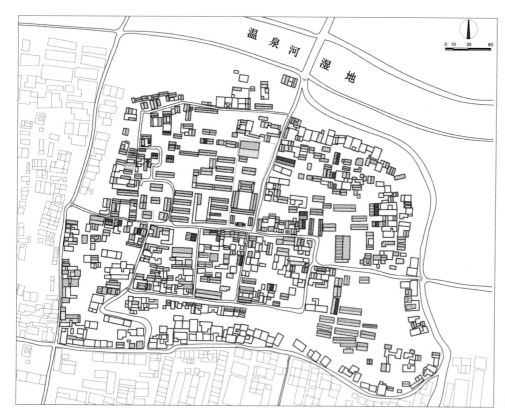

图5-1-77 莲湖村平面布局图

图5-1-78 莲湖村街巷布局图

202

图5-1-79 莲湖村街景

1）民居

莲湖村内现存较为完整的明清民居院落有10多处。主要为三合院、四合院民居形式，院落外墙由灰色清水砖墙、夯土及红砖构成（图5-1-81）。

（1）冯子明故居

冯子明故居位于王家巷5号，坐南向北，建于高1米砖砌台明之上，为县级文保单位。门房为抬梁式硬山建筑，面阔12米，进深四椽。在西次间辟门，宽1.9米。厢房为单坡屋面，过厅面阔12米，进深四椽并带前廊，廊深1.6米。墙体为外包青砖、内衬土坯。上房面阔三间，进深两椽，室内设置阁楼。

（2）张家大院

张家大院呈"一正两暗"对称布置，院落狭长，利于避风，从右侧进宅门，有过厅。房屋土砖混合，檐部飞椽，屋脊做雕砖或用片瓦组成镂空花饰。老屋青砖到顶，院墙和屋墙通体，上有阁楼，高达六七米，屋脊上有兽吻装饰，窗户上的花格和青砖上的浮雕镌刻精细。

2）公共建筑

明代县治初期，城内格局按县署办公规模而建，原西安府、县衙、考院、布政司、书院、察院等公共建筑主要分布在老城正街。庙宇、祠堂、钟楼等古建筑林立。现存的公共建筑有文庙、中国人民银行旧址、富平县衙、藏书楼、文昌庙等（图5-1-80）。

（1）文庙

文庙现状保存完好，现存大成殿（明代修建）、

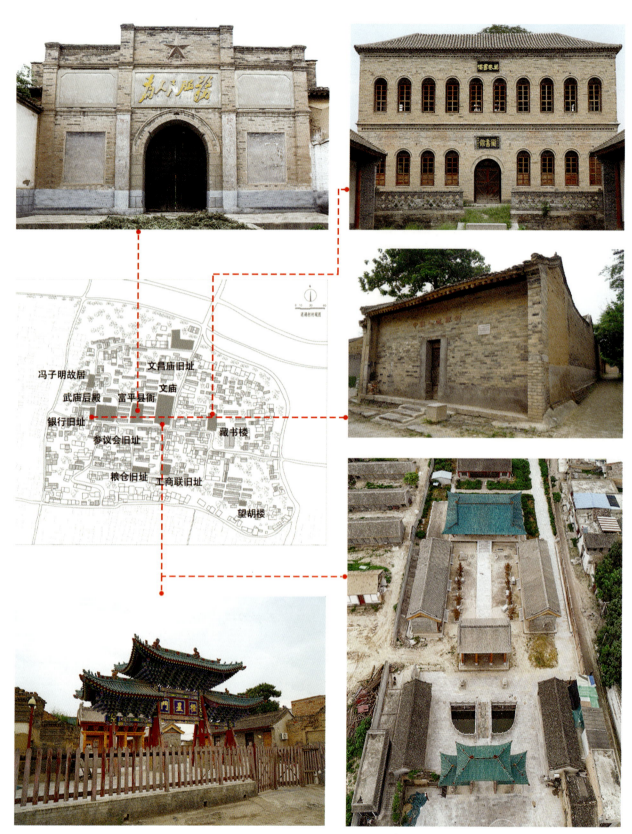

图5-1-80 莲湖村公共建筑布局图

图5-1-81　莲湖村院落外墙

厢房、泮池等。大成殿为抬梁式单檐歇山顶式砖木结构，坐北朝南，面阔五间，进深八椽，室内布金柱8根。屋面举折平缓，檐下均施六铺作出三下昂斗栱。殿身翼角的角梁下各置点柱一根。大成殿琉璃筒瓦屋顶，灰陶花脊。现为县级文物保护单位。

（2）中国人民银行旧址

坐北向南，门厅面阔三间，进深两椽，抬梁式硬山建筑，外包青砖、内衬土坯。过厅面阔亦为三间，进深四椽，明间做木装修。自过厅向北，为旧址二进院。二进院东西布厢房，厢房面阔两间，单坡硬山建筑。西厢房内有砖砌窑洞一处，为银行金库。上房抬梁式硬山建筑，面阔三间，进深四椽。并于上房西次间台明处密施地窖一处，为银行早年存放金银之处。

（3）富平县衙

富平县衙现状保存较好，旧址坐北向南，沿中轴线自南向北分布有大门、办公楼、办公室各一座。旧址大门为单坡硬山建筑，面阔三间，于明间设门，两侧为传达室。办公楼为二层砖结构楼房，面宽25米，通深7.5米。正中辟券门通道一处。自券门向北为献殿，为抬梁硬山砖木结构，面阔五间，现为县级文保单位。

七、灵泉村

1. 聚落概述

合阳县坊镇灵泉村位于县城以东15公里的黄河塬畔，因村东南有能治病且很灵验的水泉而得名（图5-1-82）。村落东靠黄河，西依莘塬，南对华岳，北仰梁山。灵泉村总面积约3.9平方公里，辖7个村民小组。灵泉村内历史文化资源丰富，有寺庙、祠堂、传统民居等。2013年8月，灵泉村入选第二批中国传统村落名录。

2. 选址布局

灵泉村被群山环抱，村东南、东北、西北各有一座半岛状的土山，分别为福山、禄山、寿山，福禄寿三星高照使灵泉村围合封闭，藏风聚气。灵泉村平面布局西进而东收，东、北、南三面环沟，构建了天然防御系统，村落依清泉而建，水绕村而流（图5-1-83）。

灵泉村整体呈半岛状布局，沟壑形成天然的居住庇护所。四合院坐北朝南布局，易获取南向采光与通风，街巷多为东西走向。村中共有支家巷、南巷、前巷、后巷、后地巷5条主要街巷（图5-1-84、图5-1-85）。

图5-1-82 灵泉村航拍

图5-1-83 灵泉村平面布局

图5-1-84 灵泉村街巷布局

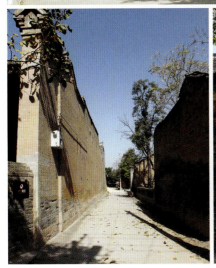

图5-1-85　灵泉村街巷

3. 传统建筑

1）民居

当地村民善于经商，自清代经商积累财富，经济水平提升后，投资建设关中传统的"四合头"宅院。上房供奉祖先，用材和建筑工艺考究；门房做客厅会客议事；两边厦房按照住宿、做饭和保管物件的需要，隔成大小不同的房间。经济富裕的人家，建前后两院（图5-1-86~图5-1-88）。

2）公共建筑

党祠、南祠两座宗祠位于灵泉村入口处，两处祠堂与临近的井房共同构成了村落内公共中心。村内还建有马王庙、财神庙、三义庙、娘娘庙等多个寺庙，以表达村民对于民间宗教的信仰和对美好生活的期许（图5-1-89）。

（1）古城墙

灵泉村古城墙整体保存较好，现存古城墙周长1915米。城墙的东、南、西三面建有砖砌的城门。据现存石碑记载，康熙五十七年（1718年）先筑南城墙城门，从咸丰三年（1853年）到光绪二十二年（1896年），筑四周城墙，并由南门和西门一角组成瓮城（图5-1-90）。

城址平面为长方形，东西长520米，南北宽437

图5-1-86 灵泉村传统民居外观

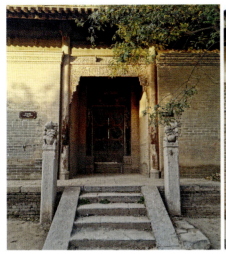
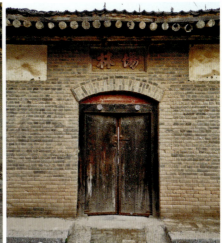

图5-1-87 灵泉村建筑门楼

（a）外立面

（b）内院

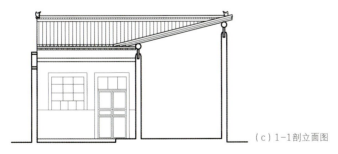

（c）1-1剖立面图

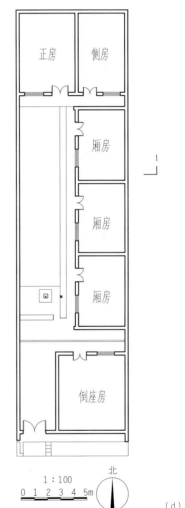

（d）平面图

图5-1-88 灵泉村传统民居测绘图

图5-1-89 公共建筑分布

(a) 西城门

(b) 南城门

图5-1-90 灵泉村古城墙

米。现存最高处约9米，墙基宽6.3米，顶宽2米左右。西城门和南城门洞高4.3~4.8米，门洞宽3.2米。南门外上方石刻"人心安堵"，南门内上方石刻"财阜南熏"。西门外上方石刻"金汤巩固"，内上方石刻"笏柱西爽"。现为县级文物保护单位。

（2）三义庙

南城门内侧的三义庙，建于清嘉庆二十二年（1817年），坐西向东，面阔四间，宽13米，进深9米。前檐开阔无檐墙，形似戏台。建筑前端是咸丰五年（1855年）聚义永商号捐献的"十王子进宝"青石栏杆和两只1.3米高的石狮子背负的方斗旗杆。三义庙北壁刻有道光十四年（1834年）"增修三义庙献殿碑记"和咸丰三年（1853年）"重修后池暨村西南围墙碑记"。恒聚昌商号为三义庙雕刻的大幅金彩木板对联仍保存完好。现为县级文物保护单位。

（3）党氏祖祠

党氏祖祠现存老祠堂和南祠堂两座祠堂，均为县级文物保护单位。

老祠堂坐西向东，由大门、南北厢房、献殿、上殿组成。东西长38.5米，南北宽12.3米，占地面积473平方米，整体保存完好。据民国12年（1923年）重修党氏祖祠碑记，祠堂创建年月无考，仅留明天启年间三代祖宗碑记和乾隆年间上梁铭文，现存结构为光绪三十四年（1908年）所修。大门开间2.9米，进深4.1米，两边分别是老井房和门卫室。祠内南北厢房面阔三间10米，进深3.2米。厢房檐下悬垂雕花柱头，和谐对称。献殿面阔三间11米，进深5.8米，大梁以驼峰承托，前后檐下分别用木扇隔开。上殿面阔三间，明柱支撑，结构匀称，庄严肃穆。

老祠堂为《白鹿原》等多部电视剧的拍摄场地，与老祠堂斜对的南祠堂是党氏后裔的分祠堂，坐南向北，由门房、献殿和上殿组成，南北长26.2米，东西宽10.3米，面积约270平方米。

（4）综合厂房

党氏老祠堂南侧，是1958年由清代党氏分祠堂改建的综合厂房。这座建筑坐西向东，面阔11间，长42米，由清代分祠堂原件搭建而成。前边是穿廊式厅房，柱头是悬空的龙头。后院建两层青砖楼房，院落进深37.5米，建筑布局古朴典雅。

3）传统要素

灵泉村内保留着古井、古树、古涝池等传统要素。

（1）古井

灵泉村现存东井、西井和后井三口古井。东井有砖石砌筑的井台和井房，井房门楣上方嵌一块石碑，上书"道通四海"。井房内壁神龛两边的对联是"井如德水千秋涌，神佑灵泉万代流"。旁边有"灵村重浚东井并合宇碑记"等4块小石碑，记载着乾隆到光绪年间历次修井之事。井口石条围砌，井架、辘轳支架俱在，形制基本完好。西井位于党氏老祠堂南侧，有井房覆盖。后井水势最旺，前几年井房被拆毁，暂将井口压盖。三口古井在自来水上塬后停止使用（图5-1-91）。

（2）古树

村中保存两株树龄有500年以上的老槐树。其中一株是陕西著名学者党晴梵先生祖先所植（图5-1-92）。

（3）古涝池

据《重修池塘记》碑记，涝池始修于康熙十八年（1679年），于道光十八年（1838年）重修，周围以砖石围砌，围以青石构件。村中雨水流入池塘后，绿树环绕，天光云影，成为村中一景（图5-1-93）。

（4）石狮

石狮子被视为吉祥之物，门前摆一对石狮子用以祈福避祸。石狮蹲坐门前，神情严肃，雕刻惟妙惟肖，为主人守宅护院（图5-1-94）。

图5-1-91 灵泉村东井井房

图5-1-92 灵泉村古树

图5-1-93 灵泉村涝池

图5-1-94 民居门前石狮

八、南长益村

1. 聚落概述

合阳县同家庄镇南长益村位于县城东北20公里处，地处渭北黄土台塬上，205县道从村落南部通过，交通便利（图5-1-95）。南长益村因作为电影《白鹿原》的外景拍摄地而出名。2014年11月，南长益村入选第三批中国传统村落。

2. 选址布局

南长益村位于黄土台塬上，地形复杂，三面环山环深沟，只有西面一条通道进出，村落因势布局，构成了天然防御系统。

村落平面布局为团状聚集，以南北为主巷，东西为次巷，南北巷道宽而长，东西巷道窄而短，青砖瓦房的民居四合院沿巷道依次排列，整齐有序（图5-1-96、图5-1-97）。

3. 传统建筑

1）民居

民居多为20世纪三四十年代的合院民居，土坯房和砖瓦房结合。大户人家的院落多为左右、前后排列式的多院落组合型，最多可达五进院落，厢房旁均有通往其他院落的小门（图5-1-98）。

2）公共建筑

南长益村现仍保留着古城墙、药王庙、马王庙等公共建筑。

（1）古城墙

南长益村三面环山有沟，沟壑深度达40～50米，只在村落的东面建有城墙，长度有300多米，高度8米，断面形状为梯形，底宽为6米，上宽为3米，内为土坯，外有包砖，城墙上有炮台。城墙有南门、北门两个门，南门里有观亭，北门里有井楼，现存部分古城墙及遗址（图5-1-99）。

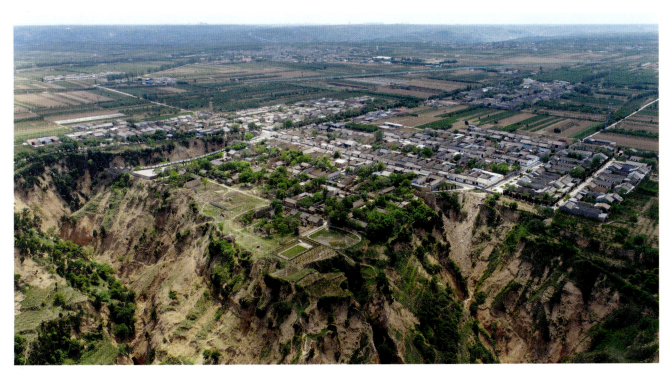

图5-1-95 南长益村

图5-1-96　南长益村平面布局

图5-1-97　南长益村街巷

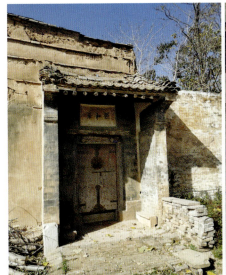

图5-1-98　南长益村传统民居

（2）药王庙

在村落的东南角有药王庙，其周边地势险峻，整个建筑群，三面凌空，矗立在深沟岩上，为三进院落，沿着外侧的崖壁筑有砖墙垛。药王庙规模虽小，但是庙内空间迂回，特别之处则为"一门九孔"，即一个大门里面有九个圆拱形的小门。药王庙建筑小巧，院内有砖雕牌坊，四层四方砖塔小而精巧，殿内的一副对联中的字巧妙组合，描绘了南长益村的"八仙八景"（图5-1-100）。

（3）马王庙

马王庙是祭祀马王爷的庙宇，位于南长益村最东面的涝池旁，为了突出庙宇的地位，马王庙坐落在一个高台之上，现状保存完好。

据记载，南长益古村中还曾有老爷庙、观音庙、白祠庙，但均已被毁。老爷庙布局在村庄最东面，坐东朝西，对面有一处戏台。观音庙在村落东巷的中段，白祠庙位于村庄涝池东部。

3）古涝池

南长益村东北角保存有一个古涝池，面积约1000平方米，水源是天然降雨和村落巷道排水（图5-1-101）。

图5-1-99 南长益村城门与城墙遗址

图5-1-100 南长益村药王庙

涝池航拍

涝池　　　　　　　城门遗址

图5-1-101　南长益村传统建筑

马王庙　　　　　　药王庙

九、孙塬村

1. 聚落概述

1）地理位置

孙塬村是孙塬镇镇政府驻地，位于铜川市耀州区北部，地处富平、王益区、耀州区三县（区）交界处，北靠董家河镇，东南邻富平县，西与寺沟镇相邻，距耀州城区6公里（图5-1-102、图5-1-103）。村落主体占地面积3.3公顷，拥有居民院落72座，其中传统院落48座，还有陈家祠堂、药王祠等公共建筑。2012年12月被列入首批中国传统村落名录。

2）历史沿革

孙塬村旧称东塬，因"药王"孙思邈生息于此而改称孙塬。孙塬村内现存陕西省重点文物保护单位孙思邈故里、孙思邈幼读遗址，还有药王坐虎诊龙的石雕、碑石等。村内现挂牌的有7株千年古树和1株名木，这些古树名木承载了孙塬村的历史。

2. 选址布局

1）聚落布局

孙塬村最初的空间布局特点十分明晰，"一纵三横"的街道骨架，方正的城墙围合，具有典型中国古代北方防御城市格局特点。孙塬村有南北两个城门楼，且城门与城门、城门与主要街道错落布置，体现了中国古代造城的风水思想（图5-1-104、图5-1-105）。

古城墙作为原始村堡的界限，起到防御、守护的作

图5-1-102 孙塬村卫星地图

图5-1-103 孙塬村地貌图

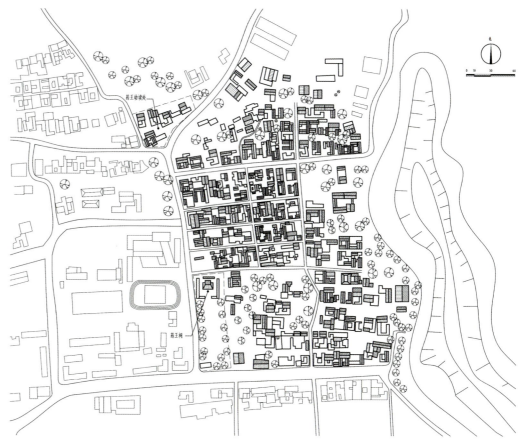

图5-1-104 孙塬村平面布局图

图5-1-105 孙塬村村貌

用。但现仅保留部分南城墙和部分东城墙，夯土实筑，宽3米左右。除了满足居住的基本功能外，孙塬村古堡还处处体现着很强的防御特征：院落入口设在高台之上，向院内倾斜的单坡屋顶，高及屋脊的外墙，面向街道的开窗略小、数量少且位置较高，以及遗存的城墙、城门等。

2）街巷空间

民居院落由一条纵街、五条横巷道进行组织，窄巷枝状分布于孙塬村，构成完整的交通体系。纵街由现存堡门处起始，由南向北贯穿整个古堡，长约150米。由于孙塬村古堡南低北高的地势，纵街呈现出由南向北梯状升高，沿街立面随地形起伏变化。沿街建筑主要为居住建筑，间或有窄巷向两旁递进。

孙塬村古堡的街巷起伏曲折，宽窄不一，历史上有南北两门，古树名木点缀其间。其入口处相对开敞，并设置戏楼；村内古树斜植于路上，为街巷增添层次感（图5-1-106）。

3. 传统建筑

1）民居

村内各院落材料统一、形式统一、颜色统一。院落多采用"三进三开门"的格局形式，一入大门为高约两层的堂屋，穿过堂屋，东西厢房各三小间围绕中间的庭院相对，正对堂屋的是两层阁楼。堂屋及阁楼屋顶采用

图5-1-106 孙塬村街巷

传统的双向坡屋顶，厢房屋顶为单向坡屋顶。

孙塬村古堡内传统民居多始建于明清时期，保存完好，木架结构，夯土实筑，"一"字形院落，厢房对称式布局，是典型的"半边盖"屋顶，建筑细部线条流畅，雕花优美。其中保护较好的李日红家已被列入耀州区文物保护单位，整体院落呈现"三进门"特点，厢房为半坡屋顶，空间狭长而封闭。

孙塬村古堡内传统建筑具有当时历史时期的特色，表现为整体夯土架构，墙面纹理感较强；色调偏土黄，屋顶为青瓦；立面呈现三段式，即屋顶—墙身—勒脚；风格简洁，窗户形式为木栅格，距地面较高；局部有雕花装饰，多集中在入口处，体现在门垛、门墩、门梁等地方（图5-1-107、图5-1-108）。

2）公共建筑

（1）药王祠

药王祠位于古村堡的西南方向，是拜谒和纪念药王、举行祭祀活动之地。建于宋代，历代重修达四次之多，占地面积0.9公顷，至今保留着祠内轴线式布局。石台级和卧柏的道路形式由药王祠广场延伸到药王大殿，台阶共用141块石头铺成。主殿药王殿飞檐凌空，大殿内外雕梁画栋。圣母殿位于其后，为供奉药王父母亲的祠庙。药王祠香火旺盛，每年"二月二"古庙会，前来朝拜的人聚集在药王祠广场，最多可容纳2万多人（图5-1-109）。

（2）孙塬戏楼

孙塬戏楼遗址位于古堡南城墙外，始建于清代，现

图5-1-107 民居群院落鸟瞰图

（a）民居门楼

（b）传统民居

图5-1-108　孙塬村民居

被评为铜川市耀州区第二批重点文物保护单位。戏楼坐南朝北，建筑结构、建筑材质与古村堡民居建筑统一，木架结构，夯土实筑（图5-1-110）。

（3）药王幼读遗址

药王幼读遗址位于古村堡西北侧，占地面积0.3公顷。据历史记载建于唐代，遗址内仍保留着窑洞三孔、千年古树及孙真人故宅碑。当时的私塾小学堂就在古槐北边鱼儿岭下的土窑洞里，天长日久，窑洞变成红色，人称之为"红土窑"。孙真人故宅碑为清代康熙十年立，该碑原址位于原耀瓷古道经古堡的北口，是孙思邈故里的标志碑（图5-1-111）。

3）药王先茔

药王先茔位于药王祠的西南侧，原为"孙氏祖茔"，因有药王孙思邈的陵墓，后称之为"药王墓"，占地面积0.5公顷。药王墓内有影壁、石狮子、先茔碑及碑楼、药王墓、药王父母亲合葬墓、杏林、民安宫寻根谒祖碑八个重要历史元素（图5-1-112）。其中，先茔碑清代同治十一年（1872年）立，圆首方座，碑体完整，为省级文保单位。通身用砖打磨雕刻而成，碑文以极简练的文字记载了药王生平事迹、药王仙逝的时间、先茔的面积等，这些都是研究药王的历史依据（图5-1-113）。

4．雕刻艺术

建筑细部装饰充分利用了地方材料、传统工艺和技术，因地制宜、就地取材，通过石雕、砖雕、木雕等形式表现其艺术的形式美。

石雕多运用于墙基、柱础、门枕石、抱鼓石、上马石等构件部位以及门口的石狮，材料多采用青石。纹饰的雕刻艺术精湛，有阳线刻、阴线刻、浅浮雕、高浮雕等，同时式样、取材、格调、规模也根据每个家族的殷实程度有所不同，这些装饰构件往往是宅院主人社会地位与物质财富的象征（图5-1-114）。

砖雕是以砖为材料进行装饰，在砖面上雕刻图案及文字。与石刻相比，砖更易于雕琢、取材方便、相对经济，表现出刚柔并济的独特风格。一般用于入户的牌匾、楹联、墙壁等部位，有"耕读传家"、"孝友流芳"等字样。

木材易于加工，在斗栱、门扇、窗扇等建筑的装饰性构件中可以看到精美的木雕。

(a) 药王祠鸟瞰图　　(b) 药王祠入口处

(c) 药王祠大殿鸟瞰图　　(d) 药王祠大殿正立面

(e) 药王祠大殿西北角　　(f) 药王祠大殿东南角

图5-1-109　药王祠

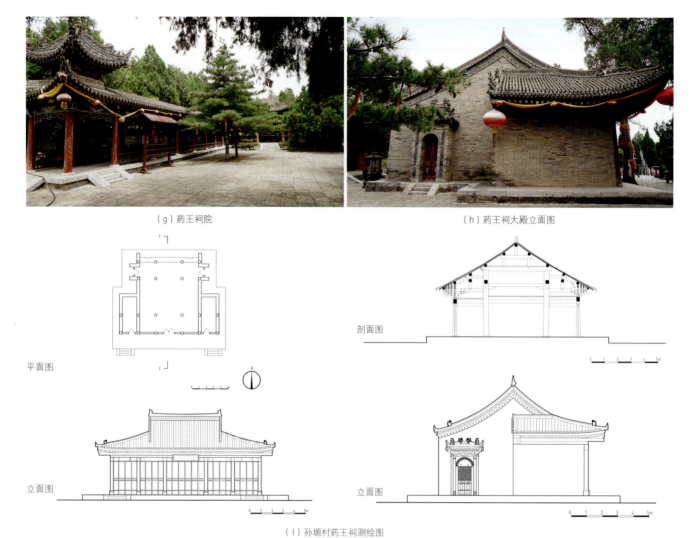

(g)药王祠院

(h)药王祠大殿立面图

平面图

剖面图

立面图

立面图

(i)孙塬村药王祠测绘图

图5-1-109 药王祠(续)

图5-1-110 孙塬戏楼

(a) 入口门楼

(b) 遗址院落

(c) 读书教室

(d) 先生卧室

图5-1-111 孙塬村药王幼读遗址

图5-1-112 孙塬村药王先茔鸟瞰图

图5-1-113 孙塬村药王先茔

图5-1-114 石雕

十、唐家村

1. 村落概述

1）地理位置

唐家村隶属旬邑县，属渭北高原最南部，咸阳市境北端，地处关中平原的北界，陕北高原的南限。唐家村位于旬邑县城东北部7公里处（图5-1-115）。2015年3月唐家村被列入第一批陕西省传统村落名录。

2）历史沿革

据《唐氏世系谱》记载以及发掘墓志石碑等有关资料，"三水唐家"的祖先原系山西晋昌人（现山西省定襄县西北），何时迁至旬邑无资料可查。明末时，三水东乡绿野村有唐姓五六十户，"三水唐家"的祖宗唐应弼率领子孙几辈经过艰苦创业，辛勤劳作，重整了家业。从此人丁不断繁衍，财富不断增加，家境越来越富裕，才有了新的唐氏宗族，沿用原来村名——绿野村。后因全村人均姓唐，人们习惯将绿野村称为唐家村。

村落从清道光五年（1825年）开始在这里兴建，历时43年，每天参加修建大院的铁匠、木匠、画匠等各种工匠多达340多人，到咸丰元年（1851年）各种工匠增加到3200多名，共建成宫殿式庭院87院，约2700余间。

2. 选址布局

1）聚落选址

唐家村坐落在渭北旱塬之上，典型的黄土台塬地貌。全村地势相对平坦，背靠丘陵坡地，因地就势，自然坡度约3%，依村南深沟建村（图5-1-116）。

2）聚落布局

唐家村整体布局因地制宜，体现了传统聚落对自然界的依赖和贴近。唐家村道路多呈棋盘状并设有连通住户的小巷，住房都沿街或巷道两旁布置，户户毗连构成群体。倒座临街、两山墙临街是两种在巷道外观上最常用的处理手法。

为了保证充分的光照，前后两栋建筑间需要有足够的间距，唐家村多采用横巷组织方式。唐家村共有巷道14条，其中的"大巷"均修成东西走向"工"字形的通

(a) 谷歌卫星图　　　　　　　　(b) 总平面图

图5-1-115　唐家村总平面布局

图5-1-116 唐家村村落航拍图

道，位于大巷两边的主要是明清时期建造的宅院。

唐家村院落分布于街巷的两侧，整个聚落呈缓急不等的阶梯状分布，造成自上而下宅院建筑类型的不同，居上者依山势多建靠崖式窑洞院落，居下者多建独立式院落（图5-1-117）。

3. 传统建筑
1) 唐家大院
（1）院落空间
唐家村民居建筑的典型代表是唐家大院（图5-1-118），以唐家大院为例，分析渭北台塬地区的民居院落空间组织（图5-1-119）。

庭院的宽度一般由厅房中间的开间所决定，多为3米左右。因用地狭长，又沿周边布置房间，故房屋之间的室外空间自然形成狭长的庭院。庭院的纵深长度，取决于两边厦房间数。庭院的长宽比大约为4∶1（图5-1-120）。这种窄院不仅节约用地，也解决了遮阳、避暑、通风和室外排水等问题。

在唐家大院四周设檐廊的传统做法，当地人称之为"歇阳"。檐廊有交通联系、遮阳、遮雨等功能，也

图5-1-117 唐家村村落鸟瞰

（a）航拍

（b）入口

图5-1-118 唐家大院

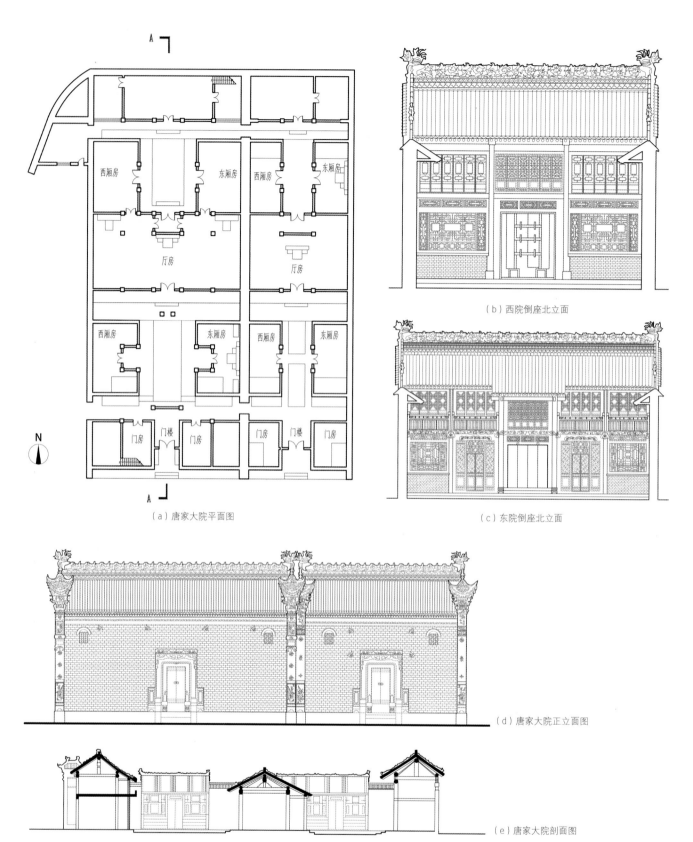

图5-1-119 唐家大院测绘图

(a)东前院　　　　　　　　　(b)东后院　　　　　　　　　(c)西前院

(d)西后院

图5-1-120　唐家大院内院

是人们文化活动和休息的场所。檐廊处于室内和庭院之间，具有室内外空间过渡和延伸的效果，同时也扩大了窄院的空间感受，增加了庭院空间的层次变化。

唐家大院由东西两院组成，两院通过走廊连接，走廊宽度约为1.2米，倒座走廊和厢房以石板连接，石板下为排水道，排水道与走廊高差为0.3米（图5-1-121）。

（2）建筑装饰

砖雕、木雕是唐家村建筑装饰的特色，分为浮雕和高浮雕。唐家大院砖雕在房屋外观的屋脊、兽吻、墀头顶端，以高浮雕的手法使得建筑天际轮廓线华丽壮观。院内山墙上则以砖雕图案装饰，尽显院落空间的儒雅品质（图5-1-122）。木雕集中在院内屋檐下的门窗隔扇、柱间挂落，以及窗帘罩等，以透雕的手法表现出玲珑剔透的精美情趣。在隔扇门木板上，以浮雕手法做装饰，题材有民间流行的"八仙图"、"二十四孝图"等。唐家大院门窗装饰很有讲究，隔扇门窗有"葵纹万字长景长窗"、"长景短窗"、"长方格窗"等。窗和门的颜色均为正红色漆饰面，建筑构架则为黑漆饰面。带有二层楼阁的厅房同样采用隔扇长窗形式，窗纹纹样除了有"葵纹万字纹窗"之外，还有"斜纹全线长窗"等，除了建筑构架，统一采用正红色漆饰面（图5-1-123）。

柱础呈现上、中、下三段式，中部内凹，一般在上层雕刻花朵、动物等，装饰简洁（图5-1-124）。

唐家大院内院的正中心都有一些精致的小品，有水池、花圃和小雕塑，中院中是一组小石狮子和一个石质雕塑。石质雕塑放置中间，底部有莲花状的基座，用两个石块垫高，一组石狮子在两侧。其余两院的内院，为

（a）正房走廊　　（b）倒座走廊

图5-1-121　唐家大院走廊

（a）砖雕　　（b）砖雕神龛

图5-1-122　唐家村砖雕

图5-1-123　唐家村木雕

图5-1-124　唐家大院柱础石

一个圆形石质花圃和方形石质花圃，且底部用石块垫高（图5-1-125）。

厅房正立面的楹柱间全部用通透的隔扇门划分空间的分隔形式。厅房前有歇廊空间，围合歇廊空间的山墙上有主题性砖雕，或者装饰性的元素。

厢房三开间，青砖立面，木制窗格，山墙拼花，柱上砖雕（图5-1-126）。

大门平面形制为门房正中开门，装饰形制以垂花走马门楼为准，木雕仿垂花门楼的七层木雕形式。木雕挂落、爆头、门框固扇、门枕石、柱础石、照壁、门板、门楣，都以关中地区最高标准为参照（图5-1-127～图5-1-129）。

（3）建筑排水

唐家大院为内部组织排水，屋面水汇聚于宅院之中，宅院地面中间高、两侧低，流向倒座和正房下部的排水沟，两院之间地面中间低、两侧高，对排水进行分流，使得宅院积水迅速排走（图5-1-130）。

2）唐廷铨墓园

唐家墓园于1970年发掘，墓主人旬邑唐家第四代传人唐廷铨，诰奉政大夫，晋授中议大夫，钦加盐运使司盐运使衔，赏戴花翎。唐廷铨是唐家官位最高的，相当于三品。他的墓地极尽奢华，其子唐鸿序为他修建了

图5-1-125　唐家大院内院装饰

图5-1-126　唐家大院厢房门窗

（a）西院入口大门　　（b）东院入口大门

图5-1-127　唐家大院入口大门

图5-1-128 唐家大院墙上铁钉

图5-1-129 唐家大院抱鼓石

图5-1-130 唐家大院排水沟、排水口

与身份和财力相当的墓穴，牌坊历时五年精雕细刻修成（图5-1-131、图5-1-132）。

（1）石像生

走进陵园的大门，神道坐北朝南，庄严肃穆。神道正中有一座牌坊，两侧分别竖立着一对石狮、石马、石羊、石人和石幡杆，排列整齐，保存较好。石狮蹲坐在地上，脖子系铃铛，足下踩绣球；石马东西对立，头部微微昂起，带辔头，备鞍镫；石羊东西对卧，双目正视，双耳后耸，犄角卷曲，尾巴呈自然下垂状。石人高约1.5米，恭敬地站立着，身穿广袖长袍，双手持物，举至胸前。东侧的石人头部残损，西侧的石人保存完好，头戴清朝的官帽（图5-1-133、图5-1-134）。

（2）石牌楼

墓前有三门四柱五楼式石牌楼一座，其由数百块雕石建成，每层均以飞檐重栱连接。石牌坊历时五年斥巨资修建，高约10米，宽约7米。整个牌坊由石柱、石梁和数百块石雕组合而成，上下共有五层。三道门的上方，均有石刻横额，正中两侧的门柱上还有一对楹联。牌坊顶部中央，悬挂"圣旨"二字，枋心的南北两面分别镌刻"皇恩湛泯"和"世德绵长"四个大字。牌坊上的石雕图案，以山川风光、楼台亭阁、人物故事、动物和花草等题材为主；牌坊的柱基上还装饰有十八罗汉像，形象生动，表情丰富（图5-1-135）。

（3）石碑

穿过石牌坊，迎面有一块石碑，竖立于清朝咸丰三年（1853年）四月二十七日，正中写有"诰奉政大夫、晋授中议大夫、钦加盐运使司盐运使衔、赏戴花翎、候铨抚民同知静轩唐公之墓"等文字（图5-1-136）。

（4）墓室

石碑后方的木结构古典式保护性建筑内，便是唐廷

图5-1-131　唐家墓园空间序列

图5-1-132　唐家墓园大门

图5-1-133　唐家墓园石像生

 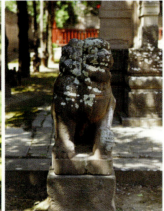  

图5-1-134 唐家墓园石像生

图5-1-135 唐家墓园牌楼

铨墓的墓室，整座墓为地下庭院楼阁式建筑，地面下深约6米。墓室顶部是仿木结构的砖雕，可以看到屋脊、房檐、斗栱、椽瓦等，飞檐翼角，富丽堂皇。墓穴正面为灵柩安放厅，高约7米，其灵柩厅砖拱券顶，木板贴面、砚石为门。下为东西耳房，双层楼阁。耳房下为东西厢房，墓室的墙壁上，嵌有石屏4幅，上下左右分多层，雕刻二十四孝等图案，镶嵌着大量纹饰的砖雕和石雕；北侧墓门上方的人物故事画和南侧的四幅石雕屏风最为精彩（图5-1-137）。

图5-1-136 唐家墓园墓碑

图5-1-137 唐家墓园墓室石雕

图5-1-138 传统民居

3）民居

传统民居位于老村，靠近唐廷铨墓园，风格朴素，为传统的关中半边盖式民居。人们根据当地天气干旱、风沙大的气候特点，加之当地木材稀少，建造了半边盖的房子。半边盖的民居具有节约土地、节约建材的优点，因为相邻的两户可共用一面山墙。村内民居面宽小，进深较大，内院近似正方形，南北向较长，中央有一个小花园。正房五开间，每开间3米左右，整体长约15米，内部正厅占三开间，其余两侧各一开间为卧室。左右厢房均为两开间，每开间4米左右，均为砖木结构（图5-1-138、图5-1-139）。

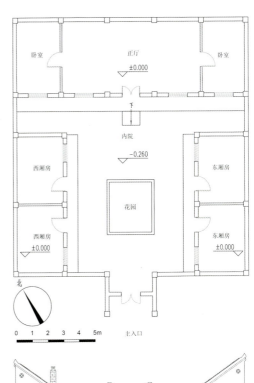

（a）传统民居平面图

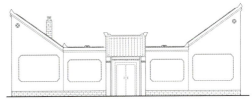

（b）传统民居立面图

图5-1-139 传统民居测绘图

第二节　黄土台塬坡地团状集聚

一、尧头村

1. 聚落概述

1）地理位置

尧头村位于陕西省澄城县西南方向，距县城10公里（图5-2-1、图5-2-2），澄白公路（县道303）从村域北部东西向穿过，澄合矿务局煤炭铁路专运线在村落南部东西向穿过，西临洛河与白水县相连，北接浴子河村，东连峆河庄村，村域面积约7平方公里，地处关中渭北黄土台塬腹地（图5-2-3）。2013年8月被列入第二批中国传统村落名录。

2）历史沿革

尧头村的历史可以追溯到汉代，根据明朝县志记载，尧头"瓷砂始于唐"，明清时期手工造瓷业兴盛，又因依洛河，通白水县和蒲城县，成为当时的水运、陆运发达的陶瓷业商贸型村镇。根据当地大姓的家谱得知，村落始建于元顺帝至正十一年（1351年），主要由白姓、李姓人家从山西洪洞迁来，在此定居形成，距今已有600多年的历史。据《澄城地名志》记载，尧头镇原名窑头镇，因瓷窑较多、生产陶瓷制品而得名，又因与圣人"尧"发音相同，故久而久之，瓷窑的"窑"逐步为"尧"字所取代，尧头镇的名称便被延续下来，传承至今。

2. 选址布局

1）"五星环抱、二水夹流"的聚落选址

尧头八景中有"五星环抱、二水夹流"诗句，五星指白家城、南城、旧城、堡子城、宋家城等五个寨子，各城的居民依塬而居，形成五星围合的环抱之势。洛河支流西河与后河交汇于此，形成"倚塬而居、二水夹流"的带状村落格局（图5-2-4）。

2）"村寨合一、新旧分离"的聚落布局

尧头村现由旧城、古窑炉遗址区和新村三部分构成。旧城主要为尧头老街，古窑炉遗址区被文物部门划定为文物保护核心区，新村部分主要是尧头村内分布的各村民小组。村落选址为"村寨合一"形式，组合巧妙，安全设施合理，公用建筑齐全。旧城与古窑炉遗址区主要形成于宋、元、明、清四个朝代，民国末期以后，随着制窑产业逐渐衰落以及行政职能外迁，为保护传统村落陆续搬迁而建造现在的新村，因此尧头村逐渐形成了"新旧分离"布局模式。

旧城与古窑炉遗址核心区共占地36.61公顷，错落有致地分布着42座四合院、4处祠堂、3处庙宇（其中窑神庙已毁）、15棵古树。从尧头村的总体布局来看，村落的主体旧城建在黄土塬上，南北两边为层层退台的地形。古时候在巷口与遗址区均设有城门，为加强防御，在村内设寨城，现仅存有部分寨墙遗址。

3）"伞"字形街巷格局

尧头村倚塬而建，村落的中心是东西向的老街，四周环绕着白、李、宋、周、雷共五族按照宗亲家族划分出的制窑作坊、瓷窑遗址及居住建筑等不同区域（图5-2-5）。

窑坊建筑群的巷道空间是由罐罐围墙、窑炉砖墙，以及院落的门房、厅房和祠堂的背墙所组成。巷道没有严格的等级划分，路网空间形态呈"伞"字形。以宋家祠堂为起点，经周家洞、龙沟、南沟，最后回到宋家祠堂，形成大环路，中间分布有三条支路，在中部的一条道路沿着山体东西向延伸（图5-2-6）。

4）交错融合的建筑布局

村落的建筑布局依山势而行，呈自西向东的线性分布。按照功能划分为生产建筑、生活建筑、礼制建

(a) 谷歌卫星图

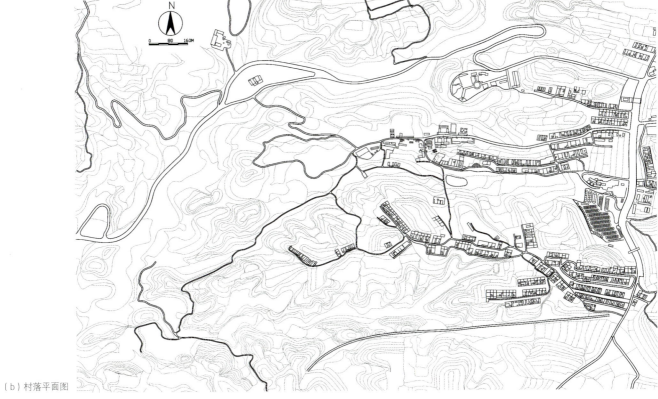

(b) 村落平面图

图5-2-1 尧头村平面图

图5-2-2 尧头村鸟瞰

图5-2-2 尧头村鸟瞰（续）

246

图5-2-3 村落周边交通及用地（来源：根据谷歌地图 改绘）

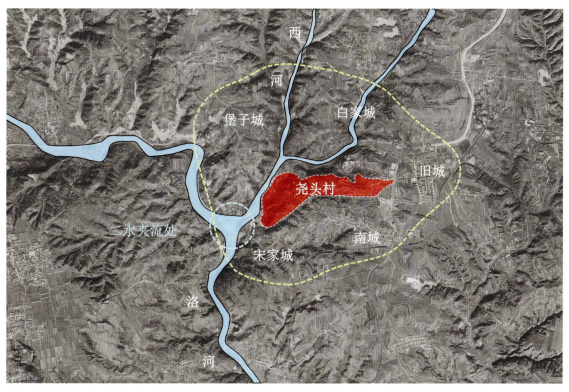

图5-2-4 村落选址格局示意图（来源：根据谷歌地图 改绘）

图5-2-5 尧头村道路现状

图5-2-6 尧头村遗址区路网

筑、商业建筑、防御建筑等五类建筑，数量最多的生产建筑和生活建筑构成了窑头村的主要建筑肌理。

生产建筑和生活建筑呈现出交错融合的建筑布局。在尧头村窑遗址区，民居及废弃瓷窑居多，少量生产生活交融为一体的居民仍居此处，很多民居建筑与瓷窑相邻或者两者相距不远，体现了生活与生产的紧密联系。

生活建筑呈现组团式布局。尧头村老街及其以东的后寨子等区域均为民居组团，瓷窑较少出现，属于生活空间组合，村民之间日常生活交往较为便捷。

尧头村老街独立于以上两种布局形式之外，老街区域经过乡村旅游规划，保留传承了以前的商业街功能，虽然无法达到明清兴盛时期的"十里通衢接洛滩"的街道市面繁华景象，但建筑格局被完好地保存下来。

3. 公共空间

1）广场

遗址区经过规划现对外开放，形成村中不同层级的广场空间。游客中心为村中最大的广场空间，满足大量游客集散的需求；主要街道交叉口也形成小广场，作为步行游客休憩的场所；道路中间也有局部空间与辅助用房，如公共卫生间等配合做游客暂歇点；白、李两家祠堂前也留有充足的活动空间（图5-2-7、图5-2-8）。

2）商业街

尧头镇的商业街从明代到清代甚至到民国时期，都是商业流通的中心，也是尧头地区政治文化的中心。从明代县志记载看，由澄城到白水和蒲城北的大路，必经尧头村，之前这里是人们去往白水、蒲城的必经之道。

尧头村老街是古镇区连接尧头镇新区和周边县乡的唯一主路，道路为"一"字形东西向布置，从白家祠堂开始经李家祠堂至宋家祠堂，长度约500米，宽度5～6米，路面为土路，在老街道路两侧以铺设明沟方式组织排水。尧头老街位于其中心的地段，老街的四周被宗祠划分的作坊所围合。

老街上曾设有各类商铺，最早由白氏、李氏经营，明清最为繁华，民国时期逐渐衰落（图5-2-9、图5-2-10）。

3）民居巷道

民居巷道北侧是沿着等高线分布的一排传统民居。巷道是村民与外界沟通的媒介，两侧遍布绿植，宽3米左右，可满足村民日常出行需求（图5-2-11）。

4）景观小品

尧头村利用烧窑的模具、残次品创造了丰富的特色景观。如利用烧窑炉具围合成花坛，利用烧制水缸的残次品进行堆砌或利用其进行山路边界围合，起到了安全防护和丰富村落环境的作用（图5-2-12）。

4. 历史环境要素

1）寨墙遗址、寨门

尧头八景中"五星环抱"描述的"五星"，即白家城、南城、旧城、堡子城、宋家城等五个寨子，在20世纪六七十年代遭到破坏，现仅存部分寨墙遗址。寨墙遗址充分表现了中华民族在文明演进过程中营建聚落所重视的内向性，先建造城墙、城门，以及庙宇、祠堂等，利用险峻地势来保护自己，是理想的防御模式。

寨门是尧头村古有的进出通道。尧头村有多处进出的洞口，其中，在洞东门上嵌砖雕"周家洞"三字，洞西门上方嵌砖雕"大道通"三个字。

周家洞原名古家洞，始建于明代，清朝以前当地居民前往白水等地时，必须通过周家洞，也是尧头村陶瓷销往外地的核心通道。财神洞作为老街通往南沟的通道之一，因洞上修建财神庙而得名，是嘉庆年间建造的城门洞。周家洞寨、龙湾窑、南门寨也充分体现当时营建村落对寨门这类防御建筑的重视（图5-2-13～图5-2-15）。

图5-2-7 村前游客服务中心

（a）祠堂前广场

（b）商业街广场

图5-2-8　尧头村中广场

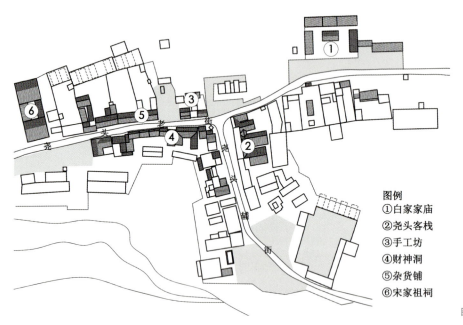

图例
① 白家家庙
② 尧头客栈
③ 手工坊
④ 财神洞
⑤ 杂货铺
⑥ 宋家祖祠

图5-2-9　尧头村老街东段平面图

图5-2-10　尧头村老街

252

图5-2-11 尧头村街巷

图5-2-12 尧头村景观小品

图5-2-13 周家洞寨门

图5-2-14 龙湾窑寨门

图5-2-15 南门寨门

2）古窑炉

尧头村有着近千年的烧造历史，遗址保存着元、明、清、民国的古窑炉30余座。2006年6月8日尧头村窑遗址被澄城县人民政府公布为县级重点文物保护单位，2008年9月16日陕西省政府将尧头村窑遗址公布为省级文保单位，2013年5月3日被国务院认定为全国第七批文物保护单位。

尧头村窑遗址是目前国内保存最完整的原生态古窑址之一。文物局划定的文物保护单位的范围为东至白家城，西至西边坡，南至南沟边，北至澄白路，保护区域总面积约4平方公里。尧头村窑历史悠久，是我国北方著名的民窑窑址，主要烧制具有地方特色的民用陶瓷。

遗址内现存的窑炉均为馒头窑，以煤为主要烧制燃料，落灰处有火眼，窑顶均为"龙口"（窑炉顶部的圆形出气口），从地下通道进去通火，并有两个吸烟孔和一个烟囱，窑炉一般长、宽、高各5~6米，大窑为7~8米。

古窑体系在明代就已经形成了，按宗亲分地域、分行、分器物种类烧制陶瓷，当地民居建筑也按这种宗亲家族划分区域，基本分为碗窑、黑窑、瓮窑、砂窑四个传统窑系。碗窑集中在南边后沟一带，黑窑集中在周家洞中心地带，瓮窑集中在周家洞西边一带，砂窑主要在白家城一带（图5-2-16）。

现在村中有正在生产经营的现代窑作坊，它既是生产空间，又是传统技艺展示空间（图5-2-17）。

3）古树

现全村遗存古树共15棵，其中以榕树和椿树为主，树龄均为百年以上。尧头村窑遗址区内一棵皂角树已有千年之久，据村民讲述，皂角树果实经处理可用于清洗衣物，因此这里曾是村中集聚的场所之一（图5-2-18）。

4）古桥

后河与浴子河在此交汇，并向西汇入洛河，古桥成

图5-2-16　尧头村现存窑炉

图5-2-17　现代窑作坊

图5-2-18　千年皂角树

为山前道路通向尧头村旧城的主要通道。由于地下煤矿的过度开挖，近年来河水流量骤减，现在仅存干涸的河床、孤立的古桥以及破败弃用的龙王庙，虽然河川已经干涸，但依据现今河床尺寸，可推测出当时村落河运交通的重要性（图5-2-19、图5-2-20）。

5）涝池

尧头村依塬而建，夏日雨季雨量大时，雨水顺各自家内排水道排至街巷，而后由街巷聚至排水渠，最终流入塬间涝池。涝池可排解雨水倾泻的压力，同时起到蒸发降温解暑的作用，还可兼顾用于灭火等用途，充分体现了涝池在营建村落时的智慧（图5-2-21）。

图5-2-19 古河道

图5-2-20 古桥

图5-2-21 涝池

5. 传统建筑

1) 传统民居

尧头村古民居建筑群始建于元至顺二年（1331年），四合院民居是渭北民居的典型代表。村内现存完整的四合院42座，主要分布在尧头村老街的南北两侧，多为清代修建。

尧头村的合院民居多为陕北窑洞式建筑与关中四合院的组合形式，院落长20~25米，宽18~20米，院墙高一般在5~6米。正房居中，坐北朝南，厢房分置两侧，门房与厅房相对，四房相合，平面方整，形成内向庭院。各房均为靠山的锢窑，上覆黄土屋面。民居墙体均以红砖和残次的陶瓷钵砌成，就地取材（图5-2-22~图5-2-24）。

民居结构多为砖木三架梁，墙体多为黄土泥与糠糊胶结而成。以平屋顶为主，少量硬山顶。厅房所用木料优于厢房，脊梁的支撑立木以原木代替，脊梁上均刻有建造的时间。

2) 公共建筑

（1）宗祠——礼制建筑

村中原有白、李、宋、周、雷五家宗氏祠堂，除雷家祠堂，均保存较完整。雷家祠堂为窑洞式祠堂，其余四个宗祠多为"两殿夹一院"形式，正殿都是三开间的形制。白家祠堂创建于清雍正元年（1723年）七月，咸丰元年（1851年）十月重修过（图5-2-25）；李家祠堂明初修建，民国32年（1943年）李户人家协力重修（图5-2-26）；周家祠堂建于清道光二年（1822年）（图5-2-27）；宋家祠堂（图5-2-28）、雷家祠堂始建年代不详。

（2）庙宇——祭祀建筑

尧头村有东岳庙、西岳庙、小华山庙、老爷庙、龙王庙、观音庙、财神庙（图5-2-29）、娘娘庙、华佗庙、窑神庙等大小庙宇共50余座，其中位于老街西口的窑神庙最为壮观，窑神庙的戏楼是全村的文化活动集会中心，是村中最古老的建筑之一，但在20世纪六七十年代被拆毁。现今保存较好的庙宇只有东岳

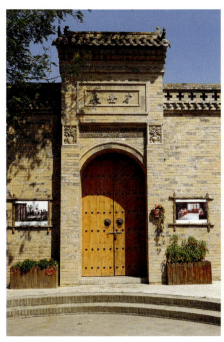 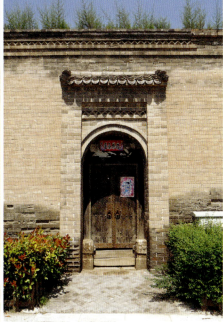 

图5-2-22 尧头村民居大门

图5-2-23 尧头村民居建筑

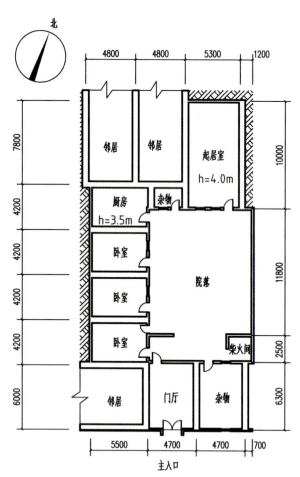

图5-2-24 尧头村民居平面图

图5-2-25 白家家庙

图5-2-26 李氏宗祠

258

庙，主体庙宇建筑以及院落保存完整，被评定为县级文物保护单位。

二、陈炉古镇

1. 聚落概述

陈炉古镇位于陕西省铜川市东南15公里处，属铜川市印台区。陈炉镇制瓷已有1400多年的历史，是宋元以后著名的古耀州窑延续生产的唯一窑场，清乾隆年间曾创造了年产八百万件瓷器的业绩。陈炉枕骨瓷窑早在唐代就有"炉火膛里翻火焰"的记载，北宋时制瓷业达到鼎盛，以烧造青、白、黑和酱釉瓷而出名，自元代至今，一直是西北地区最重要的瓷业生产基地。

陈炉聚落地形为土石低山梁塬丘陵地貌，陈炉古镇的用地结构清晰，民居建筑风格富有地域特色且整体保护得较为完整（图5-2-30）。2008年，陈炉古镇获得第四批中国历史文化名镇的称号。

2. 空间结构

1）聚落空间

（1）四堡

陈炉古镇有四个制高点——四堡，指的是镇域边界的四座堡子，它们基本形成了陈炉古镇的空间骨架结构：永受堡（永兴堡），建于镇西南丘壑之上；南堡与石马山遥相呼应；北堡建在镇山之巅；西堡建在三面沟壑之丘，它们主要功能在于御敌，以保全镇平安。登堡远眺，其他三堡，山林田野，尽收眼底，这四座堡子构建起陈炉镇"凹"字形的空间结构骨架（图5-2-31）。

（2）二街十一社

古镇原有东西二街，东曰上街，西曰坡子。现存的上街街道空间形态保存良好，长约110米，沿街建筑墙基依势而建，建筑轮廓清晰。镇区内一共有11个

图5-2-27　周家祠堂

图5-2-28　宋家祠堂

图5-2-29　财神洞

图5-2-30 陈炉古镇卫星图

社,主要是以村或族姓来组社,11个社又可以分为"东三社"和"西八社"。"东三社"为上街北头、腰街、上街南头三个社区;"西八社"则是指桥南、桥北(湾里)、坡子、水泉头、窑院、宋家崖、咀头、永受(永兴)八个社区。"社"的边界均以自然沟坎、地面高差起伏划定,至今,11"社"分区明确。

东三社供有一个东窑神庙,西八社供有一个西窑神庙,后期庙被拆除,遗址尚存。陈炉古镇只有一个"宗社",其他均为"门社"。社内大姓家族都在族群地域中设有祠堂,目前有任家祠堂、王家祠堂、孟家祠堂、郭家祠堂、袁家祠堂。

(3) 新街

在上街社区有一条长309米的新街,是陈炉镇的商业、办公及行政中心。各功能单元以带状分布在街道的两侧,街道中部主要有税务所、供销社、供电所、粮站等公共建筑及中型商业建筑,而多户个体商铺则分布在街道的两端。街道西侧的建筑受地形限制,多数为一层建筑,建造于窑背之上;东侧的建筑则不受地形限制,除一层平房外还有二、三层建筑。街道的东南侧出入口可通往铜川市及窑坊,西北侧出入口则可直接进入下属社区和村庄。

上街社区西侧沿山势向下,是陈炉镇的陶瓷产业

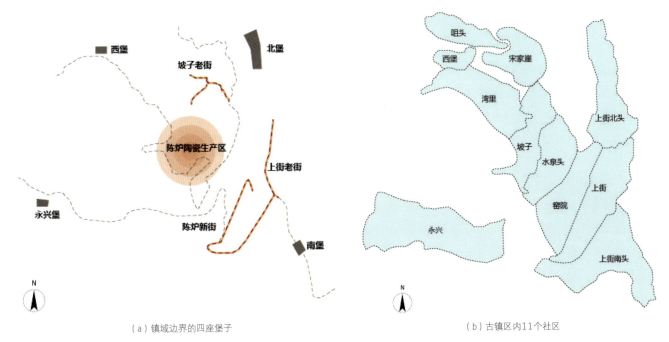

(a) 镇域边界的四座堡子　　　　　　　　(b) 古镇区内11个社区

图5-2-31　陈炉古镇空间结构骨架分析图

区，这里分布着中华人民共和国成立后形成的集体所有制现代陶瓷工业，如陈炉陶瓷厂、工艺品复制厂等。

陈炉镇下属的社区和村落沿山势环抱分布，其中零散地分布着大大小小的庙宇和窑炉遗址，包括窑神庙遗址、明代琉璃厂遗址等（图5-2-32）。

陈炉古镇功能分区明确，分为居住区、行政区、商业街区、民俗寺庙区、中小学教育区、工厂区六大功能分区。居住区主要集中于坡子、湾里、上街、永兴社区，是陈炉古镇民居聚居处。行政区、商业街都位于上街街区，这也是陈炉古镇提供配套服务的核心区。民俗寺庙区位于北堡，中小学教育区分布于文化广场及北堡处，工厂区则位于文化广场与永兴附近，为古镇陶瓷、窑厂集中地（图5-2-33）。

2）街巷空间

陈炉古镇由于曾经有陶瓷业的生产活动存在，后因窑炉废弃，整个地块转化为窑工的居住区，现今已经没有大量生产陶瓷的活动。聚落的路网结构大多呈现自发和网状的特点，沿等高线形成横向的道路，而根据地形和人的行为习惯形成了竖向和斜向的道路，这两种道路综合而成网状的道路系统，解决了聚落内部的交通问题。

（1）尺度

聚落内的道路宽度一般在0.9~1.5米，适合人的步行和交流。道路大多路段并非由两侧建筑围合，而是根据地形和建筑的关系进行了灵活的变化和处理，时而封闭，时而开敞，道路形态丰富、空间变化自然，毫无压抑感（图5-2-34）。

（2）水平向道路空间特征

聚落内水平方向道路剖面多呈现单面围合的特征，主要表现为单侧由建筑、土台或者围墙所限定，另一侧为开敞空间。单侧限定的水平道路空间并没有带来封闭感，反而由于另一侧空间完全开敞，使人们体验到了道路内侧的依靠感和安全感。这样的道路尺度较为狭窄且坡度多变，以步行为主，形成较好的景观长廊空间效果（图5-2-35）。

(a)坡地聚落空间结构

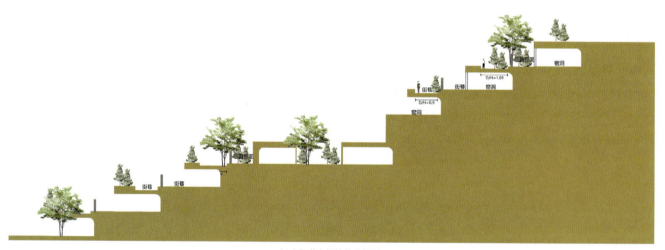

(b)聚落空间结构分析图

图5-2-32 陈炉古镇空间结构分析图

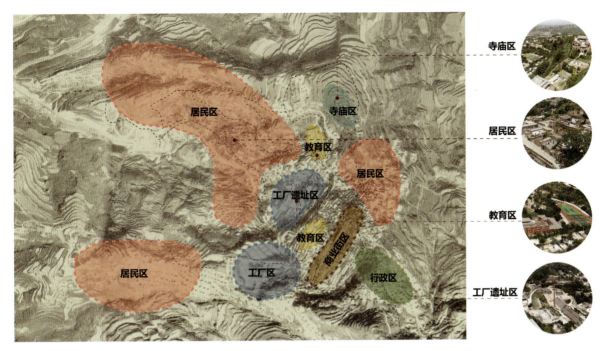

图5-2-33　陈炉古镇聚落空间格局分析

图5-2-34　陈炉古镇聚落内道路

图5-2-35　水平向道路空间

（3）竖直向道路空间特征

聚落内竖向交通的坡道常常处于相邻民居山墙或院墙之间，其剖面呈现双面围合的特点，坡道宽度可容纳2~3人通行；同时此类道路也兼具了排水的功能（图5-2-36）。

（4）道路景观分析

在民居入户道路的处理中体现出居民自身的爱好和生活意趣，在对各种陶瓷废弃物的构图与组合中表达主人自己的审美倾向。当地有这样的说法——"罐罐垒墙，瓷片铺路"是对当地道路建材的直观印象。几百年来当地人们将不合格或烧废的陶瓷残次产品敲打成大小不等的碎片，在道路建设中灵活地使用，以平铺、侧铺、交叉等手法组合运用，从而变废为宝，成为当地主要的道路建材，既节约了资源，又美化了环境。同时，"瓷片"这种生产废弃物、石材、耐火砖、黏土都是常见的材料。这种道路景观不仅质感丰富，还凸显了材料的经济合理性（图5-2-37）。

3）建筑空间

古镇民居——"窑院"，因坡就势沿山凹丘陵边坡层压叠落，其间依自然山势夹杂着许多制陶烧瓷作坊，自然地融合了制陶劳作与居住生活，合院、土窑、厦房、作坊在漫长的使用磨合中，发展出了陈炉独有的居住与产业叠合的工坊式聚落单元，依地势自然立体穿插（图5-2-38）。

据《同官县志·民国志·建置沿革志》记载，陈炉"居民沿崖以瓷砖洞而居，上下左右，层叠密如蜂房。"这是最早对陈炉民居形象的文字描述，这里透露三个信息：一、居住建筑的位置和地形特征——沿崖，即是利用当地黄土高原地形中的层级台地；二、建筑所使用的材料——瓷砖，也就是今日的陶瓷和各类砖制品；三、建筑形式和空间——窑洞，是挖入山中的负空间，村民结合砖箍的独立窑洞一起形成聚落建筑空间。这和今日陈炉镇的民居形态十分吻合，由此可见，数百年前早期的陈炉居民在适应当地气候、地形的基础上，结合地域性材料，便已经创造出了今日所见的、延续百年的居住模式。

"上下左右，层叠密如蜂房"，正是形容聚落在处理上下之间的窑洞院落关系时的巧妙之处，下一家院落的窑洞屋顶与上一家院落之间的关系可分为三类：一、下一家窑洞的屋顶完全是上一家的院子。上一家的围墙是直接压在下一家人屋顶的女儿墙上的，无法对外开门，因此一般大门都开在侧面厢房位置；二、下一家的屋顶上有道路通过，因此，只有部分屋顶是上一家的院子；三、下一家的屋顶完全作为公共活动空间和交通用地，而上一家的院墙则后退到下一家的屋顶之后。这时，往往下面一家人的窑顶就成为附近区域的公共活动空间，是大家聚集在一起聊天晒太阳的公共场所。这是当地居民经过长时间的自发性的建设形成的。因此，每一个院落在建造的时候，需要根据周围已建成院落的环境或地形等因素来调整自己的院落布局。如图5-2-39~图5-2-41所示的院落，其窑洞的屋顶面便是村落的人行道路。

3. 聚落排水

陈炉古镇的地形为层叠的山地，民居院落的高差超过百米，遇到下雨的天气，排水是山地聚落必须面对和解决的重要问题。山地地形复杂，雨水大多依靠道路来进行排水。其中有的道路具有独立的排水沟槽，有的直接在路面排水，由于村落高差大，坡度较陡，雨水排泄通畅，在古镇千年的历史演进中，排水系统也凝聚着陈炉人的智慧（图5-2-42）。

4. 陶瓷文化遗产

当地民居在就地取材、节约循环使用的观念下，

图5-2-36 竖向道路空间

图5-2-37 陈炉古镇聚落内街巷景观

利用烧制陶瓷的匣钵（置放坯体的窑具）砌院墙、铺土路、装饰门头、砌烟囱……用陶瓷器具、残片或烧造工具等作为装饰陪衬。陈炉因此形成了从聚落整体、窑院民居单元到建筑细节的烧制文化特色（图5-2-43）。

古镇居民家用瓷器纹饰图案多取材于民俗文化，如五毒、喜鹊登梅等；窑神庙是烧瓷人的重要祭祀场所；传统庙会、秦腔、社火、秧歌等表演承载着民间艺术；象征家族宗亲关系的任家祠堂、孟家祠堂等，每年都有祭祀活动（图5-2-44、图5-2-45）。

图5-2-38 陈炉古镇传统建筑

图5-2-38 陈炉古镇传统建筑(续)

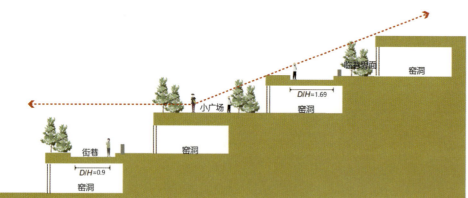

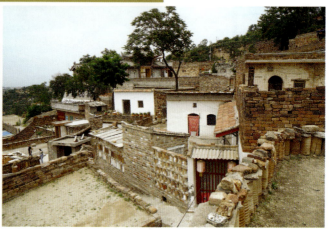

图5-2-39 陈炉古镇窑洞院落竖向关系

(a) 院落首层平面图

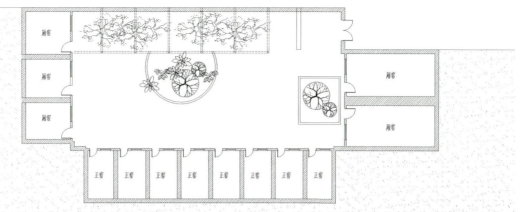

(b) 庭院

(c) 庭院

图5-2-40 陈炉古镇民居窑洞院落

（a）清代民居门楼　　　　　　　　（b）清代民居

（c）清代民居　　　　　　　　（d）清代民居

图5-2-41　陈炉古镇清代建筑修缮

图5-2-42　陈炉古镇路面排水

270

图5-2-43 陈炉古镇瓷器文化

图5-2-43 陈炉古镇瓷器文化（续）

图5-2-44 古窑生产广场

图5-2-45　窑神庙

第一节 支毛沟线形窑洞聚落

一、刘家峁村

（一）概述

刘家峁村位于米脂县城东15公里处，属桥河岔乡，紧临袁家砭村、郭家渠村、李家坪村、张岔村，村域面积4.8平方公里，总耕地面积约2700亩，主要经济来源为农业种植。村落窑洞民居整体风貌完好，2016年被列入第四批中国传统村落名录（图6-1-1）。

刘家峁村形成于明代，有着悠久的历史文化渊源，最早的居民是从关中地区华阴县迁徙而来的，其中姜姓为刘家峁村第一大姓。村落对外交通联系是穿村而过的县级公路。内部交通联系分为生活道路和生产道路，多为土路或石路，沿沟道支状生长或沿山坡盘旋而上。

刘家峁村位于典型的黄土高原丘陵沟壑区，地势总体西北高东南低。村落处在四条沟岔中，沿着河沟纵向发展，布局清晰，一条南北方向的道路，河流穿村而过，向东西方向的分支联系各个民居组团。其中全国最大的城堡式窑洞庄园姜氏庄园坐落在沟谷中部，成为整个村落的视觉中心和景观中心（图6-1-2）。

（二）建筑特征

1. 姜氏庄园

姜氏庄园是陕北大财主姜耀祖于清光绪年间投巨资，历时16年亲自监修的私宅，占地40余亩，主体建筑为陕北地区最高等级的"明五暗四六厢窑"式窑洞院落。庄园上、中、下三院，暗道相通，四周寨墙高耸，对内相互通联，对外严于防患，是全国最大的城堡式窑洞庄园（图6-1-3~图6-1-6）。

第一层为下院，院前以块石垒砌起高达9.5米的挡土墙，上部筑女儿墙。道路从沟底部盘旋而上，路面宽4米，中以石片竖插，作为车马通道，又兼排洪泄雨。道路两侧分置1米宽的青石台阶直至寨门，门额嵌有"天岳屏藩"的石刻，穿寨门过涵洞可到下院（图6-1-7~图6-1-9）。

下院最初是作为管家院使用的，三孔石拱主窑坐西北向东南，两厢各有三孔石窑，倒座是木屋架、石板铺顶的马厩。大门为青瓦硬山顶，门额题"大夫第"，门道两侧置抱鼓石。正面窑洞北侧设通往上院的隧道（图6-1-10）。

在下院东侧，寨墙的北端有一座石拱窑，称为"井

图6-1-1 米脂县刘家峁村
（a）谷歌卫星图
（b）总平面图

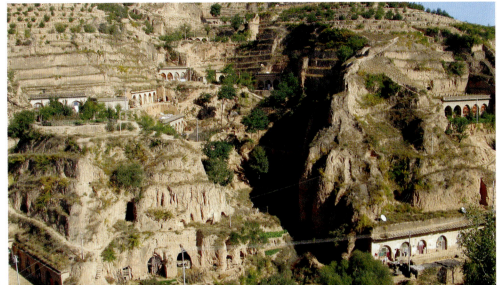
（a）村落整体面貌

（b）村核心区

（c）民居组团分布

图6-1-2 刘家峁村形态格局

图6-1-3 姜氏庄园全景图（来源：侯继尧 绘）

（a）庄园鸟瞰（来源：艾克生 摄）

（b）庄园与寨墙

图6-1-4 姜氏庄园全貌图

楼"。"井楼"内有一口从沟底向上砌的深井，安置手摇轱辘，不出寨门即可保证用水。寨墙上砌炮台，用来扼守寨院，居高临下，从井楼的小窗口可直接射击攻打寨门者，防御功能极强（图6-1-11）。

沿第一层院侧边涵洞，穿洞门达二层，中院（图6-1-12）。正对中院门耸立着高8米、长约10米的寨墙，围绕整个庄园，并留有通后山的门洞，上有"保障"二字的石刻。

中院坐东北向西南，正中是头门，为五脊六兽硬山顶。头门内设青砖月洞影壁，水磨砖雕，精致典雅。

中院东西两侧各有三间大厢房，附小耳房。厢房为两架梁，硬山顶，木格栅门窗，耳房一架梁，卷棚顶，

图6-1-5 姜氏庄园鸟瞰（来源：王喜宏 摄）

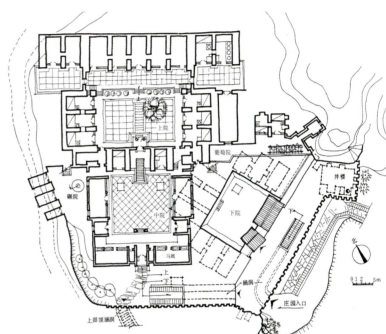

（a）姜氏庄园总平面（来源：侯继尧 绘）

（b）姜氏庄园入口剖面（来源：侯继尧 绘）

图6-1-6 姜氏庄园

图6-1-7 庄园墙垣实景

图6-1-8 庄园墙垣（来源：周恒宇 绘）

入口门额

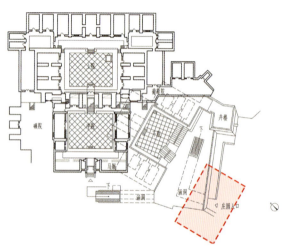

入口坡道

入口大门

入口涵洞

图6-1-9 姜氏庄园入口

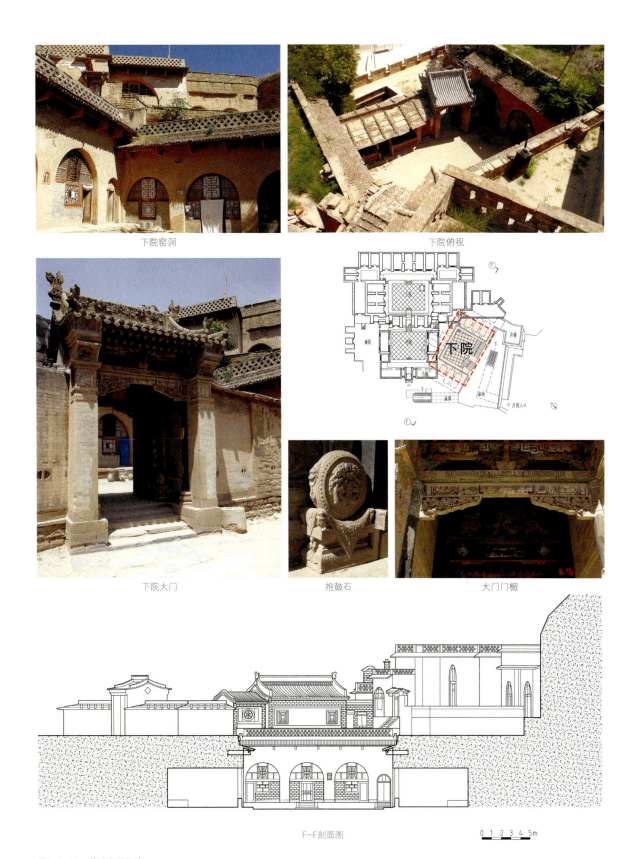

图6-1-10 姜氏庄园下院

井楼外观　　深井　　漏窗

下院入口　　下院至中院涵道

图6-1-11　姜氏庄园井楼

中院院落俯视

中院月洞影壁南立面

中院大门南立面

中院院落俯视

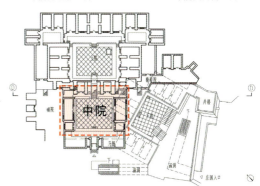

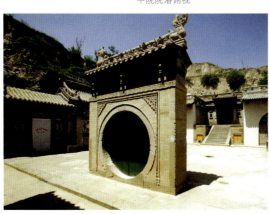
中院月洞影壁

中院大门

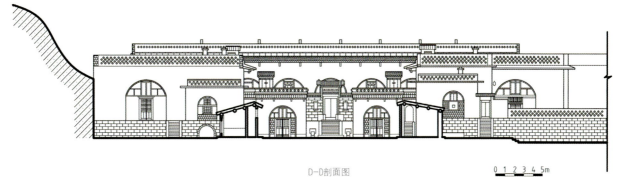
D—D剖面图

图6-1-12 姜氏庄园中院

铺筒瓦，东厢房比西厢房高20厘米，严格遵循中国古代宗法制度中的"昭穆之制"。从视觉角度上来看，微小的尺度变化并未影响建筑的对称关系，但从内涵上符合传统时期上下尊卑的等级制度。

中院与上院以中轴线上的垂花门分隔，沿石阶踏步而上，穿过垂花门可到达第三层上院。垂花门是整座宅院的精品，砖木结构，柱梁门框举架，双瓣驼峰托枋，小爪状雀替、木构件皆彩绘，卷棚顶。门扇镶黄铜铺首、云钩、泡钉，门磴处置石雕抱鼓，垂花门两侧设神龛、护墙浮雕（图6-1-13）。

上院是整个建筑群的主宅，为陕北级别最高的"五明四暗六厢窑"布局形式，坐东北向西南，正面五孔石窑，称上窑，院子两侧各三孔厢窑，在五孔上窑的两侧分置对称的双院，院内面向西南各有两孔窑，俗称暗四间（图6-1-14）。

整个宅院后面设寨墙一道，有寨门可直通后山。姜氏宅院设计精巧，施工精细，布局紧凑，上下与山势浑然一体，对外严于防患，院内互相通联，是陕北地区的经典窑洞宅院。

2. 民居院落

刘家峁村民居建筑呈散点状布局，多为传统的靠崖窑洞，近年来村民多以砖石砌拱券修建箍窑，多为单层三孔或五孔，以"一"字形、"L"形窑洞院落为主，

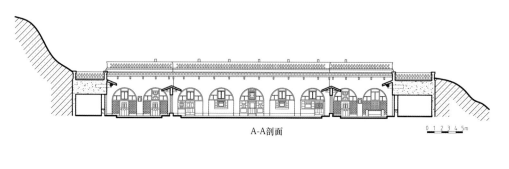

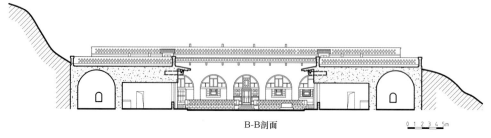

图6-1-13 上院剖面图

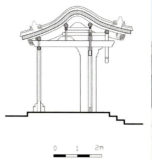

上院入口垂花门　　　　　　　　　　　　　　　垂花门侧面

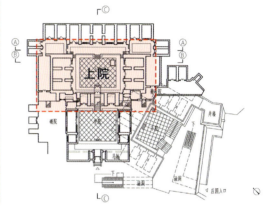

院落全景

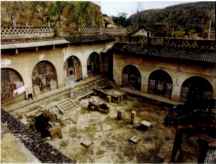

上院五孔上窑　　　　　上窑侧院　　　　　空间布局

图6-1-14 姜氏庄园上院

有明显院墙围合（图6-1-15）。

民居建筑立面形式简洁，门窗上多窗花、剪纸装饰，凸显陕北民俗文化。为保护窑脸不被雨水侵蚀，大部分窑洞民居在屋顶做挑檐护墙，并在护墙上砌筑精美的花格（图6-1-16）。

3. 窑洞学校

村内有小学校一座，校内有学生86人，教师7人。正窑由9孔砖石结构靠崖窑联排组成，门窗仍保留传统木质构件。每孔窑洞为一间教室，窑内放置有桌椅，窑壁上还贴有黑板和文化标语（图6-1-17）。

图6-1-15 窑洞民居建筑

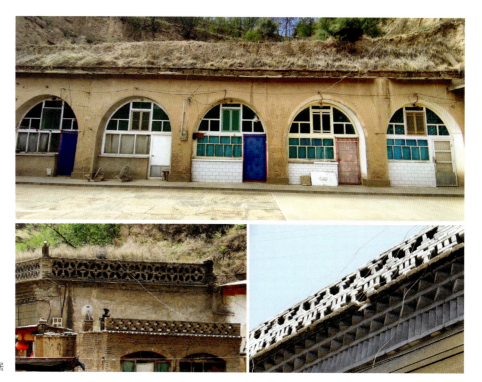

图6-1-16　刘家峁村民居

图6-1-17　窑洞小学校

二、甄家湾村

（一）概况

甄家湾传统村落位于延川县城西北方向15公里处，西连太相寺村，东连刘家河村，隶属于陕西省延安市延川县关庄镇（图6-1-18）。村落周边南北为山，东西为川面，土地肥沃，适宜农作物生长。村落面积约500亩，现存古窑洞145孔，其中石窑142孔、土窑3孔（图6-1-19），于2019年列入第五批中国传统村落名录。

据《陕西省延川县地名志》记载，甄家湾传统村落现存古窑洞始建于蒙古至元二年（1265年），康熙四十一年（1702年）前，贺姓迁出，甄姓迁入，村名改为甄家湾；据《延川旧县志》（清道光本）点注和《延川旧县志》（民国本）点注记载，里甲制管理体制中，甄家湾村一直为清平里所属。由此可见，甄家湾村自康熙四十一年（1702年）来，一直以"甄家湾村"命名。民国前隶属于陕西省延安府延川县青平里，中华人民共和国成立后先后隶属于关庄公社、关庄乡、关庄镇。

（二）聚落选址与总体布局

1. 聚落选址

陕北地区水源相对匮乏，对于以农耕为主的陕北聚落，最初甄家湾村选址于水边，有利于村民进行农耕、灌溉等农业活动，同时满足村民日常用水需求，充分体现了古人"择水而居"的选址理念。

甄家湾村位于山体南侧向阳处，前方的南苑山高耸挺拔，形成得天独厚的天然屏障。甄家湾村选址于靠近山脚的半山腰处，既不占用耕地，略高的地势又有防汛、防灾、防御等诸多优势。

2. 聚落布局

甄家湾村街巷布局收放有致，交通便利，在农耕时期利于人们之间的交流；排水、防汛、防火、防盗设施俱全，有利于保护建筑（图6-1-20、图6-1-21）。

（三）建筑特征

1. 院落空间

甄家湾村民居均坐北朝南、背山面河、整体布局依托山势（图6-1-22、图6-1-23）。因其选址靠近山脚，坡度较缓，部分民居可获得面积较大的院落。当地建筑采用石木结合的建筑材料，材料古朴、建造工整，院落青石板以"菱形"图案铺设，精巧别致，形成了陕北独有的粗犷又不失典雅的聚落氛围。院落空间布局规整，充分利用有限的山地空间，是陕北冲沟村落院落布局的典范。

2. 建筑材料与布局

甄家湾村的传统民居多为靠山接口式窑洞，靠山接口式传统窑洞内部向山体挖出空间，前部则多采用片石或小块石砌筑（图6-1-24）。

村内拔贡家房屋主体材料为石材，门窗为木材雕刻，院墙为小石片堆插，建筑布局分明，有厅房、书房、佛堂、染坊、烧房、酒房、马圈等。甄家湾村始祖甄兰英家，整个院落由一组两孔窑洞组成的小院和一组四孔窑洞组成的大院通过一个宽约5米、长约18米的空间进行连通，小院供家里仆人做饭用，大院供家里仆人制酒、染布等。厨房靠近拔贡所住院落，而辅助加工区在不打扰拔贡生活的前提下，

（a）谷歌卫星图

（b）甄家湾总平面图

图6-1-18　甄家湾村

图6-1-19 甄家湾村格局风貌(来源:延川县住建局)

图6-1-20 甄家湾村街巷尺度

(a) 街巷　　(b) 街巷

(c) 街巷夜景　　(d) 街巷夜景

图6-1-21 甄家湾村街巷

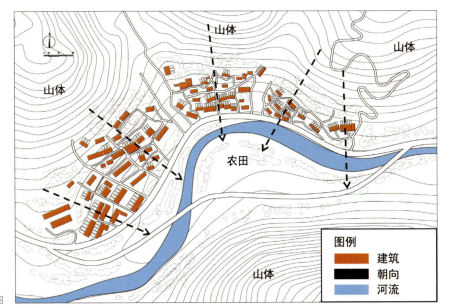

图6-1-22　建筑朝向布局示意图

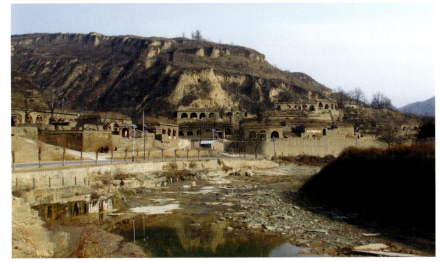

图6-1-23　村落窑洞建筑组团

图6-1-24　村落窑洞建筑

为厨房或生活提供所需的用材,整体功能布局合理(图6-1-25)。

甄家湾村是在游牧文化、农耕文化、陕北特色民俗文化共同影响下形成的,具有浓厚红色革命历史与情结的特色传统村落。在较好地保持传统风貌格局的基础上,由当地政府引导、村民参与的新型保护发展模式挖掘传统村落的潜力,力求在保护好传统资源的前提下提高村民的生活水平,同时将这种具有浓厚陕北特色的建村智慧及陕北历史文化进行良好的传承与发扬。甄家湾村是"共同缔造"的试点村,发动村民自建家园,构建村庄利益共同体,坚持党建引领强动力、群众参与定规划、充分协商谋发展三个方针,实现了村庄物质环境品质的提升,也增强了村民的认同感、责任感和自豪感。

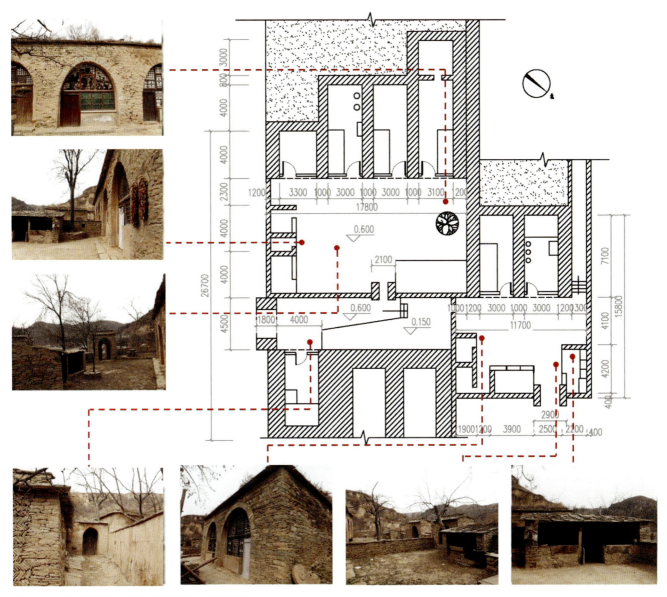

图6-1-25 甄家湾村拔贡家酒坊、染坊等辅助加工区平面图

第二节 梁峁树枝状窑洞聚落

一、杨家沟村

（一）概况

杨家沟村位于米脂县北部杨家沟镇，距米脂县城23公里，与巩家沟村、寺沟村、岳家岔村为邻，桃杨公路从村中南北向通过，交通便利。海拔高度1022~1100米，属黄土高原沟壑纵横区。村域面积约8平方公里，村内有杨家沟小学1处，1996年由原址马

家祠堂迁至水道沟内,改为"豫章希望小学"。杨家沟村是陕北典型且独具一格的窑洞村落,保存较为完好的庄园有72处,以陕北窑洞建筑为主,依山就势,规模宏大,风格独特(图6-2-1)。

杨家沟村历史悠久,早在春秋战国之前就有先民在此繁衍生息。时移世迁,延续到明万历末年,马氏先祖由山西临县迁徙至绥德马家山。到了清乾隆年间,马氏家族迁居杨家沟;清同治年间,马氏族人为了防范回军攻掠,开始营造扶风寨。近代,杨家沟村是毛主席与党中央离开延安在陕北居住时间最长、从事革命活动影响最大的地方。

杨家沟村于2001年被国务院公布为全国第五批重点文物保护单位,具有很高的历史地位和文化内涵,于2005年11月被评为第二批中国历史文化名村,于2012年12月入选第一批中国传统村落名录。

(二)聚落选址与总体布局

1. 聚落选址与格局

杨家沟村以扶风寨(龙凤山)为中心,河水环绕,三山拱卫,山上庄园窑洞,山下自然村落,构建出村寨结合的空间格局(图6-2-2)。村落空间结构以山体为依托,修建窑洞民居组团,在扶风寨外围形成散居式自然村落格局。村落历史风貌区的空间布局呈现两种形态:以马氏庄园(扶风寨)为中心的团状布局形态、沿交通或山体自然分割形成的带状布局形态(图6-2-3)。扶风寨下杨家沟内小桥流水,可谓涧水绕合,三山拱卫,易守难攻。

图6-2-1 杨家沟村鸟瞰图

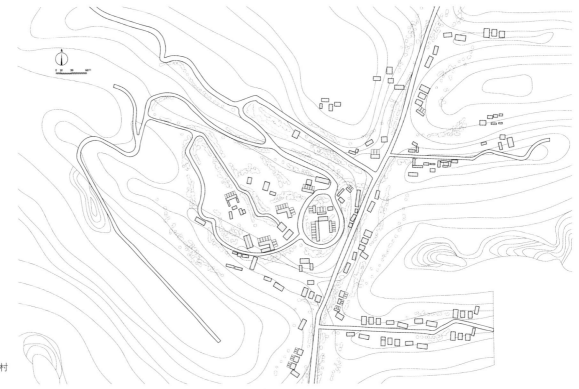

图6-2-2 杨家沟村空间格局

杨家沟村主要文物建筑与传统建筑分布在四面临沟的扶风寨上。扶风寨位居杨家沟全村中枢，面对观山梁，北靠水燕沟，东临阳圪山，南接崖瑶沟，三沟相挟，一水环绕，独立成寨。由康熙经乾隆至同治，随着马氏集团走向鼎盛，光裕堂九世孙马国士为防兵祸匪患，保境安民，于同治六年（1867年）偕叔兄选址圪垯山筑寨。寨堡依山就势而建，错落有致。扶风寨有着完善的防御体系、巷道网络以及排水体系。古寨供水排水系统，因地制宜，科学规范。安全防卫设施，寨墙高矗，寨内道路上下连通。扶风寨整体结构严谨，规模宏大，虽然经历自然与人为的破坏，但传统村落的恢宏气势、严谨的空间结构依然存在（图6-2-4）。

2. 巷道格局

因起伏多变的地形，扶风寨内巷道纵横交错，顺应山体等高线，呈"之"字形道路走势，整体呈现随机自由的网状结构路网，形成空间丰富、蕴含生机的街巷格局，由相对较宽的主路与狭窄的巷道共同构成系统清晰的道路层次关系。村落主路为山脚下位于两山之间呈南北走向的沿河公路，宽5～6米，村庄的车行与人行入口都分布在该道路上。村内主干道通常在3米左右，呈纵向分布，高差明显，连接寨内由上而下分布的组团。其余道路主要是连接各个村院落与主路以及院落之间联系的分岔路，宽度在1～2米。这些分岔路作为平日居民的生活步道，通向宗祠、广场、戏台、井窑等不同的场所（图6-2-5）；它们与主路共同构成了丰富多变的空间层次道路肌理。出于防御战争的考虑，在寨上挖建了涵洞隧道，可直通村落的最高点——祠堂空间（图6-2-6）。

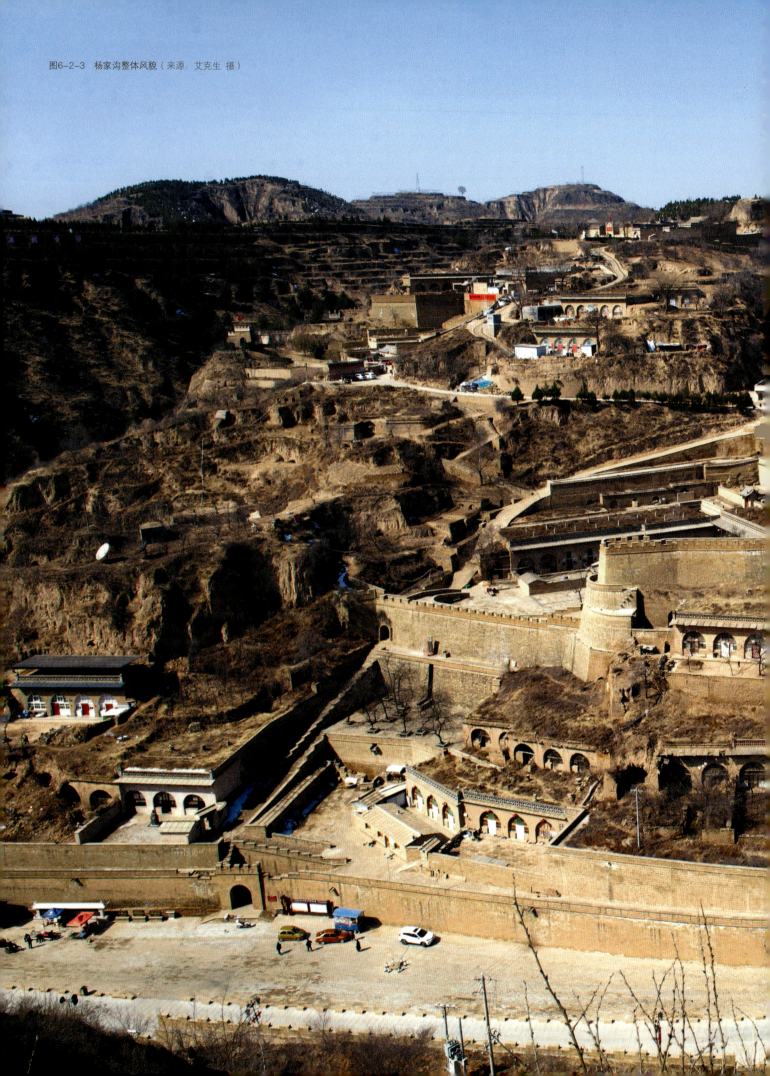

图6-2-3 杨家沟整体风貌（来源：艾克生 摄）

图6-2-4 扶风寨鸟瞰图（来源：乔雄波 摄）

图6-2-5 扶风寨村内道路

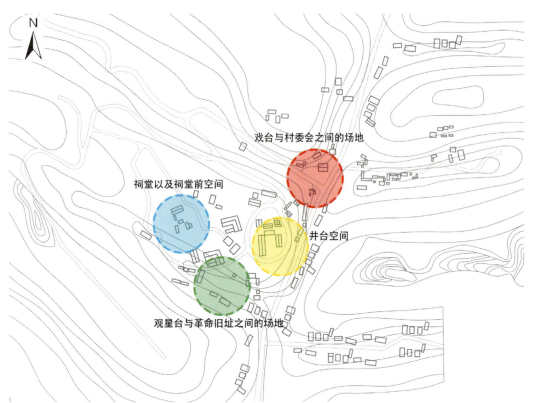

图6-2-6 村落公共空间示意图

(三)建筑特征

杨家沟村民居建筑多为四合院式窑洞民居,依山势地形开凿而成,外附侧屋庭院,石料或砖砌门。清早期的民居保留明代侧进式大门,清中期以后的民居改为大门居中。庭院天井种植树木花草,具有典型的四合院建筑风格,门檐窗棂雕刻绘画精美(图6-2-7)。

民居中富有地域特色的建筑构件有抱鼓石、砖雕、石雕、拴马桩、木雕、壁画、排水系统等。杨家沟扶风寨内文化遗存丰富,古建筑、古街、古桥保存完好。

1. 经典窑洞民居

杨家沟保存较完好的传统建筑主要有重庆堂、吉庆堂、厚德堂、达仁堂、中正堂和近仁堂等,建筑群依山而建,层叠错落(图6-2-8)。为防止雨季洪涝引起山体滑坡等灾害,自清代起建筑群内便修建了完备的排水系统(图6-2-9)。传统窑洞民居院落多为典型的"明五暗四"形式,门洞和门楣石刻保存较为完整(图6-2-10)。这些经典窑洞院落曾是解放战争年代中共中央重要机关所在地,也是如今红色革命传统教育基地。

2. 马氏宗祠

马氏祠堂位于扶风寨最高处的寨子圪垯平台上,属清宣统年间建筑,两进式窑洞双套四合院,共有各类窑洞18孔,建筑面积约1200平方米。前院为光裕堂二门十世孙马子衡在1911年创办的马氏学堂,建筑简洁、小巧、朴实、明快,院外为活动操场(图6-2-11)。后院为光裕堂续建的马氏宗祠(图6-2-12),三楹二进式石结构大开厅建筑,硬山式砖石结构窑顶。

3. 马氏新院

马氏新院由光裕堂二门十世孙、陕甘宁边区政府参议、上海同济大学土木工程系毕业、留学日本的建筑专家马醒民亲自设计监修。1929年动工,历时10年落成。新院吸收西欧和东瀛建筑元素,结合陕北窑洞风格,中西合璧,独具特色。其设计构思、用料工艺、保温通风均为当时民居建筑之最。该院落由东南城堡式院墙围绕,门洞上方额题"新院"。院内建筑由11孔石窑组成,平面呈倒"山"字形,收放有序,立面外露通顶石柱,南立面由三套西欧哥特式挑尖窗户和两侧日式窗户构成。整栋院落穿廊挑檐、龙文细雕、飞椽举折、檐随窑转、回折连接、青瓦滴水、砖栏花墙,甚为壮观(图6-2-13)。

窑内设置寝室、书房、会客室、厨房、卫生间、粮仓,水磨石板铺地,砌地下取暖烟道。窑前门台宽敞,置纳凉桌凳,庭院开阔。新院是杨家沟保护最完好的革命故居,主窑北侧当年修筑的防空洞已修缮并疏通(图6-2-14),经防空洞可从新院直达寨顶马氏祠堂,即西北野战军高级军事会议与中央前委扩大会议旧址。

4. 马醒民"旧院"

马醒民"旧院"与"新院"上下呼应,属陕北规格最高的"明五暗四六厢窑,倒座厦房垂花门"二进式窑洞四合院,由11孔主窑、厢窑、枕头窑、厅房和门楼组成,倒座青砖大瓦房曾经是中央红军在陕北举办"十二月会议"的会场旧址(图6-2-15)。

5. 历史遗迹

历史遗迹主要包括寨墙遗址、古寨门遗址、观星

图6-2-7　院落大门

图6-2-8　建筑组团

图6-2-9　排水系统

图6-2-10　窑洞民居院落大门

图6-2-11　马氏学堂

图6-2-12　马氏宗祠正窑

(a) 马氏新院大门

(b) 马氏新院窑洞建筑

(c) 马氏新院窗户细部

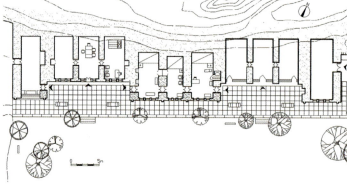

(d) 马氏新院平面图

(e) 马氏新院细部

(f) 马氏新院室内

(g) 马氏新院室内

图6-2-13 马氏新院

图6-2-14 防空洞

台、古戏台、古炮台遗址、古桥，以及牌匾和石碑。

寨墙是扶风寨的防卫体系，南北寨墙均为青石砌筑的双套城墙，严于防范。寨墙东南修造的两座炮台称南营，寨墙北内城上修建的门楼为北营，南北营炮楼炮台均为守寨人居所，近代以来无战事，这里成为马家子弟读书修学之地（图6-2-16）。

观星台位于马醒民旧院下方南侧的黄土悬崖边，既可昼览村情，瞭望指挥，又能夜观星辰，预测运势。寨门为扶风寨出入门户，南北寨墙各设两道寨门。北寨门已全部坍塌，只留存高大的夯土基础。南寨门下为"骥村"，上曰"扶风"。穿南寨门蜿蜒而上的石板坡道"金钱"铺地，古朴幽静（图6-2-17）。通往各堂号院落的分支步道，回环曲折，宜坡则坡，宜阶则阶。虽然年久

（a）"旧院"大门

（b）"旧院"前院　　　　　（c）"旧院"前院

（d）正院月洞门

（e）正院正窑

图6-2-15 马氏"旧院"详图

(f)正院倒座——"十二月会议"会场旧址

图6-2-15 马氏"旧院"详图（续）

(a)寨墙

(b)寨墙

图6-2-16 杨家沟寨墙

图6-2-17 石板坡道

失修，寨门古道残败破损，但其历经沧桑的残缺之美，依然呈现出浓厚的历史底蕴。

寨外修建的寺沟桥、南桥、北桥和后桥通达四方，名为"扶风保障"和"扶风屏藩"的南、北石桥还在使用，并成为影视拍摄的实体场景。

杨家沟村自晚清建成以来，虽然经历了改朝换代及历史变迁，但村落整体格局与风貌保存完好，体现了历史文化的踪迹与影响。随着村落整体保护意识的增强，传统建筑得到了良好的修缮，村落文脉也得以传承和发扬。

二、高西沟村

（一）概述

高西沟村地处榆林市米脂县城东北20公里的黄土山岔中，东与姜兴庄隔山而望，西同白硷村接壤，南与李黑山、马蹄坬、安沟村相邻，北连牛圈塔与黑家坪村（图6-2-18）。高西沟村属米脂县银州镇所辖，3个村民小组，该村产业以玉米、豆类、糜谷和土豆等农作物种植为主。2006年成为全国农业旅游示范点，2015年被列入陕西省第一批传统村落。

高西沟村所辖高西沟是无定河一级支流向东进入金鸡河的支沟，流域面积4.0平方公里。无定河是含沙量最大的黄河支流，1952年起就被列为全国水土保持重点区域之一。高西沟在自然地理分区中属温带半干旱半湿润森林草原带，年均降雨量440毫米，年际波动大，年内分布不均匀，7～9月的降雨量占全年的75%左右，干旱暴雨频发。高西沟村属黄土丘陵沟壑区的一部分，村内土壤侵蚀严重，沟壑面积占流域面积的45%，地貌沟壑纵横、梁峁起伏（图6-2-19）。

（二）聚落总体布局

高西沟村民居建筑布局分散，百余座传统窑洞院落建在不宜耕种、沟坡较陡的向阳山坡上，节约耕地，争取阳光，形成人与自然和谐相处的聚落生态系统（图6-2-20）。

（三）民居建筑特征

1. 窑洞民居

传统民居形式主要为"土窑"，多为20世纪五六十年代修建。其主要特点是屋顶覆土，窑宽3.5米左右，高3～4米，深5～9米；内墙面抹泥、熟石灰或掺石

图6-2-18　高西沟村卫星图

(a)村落选址格局

图6-2-19 高西沟村

(b) 村落居住组团

图6-2-19 高西沟村地貌（续）

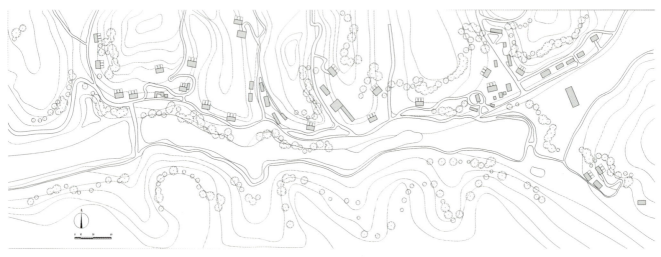

图6-2-20 高西沟村村落平面示意图

灰的泥，用贴纸和窗花进行装饰；窑洞前的地面平整后，在周围围以土墙形成院落（图6-2-21）。

2. 公共建筑

村落的公共建筑有分布在二郎沟口的二郎庙和大戏楼、庙梁山巅的玉皇庙等建筑。中华人民共和国成立后，村落又修建了各类文化娱乐建筑和办公建筑：村委会、档案室、文化活动室、村级卫生医疗站、水保生态展馆、旅游接待楼、荣誉室、老年活动中心等。

（四）聚落景观特征

为了应对严峻的生存危机，高西沟村村民自20世纪50年代开始了对生态环境的改造，其景观营造的技术方法是在长期的生产生活实践中逐步总结形成的智慧结晶。高西沟村作为陕北黄土高原地区水土治理的成功典型，于2015年被评为"国家级水土保持示范园"和"省级水利风景区"，其在探索人与自然和谐相处过程中进行的景观营建活动，比国家大规模的退耕还林政策早40年，具有很强的自发性、探索性和先导性。高西沟村水土治理下景观营建的生态智慧对于陕北乃至整个黄土高原地区有广泛的借鉴意义。

1. 农田景观营造

自20世纪50年代开始，高西沟人开始修建坡式梯田。坡式梯田由坡式耕地改造而来，由于坡度过大、下垫面渗透率低、径流强度大，导致土地营养物质流失，造成面源污染。1958年，高西沟人在阳面缓坡开始修建坡度小于15°的水平梯田。水平梯田由坡式梯田改造而来，可种植作物或者树木，有较好的水土保持效益。水平梯田坡度小、下渗多、径流小，有助于减少水土流失、增加土壤肥力，在生态保护过程中起到了正向的推动作用。随着生产的发展，窄幅梯田不能适应水利化、机械化的需要，高西沟于1976年秋冬开始修建小平原和宽幅梯田。1976年前后，高西沟基本没有了水土流失问题，已不再向黄河输送泥沙。

高西沟村在修水平梯田的同时，把不宜耕种的土地退耕还林还草，农田生态系统的稳定是满足生存需求的基础，林地草地的形成具有对自然生态系统良好的恢复和支持功能（图6-2-22）。

2. 林草景观营造

高西沟村林草景观营造主要体现在植被修复和植物配置模式两方面。高西沟村在治理前，生态脆弱，植被修复通过自然演替与人工修复相结合，共同完成生态安全修复。高西沟村的植被类型与配置模式在不同程度上影响着水土流失效应，[①]通过分析场地地形、资源条件，在山体南坡陡崖种植柠条，作为林牧用地，沟底种植杨树，形成了"山坡梯田系腰带，峁边植树种牧草，陡崖立种柠条，沟条庄稼带果树，沟底打坝淤良田"的五层布局，并实验性地在山顶种植松树，形成"林地—坡耕地—草地"的林草配置格局（图6-2-23）。

植被的恢复是陕北黄土高原地区生态修复的关键技术手段。在植被修复时，应当识别不同区位的自然条件和生态安全格局，选择合适的修复方式。传统农业应走向循环再生的农业模式，运用物质循环再生原理，对农业系统中的生产者、分解者、消费者要素合理布置，并发挥人对系统的运转作用。

在对陕北黄土高原地区生态修复和景观营造的同时，将自然、农田、聚落系统作为整体的人类生态系统，保证生存需求、发展生态产业、提高生活水平，促

---

① 高光耀，傅伯杰，吕一河，刘宇，王帅，周继．干旱半干旱区坡面覆被格局的水土流失效应研究进展［J］．生态学报，2013，33（1）：12-22.

(a)窑洞组团

(b)窑洞立面

(c)窑洞立面

(d)窑洞立面

(e)入户巷道

(f)入户巷道

图6-2-21 高西沟村窑洞民居

图6-2-22 高西沟村农田景观

图6-2-23 米脂县高西沟村林草景观

使人口、资源、经济与生态环境协同发展。

经过几十年景观营造和生态治理的实践，高西沟村不仅水土流失的问题得到全面治理，区域内的景观也发生了较大的改变，由沟壑纵横变为青山绿水。高西沟在农田景观、林草景观营造及用地格局优化上的生态智慧，不仅仅是长期实践经验的总结，更蕴含着丰富的、科学的景观生态学原理，为人与自然协同发展提供了新的参考模式，也为米脂县甚至陕北地区生态治理提供了政策先导支持。

三、贺一村

（一）概述

贺一村位于绥德县白家硷乡，距离绥德县城20公里，东至满堂川乡王家沟村，西至本乡雁岔沟村，北至满堂川乡申家崖村，南至薛家峁乡，周围被正沟、马家沟两条溪流环绕。村落属于黄土丘陵沟壑区，峁梁起伏，沟壑纵横，平均海拔780米。全村南北长约5公里，东西宽约2.5公里，村域总面积12.5平方公里（图6-2-24）。

图6-2-24 贺一村

贺一村属中纬度地区中的温带区，大气环流属西风带，是典型的大陆性半干旱季风气候，春季多风，年降水量为486毫米，年平均气温为10℃。村落常出现干旱、冰雹、大风、暴雨、连阴雨等农业灾害。

党氏庄园是贺一村的传统民居聚落主体，始建于清嘉庆十九年（1814年），经党氏六辈人的逐步完善，历时近百年建成竣工，形成了集窑洞、瓦房、四合院为一体的建筑群。党式庄园于2008年被陕西省人民政府公布为省级重点文物保护单位，2013年被公布为第七批全国重点文物保护单位。2012年12月，贺一村列入第一批中国传统村落名录。

（二）聚落选址与总体布局

1. 聚落选址

贺一村正沟和支沟分岔处为脑畔山，山脚下有两条溪水环绕。脑畔山向南延伸出三道小岭，三道小岭被前圪崂山、后圪崂山两道浅沟分割，村落与党氏庄园分布在这两道浅沟里（图6-2-25、图6-2-26）。

贺一村东部区域地形平缓开阔，适宜村民居住和耕种；村落北侧的山脉形成天然屏障，阻隔高原风寒与风沙；村落位于山腰上，可避免洪水危害（图6-2-27）。

党氏庄园在丘陵起伏之间选择了一处山环水抱、林茂草肥的区域作为基址（图6-2-28）。党氏庄园主干道为水旱路，由毛石铺成，前圪崂水旱路宽约2.3米，长约170米；后圪崂水旱路宽约2.3米，长约90米，始建于清代，至今仍在使用；前、后圪崂主干水旱路均设有排水口。

2. 聚落布局

民居组团从山脚到山腰均有分布，街巷大多平行于等高线，院落分布于街巷两侧，整体为缓急不等的阶梯状民居组团。山脚与山腰的窑洞建筑类型不同，山脚多建独立式窑洞，山腰处则建靠崖式窑洞（图6-2-29）。

图6-2-25 贺一村全景图（来源：艾克生 摄）

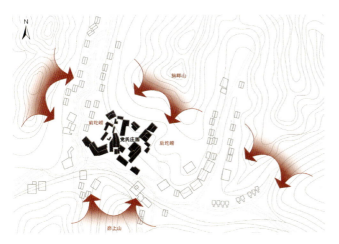

图6-2-26 村落选址示意图

图6-2-27 贺一村平面布局图

图6-2-28 贺一村党氏庄园（来源：艾克生 摄）

3. 聚落景观

脑畔山脚下两条溪水环绕，村内有枣树、洋槐、榆树、柳树等树木，山水景观优美。窑洞院落层叠建在梁峁沟壑间，人文要素与陕北黄土地貌共同构成了极具地域特色的陕北窑洞四合院聚落景观风貌。

（三）建筑特征

1. 民居院落

贺一村地势高差起伏较大，民居建筑多依地势而建，布局灵活建筑与环境相互融合，多为三合院、四合院，院内有厢房及石、木、砖混合修建的大门。村落整体肌理保存完好，原党氏庄园寨门、寨墙都保持着原有风貌。

院落有前后串联式、左右并联式以及组合院落等组合形式。窑洞四合院布局严谨、中轴对称、前堂后寝、主次分明，由院落、正窑、厢窑（房）、倒座、大门组成（图6-2-30）。

窑洞由起居、卧室功能组成，厢房由起居、卧室及储藏功能组成。部分院落中马棚的功能为牲畜饲养，草房功能则为饲料储藏。窑洞的主体部分由窑顶、窑脸、檐墙、后墙与窑壁所组成；门窗、火炕、烟囱等

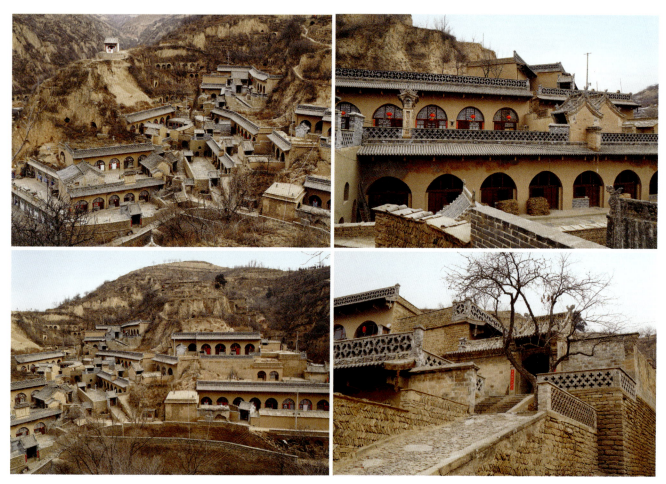

图6-2-29 贺一村窑洞聚落

图6-2-30 贺一村窑洞四合院

(a) 窑洞立面

(b) 窑洞四合院厢房

图6-2-31 窑洞民居

是窑洞构成的附属部分，多为"一"字形平面布局（图6-2-31）。

建筑装饰精美丰富，如大门内外的影壁墙、门口两侧的抱鼓石、山墙正中的石砖雕刻等，图案栩栩如生，内容多为人物、鸟兽，尽显当地高超的雕刻技艺（图6-2-32）。

2. 党氏庄园

党氏庄园建筑群占地面积667公顷，共有石窑洞125孔，厢房4间，大门门座，还有库房、碾磨房、马棚、草房等生产类建筑，是绥德县清朝以来第一座窑洞庄园。

庄园整体布局打破传统中轴对称的严谨观念，顺应地形，灵活多变。窑洞建筑错落有序地分布于山坡之上，有阳院、背院、上院、下院、左院、右院，院落由住房、碾房、草房、马棚、猪圈、羊圈、雨道、过桥、匾额、照壁等构成，大门、内外影壁、厢房、门窗上配有精美的石雕、砖雕和木雕，在结构上，院落上下相通，左右相连，是传统民间"三明两暗两厢房"的典型建筑。除了居住，庄园还具有储存、防御等功能。整个庄园功能完善，庙宇居于山顶，水井分布于沟底，自成体系（图6-2-33、图6-2-34）。

党卓和、党永平院始建于清朝嘉庆年间，坐西北向东南，典型的明三暗二六厢房，占地总面积576平方米。院内石板铺地，窑高院落二台阶，门高一台阶，表示连升三级。五孔大石窑位于二级台阶上居中，厢房位于旁侧而低。主窑大窑檐挑石，花栏砖墙砌福字、喜字，木窗棂木质上乘，尤其中窑的棂子门上，雕刻蝴蝶双飞、多子南瓜、宝瓶插花的图案。左厢房坍塌，只残存三面墙壁。右厢房保存完好。青瓦盖顶，五脊六兽，斗栱举架，雕刻着喜鹊登梅、如意云纹等图案，左右两面的砖墙上雕刻"福"与"禄"二字，顶脊有莲花砖雕，屋顶右上方设置做工精致的小型烟囱，梁柱伫立在布满传统纹饰雕刻的柱础石上（图6-2-35）。

图6-2-32 建筑装饰

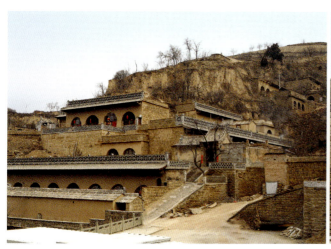

（a）阳院

（b）错落有序的建筑组团

图6-2-33 党氏庄园建筑组团

（a）窑洞院落入口

（b）窑洞建筑院落

图6-2-34 党氏庄园窑洞建筑

图6-2-35 党氏庄园雕刻

3. 传统要素

1）村庙

村落西山梁上有佛庙一座,与周边村落共同供奉关公、龙王,香火鼎盛,信客众多(图6-2-36)。

2）古寨墙、寨门

党氏庄园古寨墙位于庄园南部边缘处,长约150米,为砖石结构,始建于清代,后不断被维修维护,保存完好,有两座寨门、一座城门洞,分别为坐落于前圪崂的下寨堡门、坐落于后圪崂的上寨堡门和后圪崂山半山转弯处的城门洞。

3）古石碑

党氏庄园入口处路边有四通路碑,其中一通是为党盛灵而立,碑文内容为"例授修职郎乡饮介宾太学生盛灵党公神道",其他三通是党盛灵三个儿子的碑,碑文内容分别为"贝也封儒林郎殿杨党公神道""例赠武德郎道光戍年武举鹰扬党公神道""诰封儒林郎乡饮太宾对扬党公神道"(图6-2-37)。

4）古树

贺一村保留有古树两棵:一棵为村前台地的国槐树,树龄200年左右,树高12.2米,树冠直径7.9米;另

图6-2-36 村庙

图6-2-37 石碑

一棵为位于党氏庄园1号院的刺槐树，树龄150年左右，树高11.8米，树冠直径8.1米。

（四）非物质文化遗产

贺一村拥有浓厚的陕北地域文化特色，民俗文化资源丰富，剪纸贴窗花、春节贴红色对联，丧礼门口贴白色对联等，还有著名的绥德石雕艺术和陕北大秧歌等。

1. 剪纸艺术

贺一村剪纸，是当地农妇用最原始的工具、最简单的材料，创作出的一幅幅风格独具、特色鲜明，最能体现本土精神，饱含人类艺术最基本的审美观念和精神品质的作品。民俗风情，剪纸依附民俗活动而存在，其纹样、题材、用途都较完整地保留着初始的基本形态和文化内涵。

2. 石雕艺术

绥德县是陕北著名的石雕之乡，石雕也是贺一村村民赖以生存的根脉性艺术。从石刀、石斧到石碾、石杵、石碌碡等生产工具；从石灯树、石床到石粮仓、石衣柜等生活器具；从石窑洞、石院墙、石大门到石锅台、石炕楞组成的石头村落家园；从炕头石狮到镇山石狮、石神像、石碑、石神龛、石香炉等神佑石雕；从花板望柱到石牌楼、龙柱、文化柱等纪念性石雕，既表现出贺一村石文化的博大精深，更表现出贺一村石雕技艺与民众的生产、生活密切的关系（图6-2-38）。

四、王宿里村

（一）概况

榆林市清涧县老舍古乡王宿里村形成于元代以前，村域面积6.8平方公里，四周环山，呈盆地形状（图6-2-39），常年气温比周边其他村庄高2~3摄氏度。村落，以汉族为主，耕地面积2000亩，枣林1800亩，是红枣最佳优生区（图6-2-40）。王宿里村于2015年已被列入第一批陕西省传统村落名录。

清代名儒白庆纶咏《王宿里》诗云："松涛翻翠摇青嶂，枣实凝丹映彩虹。大石尚留王者迹，荒村饶有占人风。"

（二）聚落选址与布局

王宿里村位于无定河畔，无定河绕村而过，四面环山，中间有一山丘略低于周边高山，形似古代"元宝"（图6-2-41）。村落选址在深远的支毛沟中，弯弯绕绕的沟叉将村落"隐藏"其中（图6-2-42）。

千年古枣园位于村中高原盆地，占地约500多亩。经西北农科院专家鉴定，千年以上的枣树有1200多棵。近年来聘请枣树专家对现有老枣树进行检测保护，重点对所有古枣树和周边环境进行管理保护（图6-2-43）。

（三）建筑特征

1. 民居院落

村内建筑依山就势，以石窑洞为主，成排而建，每排按3孔、5孔、7孔等奇数排列，窑口安门窗，窑洞内盘炕，垒锅灶，家家户户院内有水井（图6-2-44~图6-2-47）。

2009年，王宿里村改造恢复了相连接的49孔古窑洞，同时广泛征集各种传统生产生活用具、用品以及民间文化、艺术用品等，进行分类分室布展。目前已经建起民俗生产劳动工具系列、民间艺术系列、古风民俗系列、生活用具系列、婚丧嫁娶系列、民间工艺系列、红枣大观园系列等民俗文化大院六座，共收藏

图6-2-38 贺一村石雕技艺

各种传统生产生活用具及艺术品5000余件，形成了融历史景观、自然景观和民俗文化为一体的民俗文化旅游村。

2. 唐王寨

进村的山头上有名为"唐王寨"的山寨一处，占地4000平方米，寨内瞭望台、垛口、军械库等古时屯兵打仗时的建筑物保存完好。相传在隋朝末年，唐王李世民带兵从太原出发，跨过汾河，越过吕梁，渡过黄河天堑，一路过关斩将来到这里。他见此村四山拱卫，中间平展如毯，村中的窑洞、枣林和冉冉升起的炊烟勾勒出一幅立体的水墨山水画，大为赞叹，下令在这无定河畔安营扎寨，并夜宿于此，因此有了唐王寨。山寨地势险要，三面临崖，易守难攻，战乱年代成了民众避乱藏身的好去处（图6-2-48）。

(a) 鸟瞰图

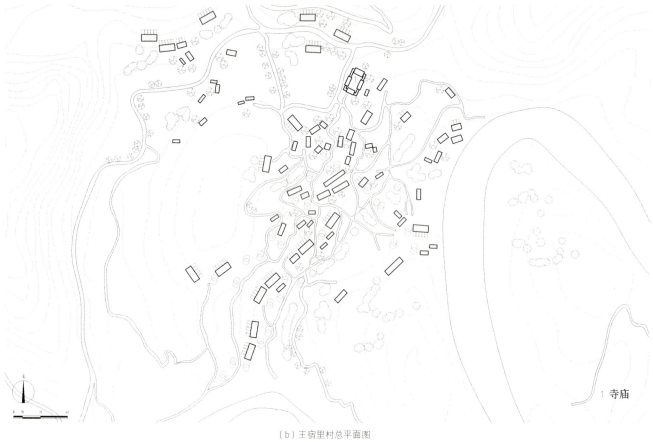

(b) 王宿里村总平面图

图6-2-39 王宿里村

(a) 村落鸟瞰

(b) 村落与水系

图6-2-40 村落全貌

（c）村落鸟瞰

图6-2-40 村落全貌（续）

图6-2-41 村落入口

图6-2-42 村落组团

图6-2-43 千年枣林

图6-2-44 窑洞建筑

图6-2-45 窑洞室内　　　　　图6-2-46 水井

（a）入口街巷

（b）院落

（c）窑洞正立面

（d）窑洞侧立面

图6-2-47 传统窑洞改造

图6-2-48 唐王寨

第三节　台地型带状窑洞聚落

一、魏塔村

（一）概述

魏塔（塌）村位于延安市安塞区高桥镇，北距安塞区约50公里，南距延安城区30公里，离红色旅游景区枣园较近。该村落形成于百余年前，村中魏姓人家代代繁衍。

魏塔（塌）村四周环山，位于由"梁""峁"组成的黄土丘陵地带，境内沟壑纵横，但沟形相对封闭，人口少，土地多，川宽，水、林资源丰富，道路根据地表地形纹理走向自然形成，民居亦是围绕道路零散布置，与地形相适应。黄土文化风俗保存相对完整，于2015年已被列入第一批陕西省传统村落名录。

安塞人曰：县有"七十二塌"，"塌"者，村名也。泛指处于湾塌凹下平缓地形的村落，魏塔（塌）村就属于这"七十二塌"之一。

（二）聚落选址与总体布局

魏塔（塌）村四面环山，村落形状呈椭圆形。（图6-3-1）。村东侧有条山沟，山上溪水沿山沟流出，清澈甘甜，聚成水潭如镜而得名水镜沟。村北部有河流与县道经过，南部为黄土高原沟壑山地，地势南高北低，呈斜坡状。从整个魏塔（塌）村的总体布局来看，村落的主体建在黄土高原上，东西长约800米，南北宽约300米，村落边界呈不规则状（图6-3-2）。

村落中道路主要依据山势蜿蜒布置，道路宽度多在2~3米，形式以传统黄土夯实的路面为主，村内有一条南北向的道路贯穿各户宅院（图6-3-3）。

民居依山就势布置在山坡上，多为窑洞式住宅，多为20世纪八九十年代修建，各家各户窑洞相对集中，主要以独立式石窑为主，三五户组成一个居住组团，每个窑洞的朝向既考虑山势又顾及太阳的方位，基本都向阳但是又因为地形沟壑等的影响略有差异，从对面山上看整个村落形态错落有致，依山就势，仿佛从山里长出来的，村落景观浑然天成，植被茂盛，与自然和谐共生（图6-3-4）。

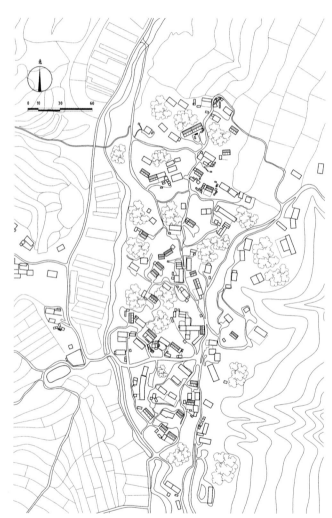

图6-3-1　魏塔村平面示意图

图6-3-2 魏塔村鸟瞰图

图6-3-3 村中巷道

图6-3-2 魏塔村鸟瞰图(续)

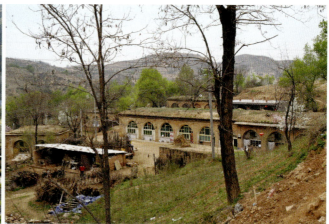

图6-3-4 居住组团

图6-3-5 村口老树

魏塔村口老树已经有百余年历史，形成了村口一道靓丽的风景线（图6-3-5）。村内古庙，是缺雨年份村民们祈求龙王降雨的圣地，近年因古钟被盗而荒废。

（三）建筑特征

1. 窑洞民居

魏塔（塌）村的民居建筑多为石窑洞，为典型的陕北黄土高原窑洞布局模式，依山就势修建而成。

1）空间构成

魏塔（塌）村窑洞采用半围合院落的平面布置，正房居上，由3至5孔窑洞组成；厢房分置一侧，有窑洞与土木结构的半边盖两种形式，中间则为黄土夯实的长方形院落。院落多作为农作物晒场或者加工等用途，布置有石碾子、石磨等工具，同时也可作为休息、交流的场所。窑洞依山就势，用地经济，层次分明，与周边邻里沟通便利，给人以亲切感、归属感（图6-3-6）。院内农作物收获后储存于晾房中，晾房由当地木材搭建而成，晾房离地面高约50厘米（图6-3-7）。

2）结构形式

魏塔（塌）村窑洞分靠崖式和独立式两种类型。靠崖式窑洞往往三孔或五孔为一组相连，有的在洞内加砌砖券或石券，以防止泥土崩溃，或外砌砖墙，以保护崖面。规模较大的在崖外侧续建房屋，组成了进深较大的套间房屋，成为靠崖窑洞的大院落。魏塔（塌）村独立式窑洞多以土坯或砖石形成基墙，而后在其上用砖石起拱发券，最后上部覆土（图6-3-8）。

3）门窗形式

窑洞门窗的部件结构由顶窗、脑窗、天窗、大耳间窗、小耳间窗、斗窗以及坐窗构成，各个部件以不同的纹样装饰构成，而这些装饰纹样又有着不同的表现形式，如象形类、抽象类、文字类等。门窗装饰中，顶窗、大耳间和小耳间受窑洞拱形门窗限制，其装饰

图6-3-6 村落建筑院落空间构成

图6-3-8 村落窑洞建筑（来源：传统村落档案）

图6-3-7 晾房

图6-3-9 门窗形式

图6-3-10 魏塔（塌）村庙台

形式以"方格纹"以及"斜交叉纹"为主；脑窗、天窗、斗窗以及坐窗因形状为方形，故装饰花样较多，多以象形的"龟背纹""卍"和文字类的"丹冉格""工字格""口田格""寿字格"为单元，进行组合和叠加（图6-3-9）。

窑洞门窗装饰纹样是陕北人民思想的外化，反映了人们对幸福生活的追求，通过装饰艺术表现形式传承下来，是对人生观和世界观的外在体现。这些门窗格子，寓意深远，多以长寿、厚禄、多福为基础，进行变形与增加，更有象征"多子多孙、人丁兴旺"的"丁子格"（"工字格"的变形），以及象征"人财两旺、家道日上"的"丹冉格"，看似是文字游戏的变化，经过年代的考验，成为广大劳动人民喜闻乐见的图纹艺术。

2. 庙台

距离魏塔（塌）村不远处有一座庙台，其主要功能是祈雨求福，是极度缺雨的年份村民们祈求龙王降雨的场所（图6-3-10）。

二、马家湾村

（一）概况

马家湾自然村位于延川县贾家坪镇西北方向四公里处，东南临舍古自然村，西北接樊家川自然村，南接曲溪交村（图6-3-11），隶属于陕西省延川县贾家坪镇磨义沟行政村。村域面积9平方公里，村落面积330亩（图6-3-12），于2019年被列入第五批中国传统村落名录。

马家湾村内有元代以前的村落遗存，但村名已无可考证。目前最早的记载为，明朝初年山西洪洞县大槐树移民，马氏迁居延川县县城，并在西北方向定居，得名马家湾村。马家湾村的迁徙始祖挖土窑洞、搭建草棚、栽植槐树、立木定居。在明朝中期，村中出了马千户，名叫马仰轩，其家财万贯、富甲一方，扩建了石窑洞群和石板瓦房，在此世代繁衍，分门立户。家族于同治年间开始没落，十室九空，之后不断有其他姓氏迁来定居，形成了今天的马家湾村（图6-3-13）。

(a)谷歌卫星图

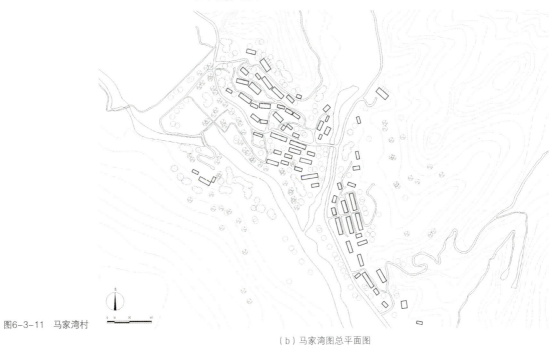

图6-3-11 马家湾村

(b)马家湾图总平面图

图6-3-12 马家湾自然村

图6-3-13 马家湾入口空间

(二)聚落选址与总体布局

1. 聚落选址

村落选址于坐北向南的台地脊梁处,占据了两川一山三大吉门:开门、休门、生门。东山高大西山小,背靠大金山,面朝小金山,左右带水,山河关拦,曲径通幽。村落的东西两岸通过桥梁连通,祖师庙位于东川桥南,村落南侧依靠河流形成大片农田(图6-3-14)。

图6-3-14 村落选址

2. 聚落布局

村落规模小，层叠式排布，在适宜的坡度上集中发展。整个村落巷道三纵六横，构成井字大道，通往外界的主干道路穿村而过（图6-3-15）。村落建筑分为18组窑洞群，河东另有零星窑洞（图6-3-16）。

（三）建筑特征

整体建筑群建造在坐东向西的山麓上，正窑靠山，斜留厢房，每户均有大门（图6-3-17），建筑材料为砖石，棚房顶一梁两檩，窑洞多为拱形窑（图6-3-18）。门窗多为木材建造，分为天窗、左右斜窗，主支框架有闹檐、圆檐、平檐、门板及窗框，门窗多饰吉祥图案。

马家湾自然村格局风貌特色突出，整体街巷四通八达，院落空间独具特征且保存完整。

图6-3-15 街巷空间

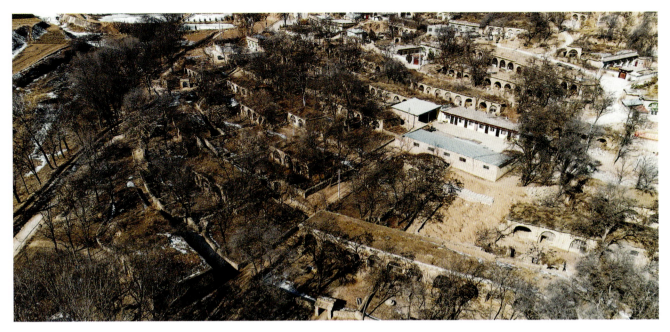

图6-3-16 聚落布局

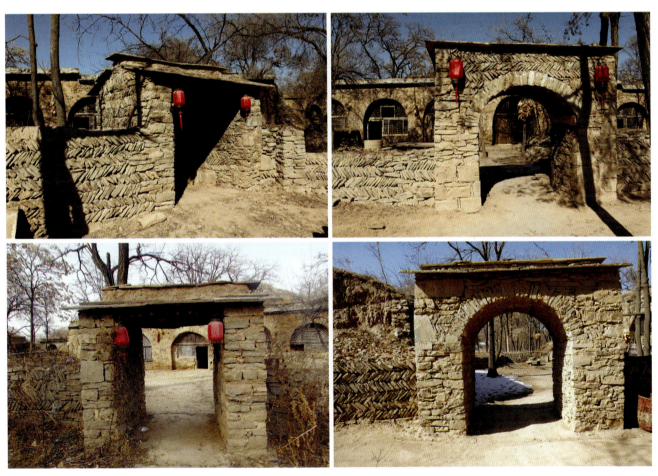

图6-3-17 院落大门

图6-3-18 马家湾村窑洞建筑

第四节　河谷平原线形窑洞聚落

一、木头峪村

（一）概况

木头峪村位于陕西省北端的秦晋黄河大峡谷，佳县县城南20公里处的佳碛黄河画廊中段，隔黄河与山西临县相望（图6-4-1）。

木头峪古称"浮图峪"或"浮图寨"，村落南北长3公里，东西宽1公里，两条街道南北贯穿，并与巷道网络相连接。村落是昔日走西口的驿站，秦晋商贾过往云集于水旱码头，在以水运为主要交通方式的年代，位处黄金水道旁的木头峪村，其繁荣鼎盛与门前这条黄河息息相关。这里也是全国著名的有机红枣产地，被誉为"民俗文化村"，于2019年被列入第四批中国传统村落名录。

目前保存较完整的传统民居院落有27处，均为明、清建筑，此外还保存有老祠堂、石堡、古戏楼、文昌庙、归云寺、鱼山古庙遗址、古路洞、戏楼等建筑（图6-4-2）。

（二）聚落选址与总体布局

1. 聚落选址与总体布局

木头峪村背依大山，整体布局环绕黄河，与枣林相映，别具特色（图6-4-4）。黄河平静而缓慢地淌过，是天然的"好渡口"，大峡谷两岸天然水蚀呈现出鬼斧神工的自然景观（图6-4-3、图6-4-5）。

图6-4-1　木头峪村

图6-4-2 村庙

图6-4-3 木头峪村黄河特色景观

图6-4-4 木头峪村鸟瞰图

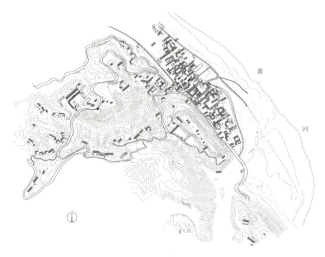

2. 道路交通

村内道路蜿蜒曲折，街巷空间内向封闭。木头峪村最初由苗、曹、张三大姓氏组成，三大家族为区分土地，建立门户，每家族各大户均设有大门。旧时大门现已不存在，仅存留下门洞，即现在村内的路洞，路洞宽1.8~2.5米（图6-4-6、图6-4-7）。

图6-4-5 木头峪村平面布局图

图6-4-6 木头峪村路洞图

图6-4-7 村落街巷

（三）建筑特征

木头峪村传统民居多为明清两代所建，建筑风格独特，保存完整，所有传统民居建筑均以文昌阁与戏楼广场为中心，纵横分布于南北两条主街道上。纵有主街，横有巷连，纵横有序，曲径通幽，登高鸟瞰，整体建筑布局呈"井"字南北横亘于黄河边上。

民居分布在小巷内，正窑坐北朝南，窑洞一排排分布，而且大都按姓氏分布。古民居有普通窑洞约68院，大部分建于前村，全部是石头四明头窑洞，石板雨檐，有三孔一院、五孔一院不等，石头卷洞大门和简易大门，石头围墙，石头羊圈、猪圈，大部分院内有石磨。明柱抱厦古民居院约46院，窑洞东西成排，跨街道路洞相连，走脑畔可直通西山边。明柱抱厦民居多为四合院，石窑为正，左右厢房、下院过厅、大门组成。四合院的正窑檐头均为明柱抱厦，高约5米，宽约3米，厦檐上方为桶瓦滴水，有脊有兽。窑洞窑面大都由白灰黄泥抹面，明柱挺拔玉立，柱下支有青石圆形石鼓，柱间中腰有二梁，二梁上陈放着大小不等的枣笆，柱与窑面间又有撑梁。大门有石砌窑洞式带雨棚，也有灰砖门楼式。进入大门之后，还有建影壁墙的，有些大门左右还有两个偏门，前方为中门，中门门面上方镶嵌有匾额。门窗用松、榆木做成，雕刻花草鸟类，网格状，各有不同。

民居大门向西和向东正对大街，大门建造别致精美，门头有砖雕、石雕、木雕装饰，雕刻有犀牛望月、莲花、日出大海等图案，民居多为木质结构，硬山式起脊砖瓦盖顶。大门顶部有脊有兽，大门上方悬有含义不同的匾额，如"文魁"、"积德乃昌"、"书香门第"、"勤俭持家"、"忠厚承家"、"忠孝持家"等，它代表了主人的身份和道德追求。木头峪村曾有古八景赞美："香炉晚照、远寺钟声、鱼山云雾、楼阁雄风、魁星叠翠、东河唤渡、古寨虎踞、三楼骑街"（图6-4-8~图6-4-11）。

木头峪传统民居院落依山傍水，布局齐整，四合院落，方正对称，明柱抱厦，斗棋橡檩。木头峪民居建筑风格在我国特别是明、清所保留下来的古建体系中十分罕见，具有重要的保护利用价值。

图6-4-8　佳县木头峪村传统民居建筑

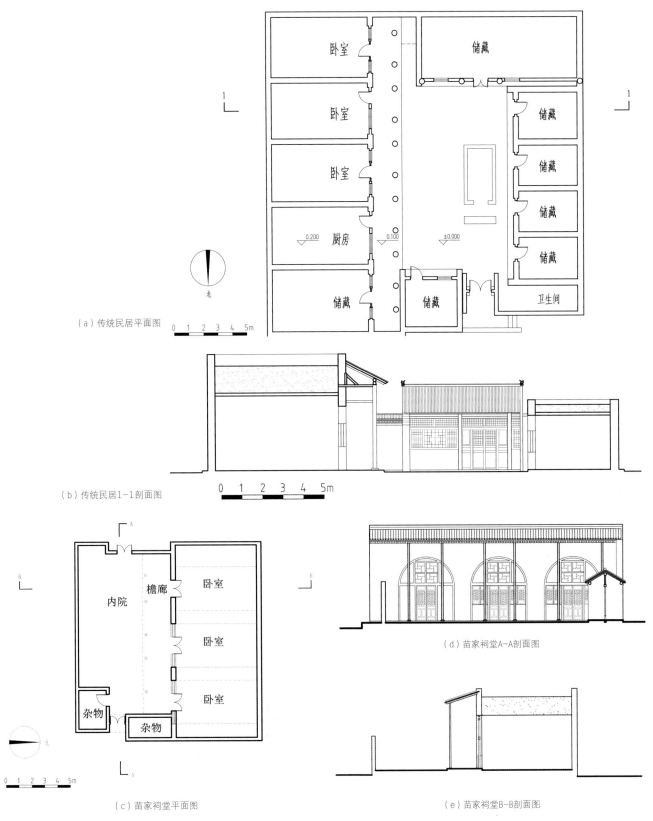

(a) 传统民居平面图

(b) 传统民居1-1剖面图

(c) 苗家祠堂平面图

(d) 苗家祠堂A-A剖面图

(e) 苗家祠堂B-B剖面图

图6-4-9 传统民居测绘图

(a)门头

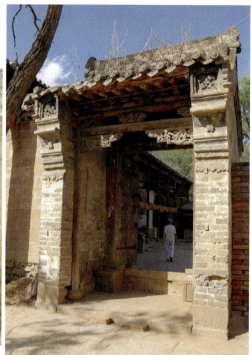
(b)门头

(c)门头石雕

(d)门头石雕

(e)门头木雕

(f)门头木雕

图6-4-10 木头峪村门头及雕刻细部

图6-4-11 木头峪村匾额

二、郭家沟村

（一）概况

郭家沟村隶属于绥德县满堂川乡，形成于元代以前。村落距离县城17公里，毗邻307国道，交通便利（图6-4-12）。其北至满堂川乡赵家坬崂村，南临满堂川乡赵家铺村，东至满堂川乡常家沟村，西至满堂川乡罗家沟村，村域总面积6平方公里。郭家沟村地处典型的黄土高原丘陵沟壑区，四季气候干燥，夏季降水量少，春秋受沙尘暴气候影响较大。以种植玉米、土豆、黄豆、谷子为主。

郭家沟村历史悠久，据传郭氏先祖从山西洪洞县迁徙而来，最后定居于此。村落窑洞院落数量众多，保存完整。1998年，郭家沟村民郭鹊飞在郭家沟成立了美术写生基地，自基地成立以来，接待了来自全国各地美术院校的师生前来写生。依托陕北传统民居的吸引力，这里也受到了影视作品拍摄者们的青睐。近年来，来此拍摄电视剧的剧组络绎不绝，其中就包括了《保卫延安》《平凡的世界》等著名的电视剧。2014年郭家沟村已被列入第三批中国传统村落名录。

（二）聚落选址与总体布局

1. 聚落选址

郭家沟村坐落于河谷川道一侧的坡麓台地区，位于山脚处，背倚缓坡；村落与河流相邻，河道宽阔，不遮挡民居的日照；村落毗邻城市主干道，交通便利。郭家沟村的选址特征可概括为倚山、邻水、近路（图6-3-13）。

2. 聚落布局

郭家沟村依山而建，呈由北向南走势，沿着山体等高线逐步延伸发展；所处河谷较为宽阔，农耕用地在较平坦地区，民居建筑则聚集在一侧的山坡上，山、水、林、田相互平行。村落以窑洞院落为单元，或成排连线沿地形变化，或成团镶嵌于山间，形成高低错落的空间布局形态（图6-4-14）。

郭家沟村的边界由周边山水组合而成。村落西部紧邻一条由北向南流淌的河流，河流限制了村落向南发展，河流形成村落南侧边界。村落的另一边是连绵的山体，建筑在缓坡上层层叠起，山体成为村落的另一边界（图6-4-15）。

(a)谷歌卫星图

1 寺庙
2 三官庙
3 娘娘庙
4 山神庙

(b)郭家沟村总平面图

图6-4-12 绥德县郭家沟村

3. 街巷布局

郭家沟村的街巷以平行于等高线为主要方向，水平向发展，建筑上下交错排布，当水平向生活动线达到限度时，纵向街巷形成。在地形作用下，遇较陡坡度，人们往往无法直达，只能"迂回"，故村落街巷以"之"字形为主（图6-4-16）。

郭家沟村的街巷空间层级分为主道、次道、小道三个等级。主道在村落入口处将河道与村落分开，并连接外围民居建筑组团，形成一条轴线，宽度约为4米。次道为村落内部的横向街巷，宽度为2米左右，是村落主要的生活巷道，是村民交往最为密集的地方。三级街巷为地势高处的建筑组团之间的小道，此处的建筑数量较少，只有少数人活动，故小道尺度最为狭窄（表6-4-1、图6-4-17）。

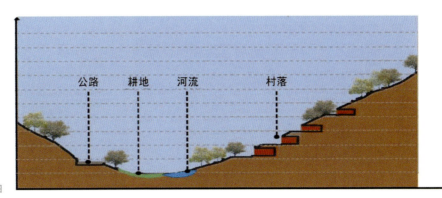

图6-4-13 郭家沟村落选址格局剖面示意图

图6-4-14 郭家沟村空间布局形态

图6-4-15 郭家沟村边界

(a)纵向街巷

(b)街巷分叉口

图6-4-16 村落街巷

郭家沟村街巷尺度分析　　　　　　　　　　　　　　　　　　　　　表6-4-1

街巷等级	图示	D/H	空间用途及心理感受
主道	(宽4000，高4000)	1	村落最宽阔的道路，一侧临河，一侧靠山坡，山坡一侧高度随着坡度会有不同，宽度为4米，可通汽车。空间宽敞但不适宜长时间停留交往。
次道	(宽2000，高2200)	1.1	村落主要的街巷，生活使用最为频繁，一侧由民居院落墙体围合限定，尺度适宜，2米左右，可遮挡内外视线，同时又无压抑之感。
小道	(宽1500，高2200/1700，下坡路500)	0.8	在村落的边缘区域或地势起伏变化区域街巷会变窄，左图为一处斜坡街巷，墙体一侧随着地势由高度变化。巷道宽1.5m左右。

图6-4-17 郭家沟村街巷空间

（三）建筑特征

1. 建筑选址

黄土高原的人们修宅院重视选址，盼望财源广进，子孙满堂，人丁平安。民居择基时多选择在坡地向阳地段，既满足采光要求，又使得聚落呈现靠山分布的特征。郭家沟村的民居建筑选址符合陕北黄土文化背景下的选址原则。

村落位于南北向河谷川道上的东侧坡麓台上，民居建筑大多坐东朝西，只有少数的建筑在现有环境条件下调整为坐北朝南（图6-4-18）。

居住建筑多以矮墙围合成院落空间，在正屋的左右两侧或一侧有由块石或片石砌筑而成的低矮棚屋，作为辅助性用房。窑洞均面向院落内部，入口设置在正屋的对面，部分建筑在入口旁设置倒座窑洞。

2. 民居特征

郭家沟村的传统民居主要是靠崖式窑洞，现有传统窑洞176孔。每户民居设有大门（图6-4-19），窑洞一般3~5孔联排布置，中窑为正房，其余为厢房（图6-4-20）。

修建年代较早的石窑窑腿用的是片石、块石或毛块石；晚清石窑腿粗錾出面，码头石粗錾平面；民国年间石窑码头石、腿石、口石多为细錾出面，挑石窑檐工艺精细致，大门格局古朴大方，个别大门砖雕、木雕较细致，村中保留一处罕见的木质透雕大门。明清至民国年间，院落石墙或为花墙、或为片石堆积，做法是用石头一层一层砌筑，最后在顶部覆盖石板及土层（图6-4-21）。

图6-4-18 郭家沟村建筑组团

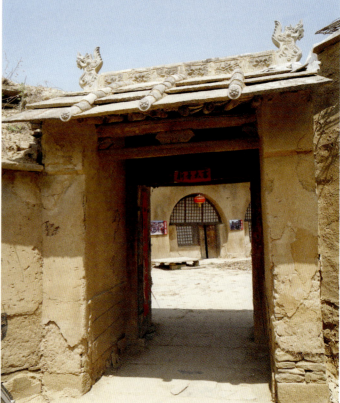

图6-4-19 民居大门

图6-4-20 马家湾村窑洞民居

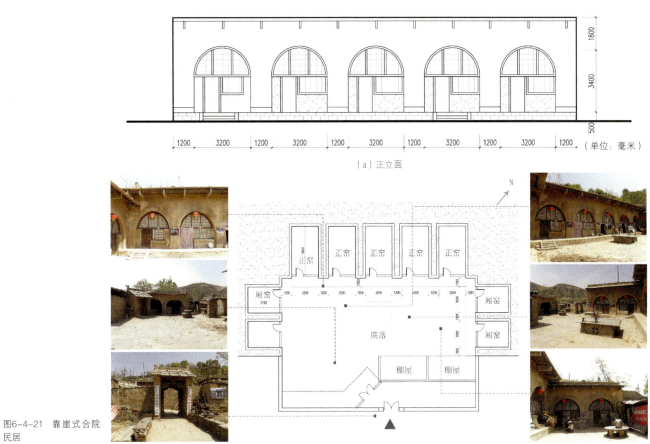

(a) 正立面

图6-4-21 靠崖式合院民居

(b) 平面图及实景

第一节　低山丘陵坡地邻水——蜀河古镇

一、概况

安康市旬阳县蜀河古镇位于蜀河与汉江交汇处的汉江北岸，北依秦岭，南傍巴山，地处蜀河镇的中部（图7-1-1），西距旬阳县城53公里，北与双河镇相接，是蜀河镇的政治、文化、经济中心（图7-1-2）。

蜀河为古蜀国所在地，蜀河古镇又称"育溪"，历史悠久，文化底蕴深厚。据《水经注》记载，北魏曾在此设育阳县，废于后周。明清时期，水陆交通较发达，吸引着四方商贾前来做生意、开当铺、设行店，促进了蜀河镇经济的繁荣，素有"小汉口"之称。中华人民共和国成立初期，曾在此建立上关县人民政府，1956年5月设蜀河镇人民政府，是当时全省县级以下四个建制镇之一。

蜀河镇在1996年10月乡镇机构改革前属原蜀河区公所管辖，有七乡一镇（即仙河乡、观音乡、尖山乡、三官乡、何家乡、沙沟乡、兰滩乡、蜀河镇）。1996年10月份全县大规模实行"撤区并乡"，将原仙河乡、观音乡、尖山乡合并成立新的仙河乡人民政府，兰滩乡划出，单独设立乡政府，由原三官乡、何家乡、沙沟乡、原蜀河镇（建制镇）合并组建成新的蜀河镇。

蜀河古镇所在地的蜀河镇2014年2月被列为中国历史文化名镇。

二、聚落选址与布局

（一）聚落选址

蜀河古镇的总体格局是中国传统农耕社会中商贸交通集聚、择址而居意识形态的一种反映模式。从西晋始建择址到蜀河古镇格局的最终形成，古人都在不断选择最佳风水，并在古镇建设中不断地改造和修护传统景观，保护生态环境（图7-1-3）。

（二）巷道格局

蜀河古镇以红岩碥为基础，沿山脚向东发展（图7-1-4），属于低山丘陵坡地邻水聚集型聚落。整体呈现出带形布局，蜀河从北向南穿过。南入口为目前主要出入口，传统街巷体系明确，"三纵五横"的街巷体系清晰地反映了古镇的发展过程（图7-1-5）。部分院落与街巷地面为卵石、青砖、板石拼花而成，建造精美（图7-1-6）。院落入口设上马石、拴马桩，展现了精湛的石刻艺术水平。

图7-1-1　蜀河古镇周边环境示意图

(a) 谷歌卫星图

(b) 古镇鸟瞰

图7-1-2 蜀河古镇

(c)古镇夜景

图7-1-2 蜀河古镇(续)

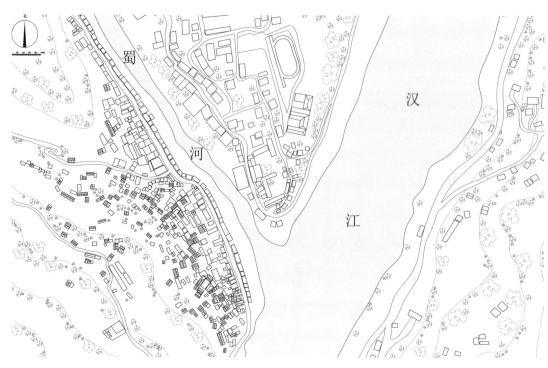

图7-1-3 蜀河古镇平面布局图

图7-1-4 蜀河古镇航拍（来源：李爽 摄）

图7-1-5 蜀河古镇城门

图7-1-6 路网巷道

三、建筑特征

蜀河古镇以后山红岩碥为龙脉,东临蜀河,南接汉江,远处500米的太阳包峰为朝山。各民居院落均以后山为轴线,各院住宅稍做调整,形成最佳的风水环境。传统建筑多以砖木结构、屋顶以双坡板石顶和瓦顶为主(图7-1-7)。

蜀河古镇有三处传统建筑被认定为文物保护单位,分别是省保单位黄州会馆,县保单位杨泗庙和清真寺。

古镇内民居空间形式随地势而变化,按形态特征分为庭院式与非院落式民居,其中保存较为完好的有时家大院、王公馆、城南书院、江西会馆、蜀河电报局等(图7-1-8~图7-1-13)。

黄州会馆(图7-1-14)位于村后坡,原名"护国宫",始建于乾隆年间,由在蜀河从事商业贸易的黄州籍商号、帮会集资兴建,前后历经几代人,近百余年。初创立时仅正殿三间,道光二十七年(1847年)续建拜殿,至同治十二年(1873年)又"刻角丹楹"、"几费经营"、"姚数千斤"修成乐楼,光绪元年(1875年)刻《修建蜀河口黄州馆碑》称黄州会馆为"在蜀贸易之诸君倡举而成","积公房之租税,抽会帮之盈余"(图7-1-15)。

黄州会馆总占地面积1650平方米,建筑面积960平方米,现存正殿、拜殿、乐楼、门楼,所有殿宇均为清代砖木结构建筑(图7-1-16),自前至后,以中轴线为基准,左右对称,依地势呈台阶状上升,整体建筑群层次分明。

正殿面阔11.65米,进深7.69米,硬山式屋顶。拜殿面阔与正殿相同,进深8.2米,檐柱高6.2米,中柱高8.3米,也是硬山式屋顶。拜殿正对面是乐楼,为高台建筑,重檐楼阁,楼顶为歇山式屋顶。正脊正中镶嵌瓷瓶,两端安有鸱吻,岔脊上用灰泥作汉文装饰,翘角作45度升起。乐楼前台没有山墙,便于观众从正面、侧

图7-1-7　蜀河古镇风貌

图7-1-8　蜀河古镇时家大院

图7-1-9　蜀河古镇王公馆

图7-1-10　蜀河古镇城南书院

图7-1-11　蜀河古镇江西会馆

图7-1-12　蜀河古镇电报局

图7-1-13 蜀河古镇民居

图7-1-14 蜀河古镇黄州会馆俯视

图7-1-15 蜀河古镇黄州会馆入口

图7-1-16 蜀河古镇黄州会馆内院

面观看演出。乐楼错落有致、翼角重叠、构思巧妙、制作精巧。黄州馆门楼与乐楼相连，实际上为乐楼后墙的随墙门。门面饰作三重檐牌楼，正楼高10米左右，大门额枋为石雕，门前有对称抱鼓，抱鼓两面分别雕刻着四种祥鸟瑞兽。正门上方竖书"护国宫"三字，两边分别书写"金墉"、"玉扃"。

黄州会馆修建所用的墙体砌筑材料均是专门定制的，每一块砖上都印制有"黄州馆"三个字，使得整个建筑更有标识性（图7-1-17）。

杨泗庙位于蜀河古镇后坡南端，坐西向东，背依山坡，南滨汉江，面对蜀河、临汉江老码头，为清代蜀河"船帮"会馆，始建年代不详，但据残碑推断，创建于清朝中期（图7-1-18）。

清初以来，商品经济发展迅速，商贸流通发达。因蜀河是汉江上游重要的交通要道，故成为陕南最大的物资集散地之一。南货至此北上柞水直至西安，北货至此装船南下至老河口到武汉等地。水运极为兴盛，船楫连接数里，日泊大小船只百余艘。于是船主和船工集资在蜀河口修建古雅壮观的"杨泗庙"，将此地作为议事和来往聚会、休息场所。又因汉江滩多险急，各类船只到此停驻，至杨泗庙祭拜杨四爷以求来往平安，一帆风顺。

杨泗庙占地面积1150平方米，建筑面积680平方米。现存的建筑有上殿、拜殿、乐楼和门楼，门楼两侧封火墙作卧龙状，具有鲜明的南方建筑特色（图7-1-19）。庙内原存有同治六年（1867年）和光绪八年（1882年）的保护船户利益碑，并收入县志记载，具有较高的历史价值，门庭北端有二石窟，古洞前岩壁上刻有明弘治十一年（1498年）和万历十一年（1583年）汉江洪水题刻二处（图7-1-20）。

杨泗庙正门两侧有青瓷嵌贴对联一幅，上联是"福德庇洵州，看庙宇巍峨，云飞雨卷岿屹立"；下联为"威灵昭汉水，喜梯航顺利，浪静波平任遨游"。因杨泗庙是"船帮"乞求神佑之地，故其戏楼又名"明德楼"。每年六月初六，举办杨泗庙会，院内搭台唱戏，上演汉剧等各种地方戏剧，热闹非凡。同时，又是当地群众物资交流的场所。

清真寺位于蜀河古镇黑沟的悬崖绝壁之上（图7-1-21），始建于明嘉靖年间，距今已有380多年历史，是陕南最大、最古朴的清真寺。民国6年（1916年）曾进行过一次扩建，庙宇建筑保护完好（图7-1-22～图7-1-24）。

四、非物质文化遗产

蜀河古镇历史悠久，非物质文化遗产丰富。

（一）端午龙舟

端阳节民间俗称端午节，是一年中的三大节日之一，传说是为祭祀楚国三闾大夫、爱国诗人屈原而延续至今的一种民俗。习俗与屈原《楚辞》所描述的湘楚习俗有一定关系，也与湖广移民到安康后的传播和影响有关，端阳节的南国风情在安康民间特别浓郁。其中重大

图7-1-17　蜀河古镇黄州会馆刻字砖面

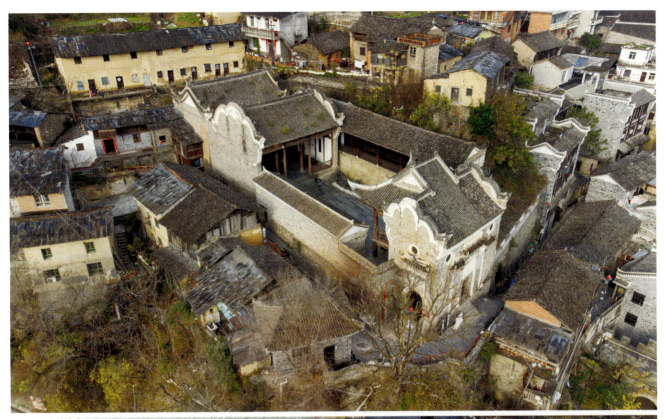

图7-1-18　蜀河古镇杨泗庙鸟瞰图

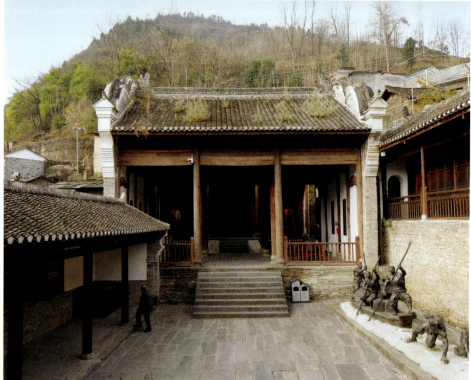

图7-1-19　蜀河古镇杨泗庙

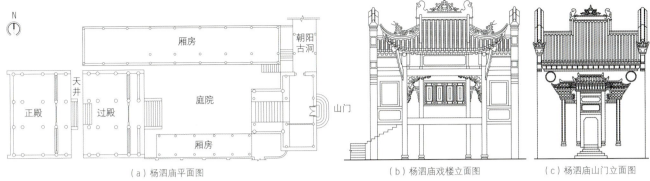

(a) 杨泗庙平面图　　(b) 杨泗庙戏楼立面图　　(c) 杨泗庙山门立面图

图7-1-20　杨泗庙平面、戏楼立面、山门立面图（来源：程华旸 绘）

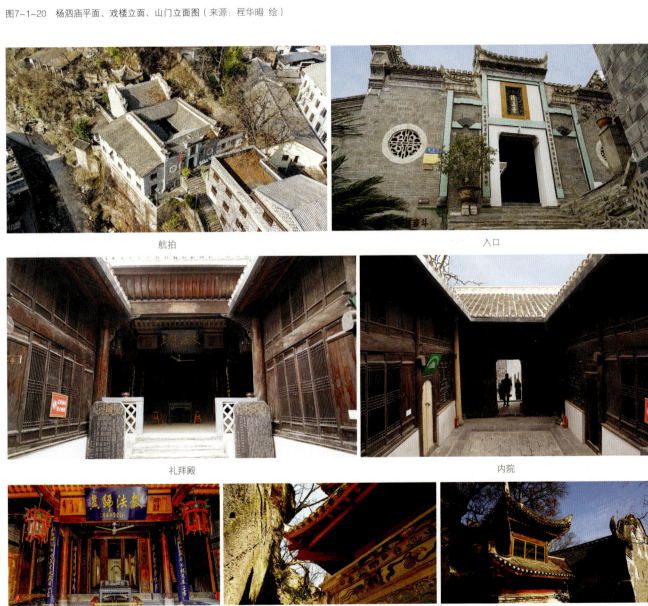

航拍　　入口

礼拜殿　　内院

内部装饰　　檐口彩绘　　屋顶形式

图7-1-21　蜀河古镇清真寺

图7-1-22 蜀河古镇清真寺内院

图7-1-23 蜀河古镇清真寺内院

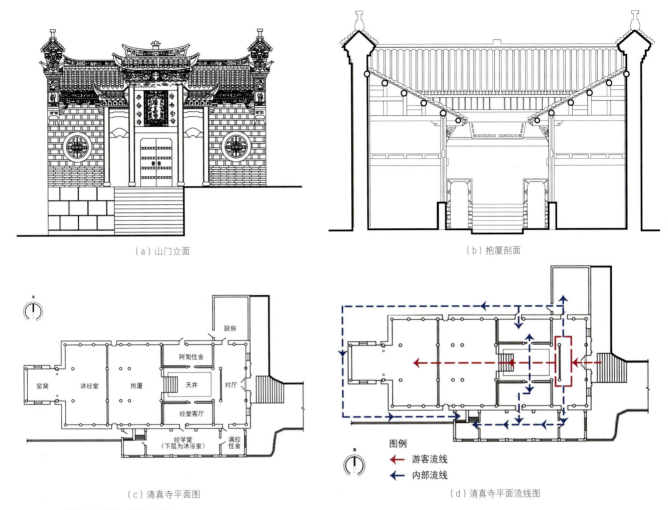

图7-1-24 清真寺（来源：程华旸 绘）

的群众性文化活动就是"龙舟赛"，在安康，这是汉江沿岸旬阳、石泉等各县每年必须举行的大型活动。

（二）春节灯会

正月十五烧狮子首先要做花子，就是土制烟花，家家户户自己制作，这已成为蜀河古镇的一种传统。正月十三日夜出灯，正月十五日达到高潮，正月十六日收灯。龙灯舞是夜晚玩灯的主要形式，灯队每到一家，视场地大小，将仪仗灯排在主家大门两旁或均匀分布在玩场四周，由珠灯引导龙灯左右来回游动一圈，再由下而上盘旋一个反复，而后进行喝彩，彩词由一人领唱，众人和"好"。一阵过后，再换成滚龙耍法，玩够四个方向，便玩螺丝盘顶，待演员集中时再唱谢彩词转场。流行于民国时期及中华人民共和国成立之初的有蜀河站龙、蜀河滚龙，以及神河狮子。

（三）传统曲艺

安康花鼓戏包括"八岔戏""小调戏""大简子戏"三种地方小型歌舞。最早来源于湖北郧襄一带，后沿汉江传入安康，与各地山歌调子融合在一起，形成一个定型的地方剧种。安康尤以旬阳、汉阴、紫阳、平利花鼓最有代表性。

第二节　低山丘陵坡脚邻水——青木川古镇

一、概况

汉中市宁强县青木川古镇西连四川省青川县，北邻甘肃省武都区，南接四川省广元市，东距宁强县城136公里（图7-2-1）。青木川古镇历史悠久，羌族文化、秦巴文化相互交融，旅游资源丰富。村内的主要历史遗存有回龙场古街（修建于明成化年间）、魏氏庄园、辅仁中学等传统建筑群（图7-2-2）。

青木川古镇形成于明代，成型于清代中后期，鼎盛于民国时期。该村曾是羌汉杂居地区，明朝时称草场坝，后建回龙寺，遂改称回龙场。民国期间，传奇人物魏辅唐曾统治该地区二十余年，在此期间商业发展繁荣、兴修水利、建学校、办剧社、筑路修桥，村落的发展达到鼎盛（图7-2-3）。

青木川古镇为青木川镇政府驻地。青木川镇先后被评为"全国特色景观旅游名镇""中国历史文化名镇""全国最具潜力十大古镇"及"最具潜力十大乡村游目的地"。2014年11月，青木川入选第三批中国传统村落名录。

二、聚落选址与布局

（一）聚落选址

青木川古镇背靠龙池山，面对金溪河，符合典型的"负阴抱阳，背山面水"的中国传统村落选址理念（图7-2-4）。北面龙池山、青木川古镇聚落、南面笔架山形成独特的借景、对景等景观效果。

青木川古镇依山临水而居，以便取得生活和灌溉用

图7-2-1　青木川古镇谷歌卫星图

水，植被可保持水土稳固，缓坡可避免淹涝之灾，有利于形成良好的生态环境和局部小气候，形成良性的生态循环。

（二）总体布局

青木川古镇自然环境优美，青山绿水环抱，属于低山丘陵坡脚邻水带状型聚落，从南到北依次有笔架山廊道、金溪河廊道、龙池山廊道三条生态廊道从镇区穿过，共同构成了古镇"川"字形自然生态环境的骨架。

（三）传统街区

青木川古镇的核心景区——回龙场老街，在当地的传说中象征着保佑一方水土的神龙，回龙场老街又有龙回头的说法。与回龙场老街隔河相望的龙延新街，其形态顺应水势，也呈龙形。一新一旧两条街都呈龙形，恰好和地处东面山顶的回龙阁暗合，构成"双龙戏珠"的吉祥图腾，寓意着人们对美好生活的追求。回龙场是青木川古镇老街的传统称谓，其依山傍水，蜿蜒800多米。回龙场老街相传发轫于明代，形成于清中期，繁盛于20世纪40年代，曾是陕甘川三省交界地带最繁荣最负盛名的商业、文化交流场所（图7-2-5）。

三、建筑特征

（一）民居

青木川古镇曾经是羌汉混居地区，传统建筑历经百年沧桑，现留有大量保存完好、风格迥异的传统民居。这些民居代表了明、清、民国不同时期的不同风格。传统民居风格古朴，尽显村落的静谧安详。古街上的建筑大多雕梁画栋、四水归堂，也有吊脚式、旱船式或中西合璧式。在细部上，建筑设计追求精巧、布局严谨，砖、木、石雕做工精细，华丽考究。同时在每户民居中的门楣、照壁等处，都写有蕴涵平安吉祥等传统哲理思想的语句（图7-2-6）。

（二）公共建筑（图7-2-7）

1. 魏氏庄园

魏氏庄园是魏辅唐住宿和办公场所，分为并排相连的新、老两处宅院，现为省级文物保护单位。老宅院始建于民国16年（1927年），民国18年（1929年）落成，分前后两进院落，共有房屋61间。宅院背靠凤凰山，面对龙池山，有"凤凰遥对鱼龙池，神仙居所度晚年"之说。

新宅院原有三进院落（图7-2-8）。第一进主要用于粮油加工和仓储，已被拆除。新宅院和老宅院相比，更多地融入西方的建筑风格和近代建筑文化，简洁宽大，庄严肃穆，分前院、书堂和后院，由造型一致的两个四合院构成，两层砖木结构，建筑整体中轴贯通，左右前后均匀对称，有宫殿的韵味。建筑材料主要为大青石、砖、瓦、木料。檐坎、台阶由五六米长的青石条做成，天井地面全由石板铺筑，整齐划一。柱子、楼梯、楼板、扶手均为木制，小方格双扇门窗相当精致，所有木制材料至今都未显现腐朽的迹象，可见当时选料的严密（图7-2-9）。

2. 辅仁中学

辅仁中学始建于1942年，于1947年竣工落成，是魏辅唐时期青木川地区的文教设施。校址占地3.3公顷，由魏辅唐长兄魏元臣捐献。有教室数十间，礼堂和教师办公楼各一座。1989年9月，辅仁中学礼堂两边的教室被拆除新建。现在的辅仁中学，是2005年5月扩建的，在建设中保留了原有的礼堂和礼堂后的教学办公楼（图7-2-10）。

图7-2-2 青木川古镇鸟瞰图

  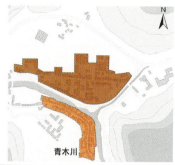

明正统年间，于川谷沿河建房，形成村庄，称为草场坝。

明国年间，于川谷沿河继续建房，以凤凰山象征，称为凤凰乡。

近年来，于金溪河西岸继续修建新房，形成南北两岸新旧两街，称为青木川。

图7-2-3 青木川古镇发展演进示意图

图7-2-4 青木川古镇平面布局图

图7-2-5 青木川古镇回龙场老街

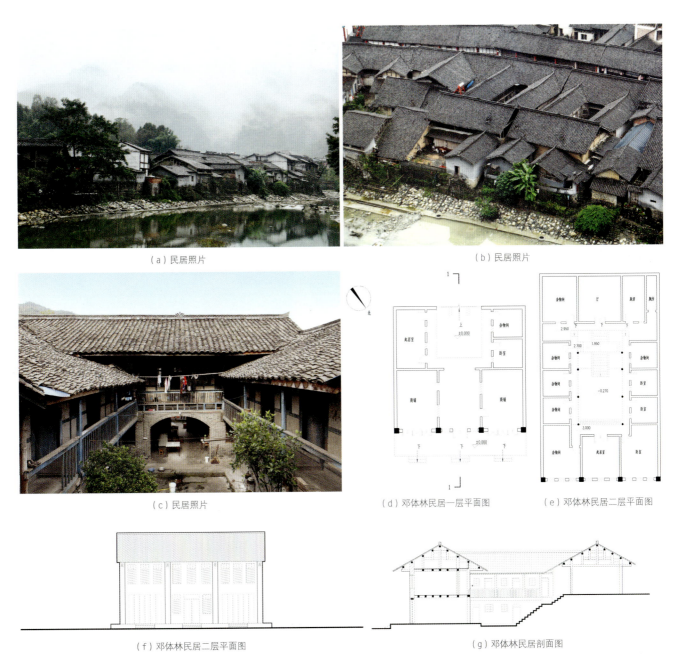

图7-2-6 青木川古镇

3. 荣盛魁

荣盛魁，坐落在中街有名的"旱船屋"，是青木川古镇的标志性建筑，外形像是一艘巨舰，又建在陆地上，故而得名，是国内少见的船型建筑物。

荣盛魁是当年三省边界有名的休闲娱乐场所，主要对象是外来客商。该建筑三级逐渐封顶，里面是层层包厢，各有级别门号。这些包厢是仿照轮船的格局、船舱的等级排列的，步步升高的青石阶梯、精美的造型和风雨侵蚀的门窗上残存的雕刻图案，都诉说着这座高大建筑昔日的繁荣（图7-2-11）。

图7-2-7 青木川镇公共空间布局图

(a) 魏氏庄园鸟瞰图　　(b) 魏氏庄园内院

(c) 魏氏庄园内院　　(d) 魏氏庄园内院

(e) 魏氏庄园内院　　(f) 魏氏庄园外廊

图7-2-8　魏氏庄园

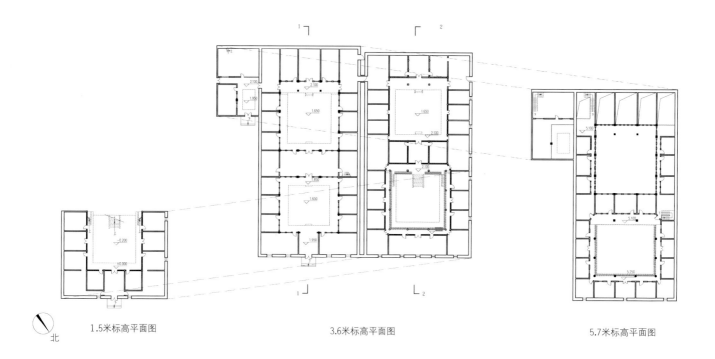

1.5米标高平面图　　3.6米标高平面图　　5.7米标高平面图

北

1-1剖面图

2-2剖面图

图7-2-9　魏氏庄园平面、剖面图

（a）辅仁中学大门

（b）辅仁中学教学楼

（c）辅仁中学报告厅

（d）辅仁中学外环境

（e）辅仁中学报告厅内部

（f）辅仁中学报告厅内部

图7-2-10 辅仁中学

(a) 荣盛魁屋顶

(b) 荣盛魁牌匾

(c) 荣盛魁室内

(d) 荣盛魁室内

(e) 荣盛魁室内

图7-2-11 青木川古镇荣盛魁

4. 唐世盛

唐世盛是20世纪40年代魏辅唐为发展青木川商业经济，精心修建的商品贸易货栈，在陕甘川一带被往来的人视为奇观。这座房子高大、宏伟，装点奇异，且是当年宁强全县乃至三省交界地带最先用砖木结构建造的。洋房子原有四层，顶层被雷击后拆除。该建筑外观上有石拱圆门和圆顶窗，颇有古罗马式建筑风格，内部则是"四水归堂"一颗印的中式四合院落，是典型的中西合璧式建筑，故享有"洋房子"的称谓（图7-2-12）。

5. 回龙阁

回龙阁是整个传统村落的制高点，在原址上曾建有"回龙寺"，后寺庙荒废，在此修建一座两层的观景亭，称为"回龙阁"（图7-2-13）。

6. 飞凤桥

飞凤桥原名"风雨桥"，是联系金溪河两岸魏氏庄园与回龙场老街的重要通道，原是魏辅唐出资建造。当年魏辅唐曾在此修建了一座两礅三孔、桥面带石柱石栏的石拱桥，命名"济川桥"。后经过漫长时间，水上木结构部分损毁严重，当地政府于2002年将桥依原样改建为水泥桥，更名飞凤桥（图7-2-14）。

青木川古镇除了上文列举的典型建筑外，还有很多经典建筑如旱烟馆（图7-2-15）、荣盛昌等，建筑类型多样化。

图7-2-12　青木川古镇洋房子　　　　　　　　　　　　　　　　　　　　　图7-2-13　青木川古镇回龙阁

图7-2-14　青木川古镇飞凤桥

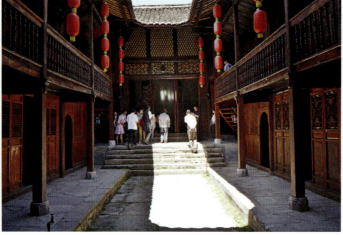

(a) 入口　　　　　　　　　　　　　　　(b) 内院　　　　　　　　　　　　　　　(c) 木结构

图7-2-15　青木川古镇旱烟馆

第三节　中高山地邻水——凤凰古镇

一、概况

（一）区位交通

凤凰古镇位于陕西省商洛市柞水县境内，距柞水县城45公里。地处秦岭南麓，社川河中游，皂河、水碓沟河、社川河交汇处。东与山阳县的小河口、牛耳川接壤，西与镇安县的回龙、柞水县的石瓮、东坪毗邻，南与镇安县的铁厂、大坪、米粮为邻，北与本县的蔡玉窑、红岩寺交界（图7-3-1）。

全镇行政区划面积163平方公里，耕地面积15400亩。镇政府驻地亦称凤镇，距柞水县城约45公里，距西安约107公里，洛柞公路纵贯全镇，宽凤、皂凤四级公路横连南北，镇区对外交通便利。镇区范围面积4.11平方公里，建设用地62.89公顷。

（二）历史沿革

凤凰古镇初建于唐朝，兴盛于明清，自唐代开始，经历了五代、宋、辽、金、元、明、清、民国共十个朝代，至今已有1400余年历史。

古镇形成于唐武德八年（公元625年），吴楚国等地的53户首批移民迁移至当时称为"三岔河口"的凤凰镇定居并逐渐发展。明清时期开通骡马驿道、水路航运，商业开始繁荣。直至民国时期，凤凰镇都是重要的商贸集镇。后来随着水运交通的没落和公路交通的发展，古镇失去了昔日的地位与作用，但其风貌特色、街巷空间肌理和大量古商铺、古民居建筑均得以完整保存。

二、聚落选址与总体布局

（一）聚落选址

古镇整体处于山环水绕的环境之中，镇区南侧为营盘山，北侧为凤凰山。老镇区集中在社川河中段南岸，后来镇区向西、向东、向北均有一定的发展，东西

(a)谷歌卫星图

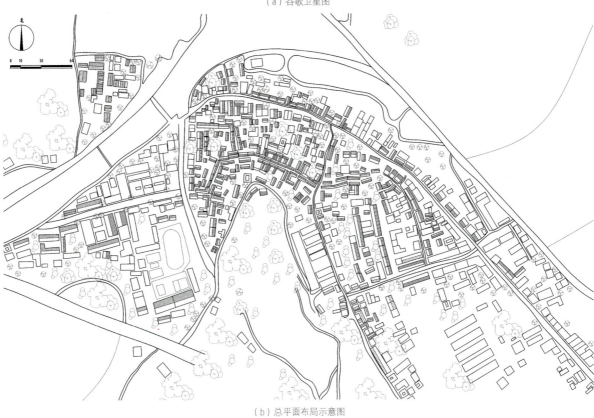

(b)总平面布局示意图

图7-3-1 凤凰古镇

方向主要沿着S307省道，北侧在皂河西侧沿着皂宽路向北发展。

古镇三面环山，仅东侧较为开阔，形成一片半围合的平原，社川河由西向东流淌而过，山水之间围合的平原土地肥沃，水源充足，北面的皂河与社川河呈丁字相交，溪流潺潺，青山绿水互相映衬，绿野田园延至山边。古镇的主要建筑均位于河流南侧的"凸岸"上，"凸岸"即河流弯曲的内环区，在河水流动转弯时，由于水流的物理惯性和向心力，在河流内弯的凸岸，河水流速会变慢，水位降低，河水带来的泥沙容易在此处堆积，使凸岸面积不断增大，可利用的土地越来越多，由此可见古人择地建设的高明之处。

古镇中心与南部营盘山和北部凤凰山同处于南北方向上，形成南北方向的一条轴线，而镇区集中建设区域正位于两座山峰中央的位置，充分体现传统理念中的秩序与中正思想。

（二）总体布局

古镇东西向古街道是主要内部空间发展轴线，民居宅院建筑在主街巷两侧依次排开，屋舍俨然，鳞次栉比。古街巷作为古镇区内部的主要发展轴线，平面形态与周边山体和水系呼应，在总体顺应周边山水走势的前提下，适度弯折的巷道，既保证了通达性，又丰富了街道空间的层次感。

（三）街巷布局

古镇东西向轴线与周边山水肌理耦合，营造了凤凰古镇秩序井然的平面。中央主街巷由东西方向延伸可贯通整个镇区，数条南北向巷道深入至街巷内部深处，该处成为古镇传统空间的核心，是可达性最好的地区，也是凤凰古镇历史上商业繁荣、店铺门面最为密集的地区（图7-3-2、图7-3-3）。

图7-3-2 凤凰古镇民居

三、建筑特征

古镇中的民居建筑类型多样，按照使用功能和院落空间布局两种分类形式对其进行总结

（一）按照使用功能分类，可分为前店后宅式和坊居式民居

1. 前店后宅式

前店后宅式民居主要分布于主街两侧，前面为店铺门面，店铺之后为起居内院（图7-3-4）。该类型的民居，店铺门面一般为单进深，而内院进深数则根据需求可多可少，但大部分都延伸至数个（图7-3-5）。

多为一层到两层，底层为木排门式的店面，设置6或8扇活动木排板，木排板都可以自由拆卸。典型实例如主街347号的康家大院，共两层，一层商业对外，二层则作为对内的储藏空间和供人休息的阁楼场所，两层之间以大

图7-3-3 街巷

图7-3-4 凤凰古镇前店后宅式民居模式图

图7-3-5 凤凰古镇前店后宅民居

梁进行分隔，以木板进行封闭。位于门店之后的内院为隐私空间，设天井或合院，为其提供良好的通风和采光。

2. 坊居式民居

坊居式民居的院落不是轴线对称，而是偏向一侧，形成"建筑—墙体"的三面围合形式。

坊居式民居中的院落一般用作手工业的加工坊，用以晾晒成品，也有部分耕种居民在此堆放农具、粮食等。具有代表性的民居如主街338号的孟家大院，早期这里是进行手工业经营的作坊，前段为门店，面向主街，门店之后为"建筑—墙体"围合的三合院空间（图7-3-6）。

（二）按照院落空间布局分为单幢式、天井式、庭院式

1. 单幢式

单幢式民居建筑既可以作商业用房也可以是生活住宅用房，将商业、生活起居等功能房间糅合一体，形成单幢的建筑物，其中包含起居室、会客厅、餐厨、储物等房间。此类民居的院落不强调其使用性，没有明显的院落限定。在古镇中这类民居建筑多分布在巷道或主街外围，大多属于民国时期建筑，年久失修，使用功能较为单一，基本用作居住与仓储。

2. 天井式

凤凰古镇所处的秦岭南麓，拥有南北方的气候共性，夏季多雨湿热、冬季干燥寒冷。狭长的天井空间能形成较大的风压，有助于将天井内的热空气拔出，形成良好的通风循环系统，这种模式主要是受到湘粤等地方移民的影响，古镇的许多建筑采用了天井式的布局方式。另一个原因是由于古镇交通便利、商贸繁华，但是古镇的土地有限，店面林立，故难以满足大庭院的要求。天井一般处于建筑的正中心位置，建筑平面围绕天井布局，前面为临街商铺，中间是天井，后面多为住房或生活场所（图7-3-7）。

（a）坊居式模式　　（b）孟家大院

图7-3-6　凤凰古镇坊居式民居

图7-3-7　天井式民居

图7-3-8　商住综合模式民居

3. 庭院式

凤凰古镇"秦头楚尾"的地理位置，使得古镇的民居建筑呈现出南北方建筑形式的特征，既有北方的合院元素，又有南方的天井元素，在纵向轴线上布局通常表现为：沿街铺面、一进院落、过厅、二进院落。

古镇的民居建筑基本分为居住和商业两种模式。单纯的居住建筑分布在主街外围空间，而以主街为轴线的两侧民居大多为商住综合的模式，主要受到其古镇商业职能的影响（图7-3-8）。

第四节　平地带状邻水——恒口古镇

一、概况

恒口古镇地处陕西省安康市，是陕西省的主要交通枢纽带，恒口古镇自古为陕南经济文化重镇。全镇总面积130平方公里，总人口7万人左右，是陕西省人口最多的镇。恒河将镇区分为东、西两个区（图7-4-1）。

恒口古镇始建于北宋，清乾隆时期发展最为鼎盛。北宋元丰八年（1085年）颁布的官修地理总志《九域志》载"西城县有衡口镇"，秦惠王更元十三年（公园前312年）在汉江北岸设置西城县，衡口镇归属西城县辖区，清顺治元年（1644年）属西乡衡口镇，康熙二十二年（1683年）属兴安州辖区，并改称为恒口镇。

二、聚落选址与总体布局

（一）聚落选址

恒口古镇深处秦巴山地腹地，处于月河川道一级阶地上，地面物质由冲击粉砂和砾石组成。其选址主要受到交通、环境和资源容量、生产与生活条件、地理因安全与防御、水利等因素的影响。

交通因素：恒口古镇处于秦蜀古道之子午道的分支上，是古代进行军粮补给、商品流通的军事和贸易重镇。往北，借由子午道，恒口的丝织品、布匹、土特产，通过安康，途径石泉，转运到关中，再销往它地；南线，沿月河而下可快速抵达汉江，与荆楚相连，便利的水陆交通，成为影响恒口古镇选址的重要因素。

图7-4-1 恒口古镇谷歌卫星图

环境和资源容量：恒口古镇处于河谷冲积平原，土壤肥沃，明清时期的移民运动，使恒口古镇人口大增，而土地资源有限，为了节约用地，民居院落、建筑开间很小，采用提高建筑密度、加大进深、拼联建造等方法。充足的水资源对于村镇的选址十分重要，恒口古镇位于恒河与月河之滨，充沛的水资源为农业灌溉提供便利，明清之际修建的千工堰、万工堰，引恒河水灌溉，使恒口农业发达，佳田水绕，桑麻列植，成为"赋税所出之地，军民养命之源"。

地理因素：恒口古镇选址于月河川道河谷冲积平原，凤凰山在南，呈东南—西北向褶皱状发育，地势陡峭，牛首山在北，呈东西向褶皱状发育，在靠近河谷平原时变得平缓，总体上，恒口古镇呈现出"两山夹一川"的地貌特征（图7-4-2）。由于山地很多，而平坦地相对很少，因此，土地显得格外珍贵，建筑呈街巷式布局，密度很高，以便提高对土地的有效利用率。

安全与防御：恒口古镇历史上存在很多不安定因

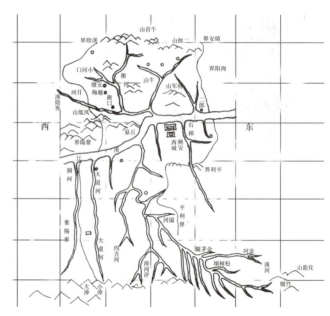

图7-4-2 恒口古镇山水地理图（来源：《安康县志》）

素，战争频繁，械斗、盗窃时有发生，来自各地不同宗族的移民，需要建立宗族团体间防御，因此，防御是古镇选址时必须考虑的一个重要因素。凤凰山山势陡峭，是恒口古镇南面的一道天然屏障，又有月河和恒河从东、西、南三面环绕，起到了护城河的作用（图7-4-3）。

水利因素：月河与恒河为恒口古镇提供了充足的生产生活用水，明清修建大规模水利工程，引恒河水灌溉，使得月河川道物产丰美。千工堰修建于明嘉靖十年，自恒河龙口闸水入堰，灌田千亩（图7-4-4）。

选址观念：恒口古镇北枕牛首山，其余脉左右相护，南眺凤凰山，月河和恒河从东、西、南三面环抱，泥沙堆积，孕育出肥沃的土地，符合传统聚落选址理论。

（二）聚落总体布局

恒口古镇历经900余年的发展，以经济、宗教因素为主导，同时受到自然、政治、军事、文化等多因素的综合作用，空间丰富，属于平地带状型聚落（图7-4-5、图7-4-6）。

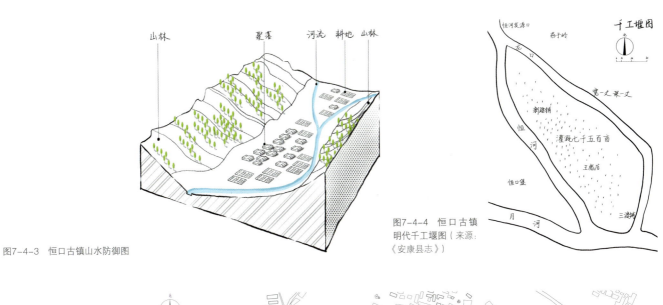

图7-4-3 恒口古镇山水防御图

图7-4-4 恒口古镇明代千工堰图（来源：《安康县志》）

图7-4-5 恒口古镇总平面图

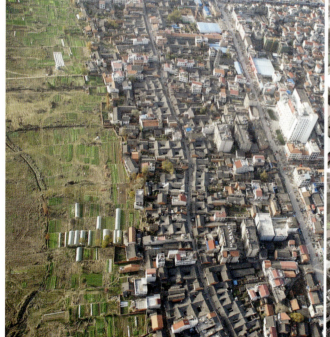

图7-4-6　恒口古镇肌理

图7-4-7　恒口古镇路网格局图
（来源：曹俊华 绘）

（三）街巷布局

恒口古镇主要街巷呈现出"两横两纵"的空间格局（图7-4-7），"两横"指"恒口大街"和"恒口古街"，"两纵"指"农贸大街"和"商贸大街"，除了"恒口古街"以外，其余街道均为20世纪80年代以后新建。

恒口古街是恒口古镇修建最早的街道，也是历史文化遗产最为集中的地区（图7-4-8），街道呈东西走向，长2.5公里。两侧建筑风格为明清时期南北混合式、双檐灰瓦坡屋顶建筑。2008年陕西省人民政府将其公布为陕西省重点文物保护单位。

恒口古街可分为东、中、西三段。东段为东部入口至原东门处，当地百姓习惯称这一段为解放路，其路面曾因抗日解放战争胜利而翻修过，自此命名为解放路。东段原本位于城墙以外，以前这里建有江西会馆，现已毁。现两侧历史建筑保存较好，入口处可远眺月河和恒河，环境风貌较好。中段为原东门至中门处，分布有天主教堂、基督教堂、土地庙、供销社、艺术团、居委会等重要建筑。在东门处建有同洲会馆和黄州会馆，生活气息浓厚。西段为土地庙至恒口小学，重要的建筑有恒口小学和三圣庙（图7-4-9）。

古街宽4米，两侧房屋高3.5米左右，两侧界面主要由店铺、马头墙构成，道路断面一律铺成青石板，暗沟排水。古街横断面主要有三种形式：一是两侧均为双檐；二是一侧为双檐，一侧为单檐；三是两侧均为单檐（图7-4-10）。屋檐以双层檐为主，主要是为了适应秦巴山区夏季湿热的气候，两层檐之间留出一定距离，以供通风。

(a)恒口古镇鸟瞰图(来源:曹俊华 摄)

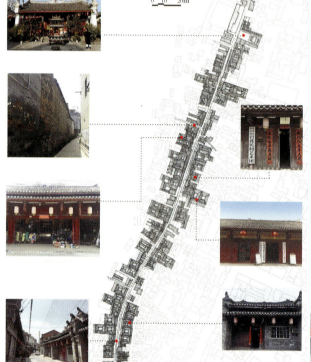

(b)恒口古街总平面图

(c)古街

图7-4-8 恒口古街(来源:曹俊华 绘)

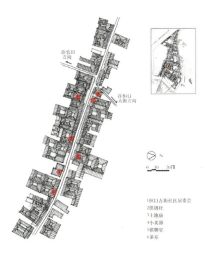

(a) 恒口古街东段平面图

(b) 恒口古街中段平面图

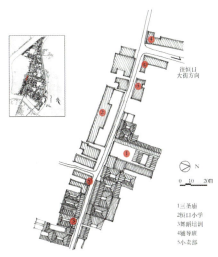

(c) 恒口古街西段平面图

图7-4-9 恒口古街各段平面放大图（来源：曹俊华 绘）

三、建筑特征

（一）公共建筑

1. 三圣庙

三圣庙建于清乾隆初，供奉儒、释、道三位教主，庙门外有两棵大柏树，树内有一窝蜂，故俗名"百里一窝蜂"，因有水井一口，又名"两柏一井院"（图7-4-11）。

三圣庙香火旺盛，每年农历三月初三、六月十九、七月二十二、九月初九，会在这里定期举办庙会，届时，会从紫阳、安康、西安等地请来各路高僧，进行各种法事活动，方圆百里的香客都会慕名而来，庙会期间，来自本地和周边的民间艺术团聚在一起，进行各种赛事表演和游行，场面热闹非凡。除去庙会之外，每月的初一、十五，当地的妇女和老人都会来这里祭拜，社区的妇女儿童，基本每天都会来此聊天、玩乐。

三圣庙是恒口古镇最重要的宗教空间、重要的民俗文化表演空间和休闲娱乐空间，在传承民间文化、教化乡邻、组织基层社会等各个方面，扮演着十分重要的角色。

2. 土地庙

土地庙位于原中门处，现于拱北巷与古街交叉口。土地庙（图7-4-12）建于清朝乾隆年间，历史悠久，相传为河南籍商人所建。

土地庙是恒口古镇重要的文化符号之一，与之相关的传说和俗语，世代相传。在过去，承担着组织乡邻、举办公共娱乐活动、祭祀等重要职能。现在，亦是古街社区邻里间茶余饭后聊天、休憩的重要场所。

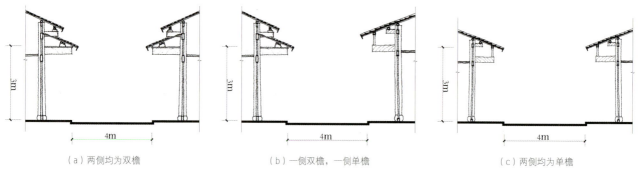

(a) 两侧均为双檐　　　　　　　(b) 一侧双檐，一侧单檐　　　　　　　(c) 两侧均为单檐

图7-4-10　恒口古街横断面形式图（来源：曹俊华 绘）

(a) 大门　　　　　　　　　　　　　　　　(b) 大殿

图7-4-11　三圣庙（来源：曹俊华 摄）

(a) 入口　　　　　　　　　　　　　　　　(b) 侧面

图7-4-12　土地庙（来源：曹俊华 摄）

406

（二）民居建筑

恒口的传统民居分布于街道两侧或位于街道后其他位置。沿街民居兼作商业用途，用于售卖日常生活用品，或开设餐馆、酒馆、茶馆、粮油作坊等，后部主要是生活空间，围绕中间天井院，是日常生活起居的主要场所，包括会客厅、卧室、厨房等，庭院中多数情况下都栽植有树木。最后一进院落是杂物院，主要用于放置生产生活工具、布置卫生间、种植花草和蔬菜等（图7-4-13、图7-4-14）。

图7-4-13　恒口民居

123号民居位于民主村拱北巷与古街交叉口东侧,为传统两进四合院式建筑,距今已有200多年历史。整栋建筑坐南朝北,土木混合结构,面阔三间(11.0米),临古街一侧门房进深三间(6.8米),采用移柱造,主梁厚达0.35米,柱子截面为四角抹边正方形,边长0.33米。

第一进院落深7.6米,宽5.8米,院落沿主轴线以一砖墙一分为二,墙以西院落为另一住户所有,左右两侧为厢房。第一进院落南面正对厅堂,厅堂面阔三间,进深三间,由堂屋和左右配房组成,堂屋分为前后两部分,前半部分以四根柱子限定空间,天花为"凸"字形藻井,用"S"形木构件分隔成曲面方格,连接中间一排柱子的额枋与藻井之间,用镂空木板连接,起到装饰和采光的作用,后半部分采用彻上明造,空间高大。从厅堂后侧穿一门,经"八"字形坡道或中间台阶,下到第二进院落,门框外轮廓为花瓶状,门头上书写"源远长流"四个大字,第二进院落深8.4米、宽5.8米,较第一进院落稍大,院落西侧为厨房、卫生间,东侧为客卧。正对第二进院落南侧为老人居住用房,亦左右对称,后墙正中开有通往后院和街坊的门,亦是旧时的逃生通道。两侧防火山墙十分高大,从屋脊到屋檐,分为四级,呈阶梯式层层跌落。建筑沿街出挑深远,深达2米(图7-4-15)。

此民居在空间组织上,左右严格对称布置,主次分明,空间对比强烈。首先,在空间尺度上,通过用"材"等级的划分、空间尺寸的变化等,突出主要空间,例如,临街门房柱子、梁等构件用料较其他部分都大,厅堂通过加大竖向高度,同时采用彻上

图7-4-14 恒口民居细部

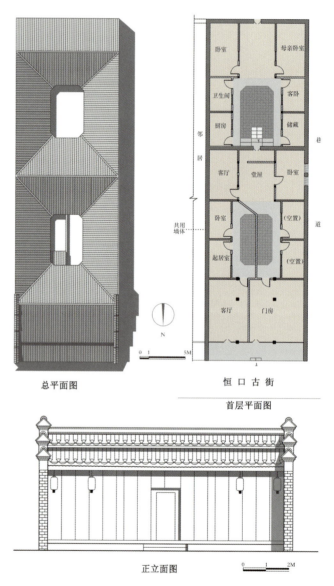

图7-4-15 123号民居总平面、平面、立面图(来源:曹俊华 绘)

明造，以突出主体地位。其次，在装饰上，堂屋、客厅等主要空间，采用雕刻、粉饰等，较其他附属空间更为精致。再次，通过降低附属用房地基，以强调主要空间的主体地位，整个厅堂以前部分，其室内标高高出后半部分1.0米，第一进院落高出第二进院落1.2米，以此达到主从分明、长幼有序的目的。

此建筑房主祖辈依靠经营碾房、烤酒、桐油发迹，因此靠近古街一侧门房，20世纪以前，全部用作商铺，后半部为生产、生活用房。

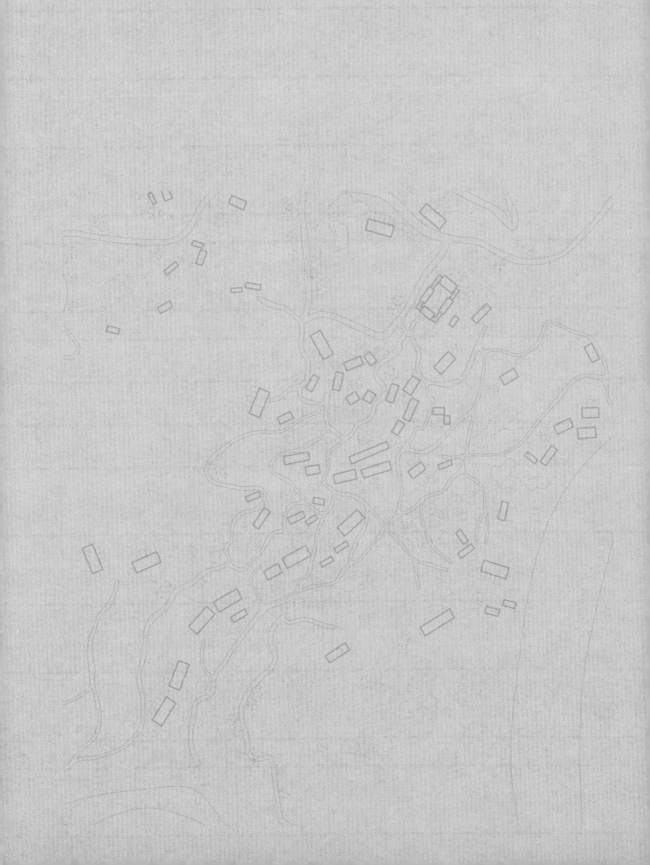

第一节 陕西传统聚落保护与发展现状

一、现状问题

（一）生态环境恶化

传统村落的产生和发展离不开周边环境，村落生态环境所呈现的山水景观也是传统村落不可分割的一部分。从自然景观要素角度来看，山脉、水系、植被所体现的自然生态景观是村落产生的依托，是村落可持续发展的基本保障。但随着社会经济的发展，人们对于村落改造的能力逐渐提高，在一定程度上给村落的自然生态环境带来破坏。

传统村落生态环境恶化主要由于生产、生活带来的垃圾和污染不能得到及时有效的处理。为了快速发展村镇经济，追求短期产值，有些村落扩大建厂，引入一些消耗高、污染高的工业，造成村落周边河流水系、空气和土壤的污染，给传统村落的保护和发展带来了极大的挑战。部分传统村落内居住、工业、商业等不同功能的建筑组团布局分散，用地交叉，污染源较多，很难集中处理固体、液体垃圾。同时，居民在生活中产生的生活污水、固体、液体垃圾，焚烧秸秆带来的大气污染，还有在农业生产过程中使用农药、化肥、塑料地膜等所带来的化学污染都给村落的生态环境带来威胁。还有些地区的传统村落生活所需自来水供给不足，需要依靠附近河流与地下水，但因为没有完善的下水系统，很多生活污水直接排入河道，造成二次污染，不仅为居民身体健康带来隐患，也对传统村落的生态环境造成破坏。

（二）传统建筑保护现状堪忧

陕西传统村落的传统建筑现状分为三种：保存完好、保存一般、保存较差。

传统建筑保存完好的村落多为整体保护完好的村落，如韩城党家村、米脂杨家沟村等，这些村落的传统建筑数量较多且分布集中，较好地延续了村落肌理、巷道尺度、传统材料等传统要素。这些村落受到当地政府的高度重视和业界专家学者的深入研究和挖掘，引起社会的广泛关注。

传统建筑保存一般的村落数量较多。这些村落中传统建筑布局相对分散，传统建筑自身保护较好，并仍在使用，但在其周边出现与之不协调的新建建筑；未考虑传统形式与材料、现代与传统直接对话，使传统村落的整体风貌受到破坏。

传统建筑保存较差的村落也是存在的。在城市近郊地区，经济的迅速发展使传统村落受到巨大的冲击，传统建筑遗存数量较少；在偏远落后的山区或荒原，长年累月的风雨侵蚀使传统建筑损毁严重，门窗、楼梯等构件逐渐老化，同时由于保护意识薄弱、保护资金匮乏，传统建筑损毁后未能得到及时的修缮，传统村落空废化现象严重。

随着城市化进程的加快，很多传统村落中的年轻人进城务工，村中多剩下老人和小孩留守，甚至举家搬至城镇，传统建筑被闲置下来，传统村落空心化现象出现，缺少了人的存在，传统的生活方式也随之消失，传统村落保护现状堪忧。

（三）发展类型单一

由于自然环境、人文环境的差异，陕西省传统村落类型多样。传统村落既要有效保护，又要合理发展。但由于缺乏针对性的指导策略和对村落内涵的深入挖掘，出现部分传统村落在发展中存在一定程度上的同质模式。有的传统村落适合发展旅游业，并产生了良好的经济效益，但有的传统村落则不适合以相同模式进行开发，应充分考虑自身特色产业，寻求适宜发展路线。例如礼泉县的袁家村，以关中民俗文化体验发展乡村旅游取得成功，有的村落盲目跟风复制，希望依托其典型民居建筑，发展特色体验式旅游，虽有外来资金和专家介入，讨论发展方案，但欠缺对村落实际情况的全面考量，最终难以吸引游客前来；还有的村落依托原址新建民俗文化街，虽建筑布局与风格体现关中特色，却引入全国各地特色小吃，缺乏对关中地域文化和民俗文化的挖掘，开业运营仅三两年就停业，未能成功激活旅游产业。

二、影响因素

（一）城镇化发展

我国中西部地区的城镇化率在2018年普遍提升了1%左右，陕西地区城镇化率达到58.13%。随着大规模乡村建设的开展，乡村的生产生活发生了很大的改变，人们在追求现代化的生活方式的同时，也需要考虑如何保护传统村落的格局、风貌，传统村落又如何承载现代化的生活方式。在城镇化进程下，传统村落的保护与发展仍面临着严峻的挑战。

目前部分乡村有拆旧建新的做法，而这种趋势正蔓延并影响着陕西的传统村落，特别是对于陕西那些形成上百年乃至千年的传统村落来说，这种趋势更是不能忽视的。在城镇化和新农村建设的影响下，村民们急切地希望改善居住环境，于是盲目对传统村落中的建筑、街道进行改建，建造像城市一样的别墅庭院，扩建房屋、拓宽道路等，不仅对原有的传统景观环境、典型院落、民居建筑进行改造，甚至对村落原有传统要素产生的破坏，使得原有村落的面貌"焕然一新"，造成了传统村落自然环境的破坏，传统村落的空间形态也在大拆大建中慢慢消失，新老建筑错乱交织，曾经具有的历史肌理、风水格局等传统要素，被淹没在城镇化和新农村建设的浪潮中。

城镇化的发展还带来产业转型，以农耕为主要生产方式的第一产业开始向开办工厂、服务型转型，人们的职业也由农民转变为工人、商人，这不仅导致传统村落居民的生产、生活发展改变，也使得农民大规模涌向城镇、市区，导致村落出现"空心化"现象。

（二）整体保护意识薄弱

传统村落作为一种不可再生资源，具有稀缺性和独特性。随着时间推移，一些建筑出现"自然性损毁"，传统村落的整体风貌、生态环境受到破坏。传统建筑以土木砖结构为主，受材质自身性能限制，很难适应现代化的生活要求，加上资金的匮乏，传统建筑居住条件恶化，危房比例明显增高，稍微有些经济能力的村民对老宅进行搬离或拆除。为了吸引游客，居民对传统建筑进行盲目改造、扩建，如搭建彩钢瓦、外墙贴瓷砖、木门窗改换成铝合金塑钢等，新修葺的房屋与周围的传统建筑风貌不协调。开发商为了旅游开发，对传统民居进行改造，缺乏适宜技术支持，改造过程对传统建筑造成破坏。

仅有政府、学者、开发商来进行村落的保护和开发是远远不够的。村民作为传统村落的长久居住者和最直接受益者，在以往传统村落的保护中参与度较低，村民应充分认识到自己才是传统村落的主体和核心，积极主动参与到传统村落的保护和发展中来，使村落资源得到最合理的开发和利用，空间和建筑得到最有效的保护和利用。

（三）专业人才短缺

传统村落作为一种特殊的文化遗产，是有别于陵墓、城址等大遗址类型文化遗产的另一种文化遗产，是集非物质文化遗产和物质文化遗产于一体、使用功能尚且存在、保存较完好的小型历史遗址，需要活态保护利用。

随着我国文化遗产事业的系统化、细致化发展，需要经过系统培养的、熟悉文物建筑保护基本理论的专业化人才从事保护研究、管理和实施。这不仅体现在国家体制中制定培训和教育保护人才，还要在普通教育的各个层次上普及文化遗产保护的相关知识，尤其要对基层政府工作者进行文化遗产保护的宣教。但目前物质文化遗产保护工作中普遍存在人才稀缺、专业技术力量不足等问题。在陕西省，县级和村镇一级单位缺乏文物保护的专业人员，主要依靠市级文物保护部门提供技术指导。

（四）保护发展经费欠缺

目前，已入选国家级传统村落名录的传统村落有每村300万元的保护经费，但对于整体村落的保护显得杯水车薪。由于村落中古建筑建造年代久远，维修费用高于一般新建筑，地方政府和宅第主人对维修的积极性普遍不高，现行政策规定文保专项资金不能补贴私人产权的建筑，这使得没有划定保护级别的传统村落以及村内历史建筑无法得到及时的维护和修缮，保护经费明显不足。

第二节　陕西传统聚落保护与发展原则

上文谈到，在城镇化发展、专业人才短缺等不利因素影响下，陕西省传统聚落存在着生态环境恶化、发展类型单一等现状问题，针对这一情况，结合目前国家政策对传统聚落发展的重视和支持，可遵循全面整体、传承文脉、有序发展和分类应对四项原则，提出陕西省传统聚落保护与发展对策。

一、全面整体原则

在《关于开展传统村落调查的通知》中指出："村落格局鲜明体现有代表性的传统文化，鲜明体现有代表性的传统生产和生活方式，且村落整体格局保存良好。"传统村落作为文化载体，在发展的过程中必然受到周围自然、人文环境的影响，并相互作用，最终共同形成了一套完善的文化生态系统。

《乡村振兴战略规划（2018—2022年）》指出，在优化乡村发展布局时，应统筹利用生产空间、合理布局生活空间、严格保护生态空间。由此可以得出，传统村落是一个有机整体，不仅需要保护传统建筑，更要保护村落所处自然环境、村落形态格局、村内的街巷道路等，这些无一不反映着村落独有的特色。

保护传统村落，应把握整体性原则，将其周边环境和村落历史文化也纳入保护范围中，避免出现只注重局部而忽略整体的保护做法。全面整体还包括宏观角度的邻近区域的集中连片保护、依赖水系形成的小流域整体保护等。

二、传承文脉原则

保护的根本是继承传统村落中的文化资源，发展的根本是提升传统村落中的文化魅力。

传统村落中以建筑为主体的空间环境是承载历史信息最为丰富的场所。村民们也会根据生产和生活需要从事营造活动，将自己的物质基础和精神向往凝聚在家园环境建设中。

在制定村落保护措施时，要深入分析村落的周边环境、布局，尤其是建筑形态与当地自然和历史的关系，思考村落营建的深层原因。这不仅有助于厘清村落的历史脉络，也有助于挖掘村落的真正价值，从而制定出符合村落实际的保护方案。传统村落的发展不能以城市为参照，建宽街广场、玻璃幕墙、霓虹闪烁之类的"靓化工程"，要深入挖掘地域文化。

传统村落中需要保护与发展的根本是文化。传统村落保护到什么程度，发展到什么水平，最关键的因素还在于对村落文脉的认定上。为保证对传统村落文脉的正确把握，避免盲目从众，千篇一律，科学的理论指导尤为重要。在规划学、建筑学、风景园林学等学科基础上，可跨学科，以多学科的综合知识，分析每个村落独具特色的文化特征，以前瞻性的策略对村落的发展趋势做出合理的预判。

三、有序发展原则

在《乡村振兴战略规划（2018—2022年）》中提到："统筹谋划，典型带动，有序推进，不搞齐步走。"陕西省传统村落的保护和发展也应遵循有序发展的原则。

第一，准确聚焦阶段任务。对于国家级、省级、市级等不同级别传统村落，原则上重点开展国家级传统村落保护与发展工作，同时广泛开展省级传统村落保护工作，并为其发展工作积累经验。第二，科学把握节奏力度。应在能保证传统村落保护工作完成的基础上，进行发展，切不可一味追求消费意义上的经济价值，强行发展，导致传统村落保护无法完成。第三，梯次推进保护发展。按照陕西省传统村落类型对村落进行精准分类，根据保护和发展条件，选取典型村落优先保护和发展，总结经验，带动后进。第四，勇于进行传承创新。学习现代思维，拓展新兴视角，善于发现现代技术与材料，并通过专业型人才的合理规划调配，将现代与传统有效融合，实现传统村落现代化。

四、分类应对原则

陕西传统聚落保护与发展，首先应对村落进行分类，采取分区分类、因地制宜的原则，可分为田园农耕型、历史文化型、交通商贸型、防御寨堡型、特色产业型这五种类型，其中田园农耕型村落数量最多，而特色产业型数量最少。

（一）田园农耕型

田园农耕型传统村落依托自然环境，自给自足，主要集中分布在陕北和陕南地区。陕南地区主要分布在陕南东部安康、商洛各县市，并在安康市汉滨区、旬阳县形成高度密集区。陕北地区主要分布在榆林东南部和延安东部，并在延安市延川县形成高度密集区，这是黄土高原农耕文明遗产的富集地区。

这些传统村落靠山临水而建，巧妙地利用人与自然之间的关系，营造传统聚落所需求的山水格局。陕南安康市汉滨区叶坪镇叶坪村背靠青山，前依小河，流水潺潺，古树参天，将山水林木与民居融为一体，是一处田园牧歌式的理想人居环境（图8-2-1）。陕北榆林市绥德县的贺一村，地处黄土高原腹地，四面环山，两条河流分别从村落民居坐落的山脚下经过，自然环境优美，党氏庄园建于此山，院落沿地形分布，形成错落有致的空间布局，是村落选址的理想之地。

田园农耕型传统聚落还有一类特殊庄园为氏族型聚落。庄园氏族型传统聚落主要分布在陕北地区，在榆林的米脂、绥德区域形成高度密集区，并形成了绥德县贺一村党氏庄园、米脂县杨家沟村马氏庄园、刘家峁村姜氏庄园、高庙山村常氏庄园"陕北四大园"（图8-2-2）。

图8-2-1 安康市汉滨区叶坪镇叶坪村民居院落

图8-2-2 榆林市绥德县贺一村党氏庄园

（二）历史文化型

历史文化型传统村落主要包括历史悠久的传统村落和有红色文化遗存的传统村落。

历史悠久的村落根据形成时间划分为三个阶段。一是始建于唐代（含唐代）以前，距今已有1000多年历史的村落。此类村落在陕西省境内数量较少，如咸阳市三原县新兴镇柏社村，始建于晋代，距今已有1600多年的历史；咸阳市永寿县等驾坡村，始建于唐代，距今已有1300多年的历史。二是始建于宋元时期，具有六七百年以上历史的村落。如始建于元至顺二年（1331年）的渭南市韩城党家村（图8-2-3）。三是建于距今200~600年的明清时期，此类村落在陕南地区分布较多。如汉中市宁强县青木川镇青木川村，形成于明代，鼎盛于清中后期。

陕北地区是红色文化遗存聚集的区域，榆林与延安共计有500余处红色旧址遗存，占全省的26%，而除了少部分分布在市区外，主要集中在榆林、延安地区的村落里。以榆林市为例，在抗日战争和解放战争时期，榆林地区的战略地位和重要性仅次于延安市，境内的清涧县、靖边、佳县、米脂、吴堡县等地，分布着清涧枣林则沟会议旧址、小河会议旧址、靖边天赐湾、青阳岔神泉堡革命旧址、米脂的杨家沟革命旧址以及吴堡川口东渡之地等大量的红色文化遗存（图8-2-4）。

（三）交通商贸型

交通商贸型传统村落相较前两种数量略少一些，主要分布在陕北和陕南。

陕北交通商贸型村落多集中在榆林市。佳县的康家港乡沙坪村、木头峪乡木头峪村均为古驿站所在地，木头峪村还是秦晋商贾过往云集之水旱码头，螅镇的荷叶坪村还是古葭州八大渡口之一；绥德县满堂川乡常家沟村拥有从绥德到吴堡过黄河接山西的交通大道，中角镇的中角村又是明清时期绥德的商贸交易的中心地带。

秦巴古道和汉江水运，是催生陕南交通商贸型传统村落的主要便利条件。村落在陕南西部主要分布于秦巴古道沿线，如褒斜古道上的汉中留坝县城关村、庙台子村等；在陕南东部主要分布于汉江沿线，且多为水旱码头，如安康市石泉县熨斗镇长岭村，在清嘉庆后期成为汉江流域中上游地区主要的水运码头和商品集散地，各省各地客商多在此建有会馆，曾建有五庙六馆（图8-2-5）。

图8-2-3 历史文化——渭南市韩城党家村老宅

图8-2-4 红色文化——榆林市米脂县杨家沟毛主席转战陕北纪念馆

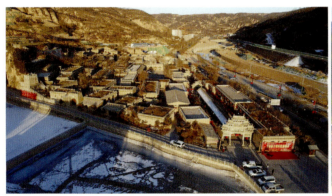
（a）延安市延川县文安驿

（b）汉中市留坝县庙台子村

图8-2-5 交通商贸型村落鸟瞰图

（四）防御寨堡型

在动荡的战争年代，为保护本村村民和财富，一些村落修建寨堡以求安全，在陕西省许多传统村落至今仍遗留有城墙和寨堡等安防设施。

防御寨堡型传统村落主要分布在关中地区，并在关中东北部的韩城黄河沿岸形成高度密集区。关中地区秦川八百里，唐以后的长期战乱、明清时期的猖獗匪患以及清末的同治回乱，让关中人民饱受苦难。辽阔的平原无险可守，加之关中长期作为封建都城京畿之地，关中人民深受都城营建思想影响，修筑城墙防御就成为他们的必然选择。因此，关中地区入选的国家级传统村落，大部分都建设有防御型的土城墙。例如，历史悠久的渭南合阳县灵泉村，利用黄土塬及周边沟壑、黄河天险，形成里里外外三重城墙，将村落防御演绎到极致；渭南蒲城县的陶池村、山西村，其城墙至今依然保存完整，方形形制，几乎达到城市级别的规模（图8-2-6）；而"寨堡"文化极其浓厚的韩城地区，在其东临黄河的塬边上，形成了大大小小上百个古寨，大都建在黄河西岸垂直断崖的韩塬之上，并修筑有土城墙，易守难攻，这也为后来抗日、守卫黄河天险提供了工事基础。

此外，陕北地区的长城沿线也分布着数个防御型古堡，这些古堡大都是宋金、宋夏相争以及明代长城沿线戍边古堡的遗存。如榆林市靖边县镇靖镇的镇靖村，其镇靖堡最初为唐夏州节度使李佑所筑，名为乌延城，

（a）渭南市合阳县灵泉村城墙

（b）延安市吴起县宁城寨村

（c）渭南市蒲城县陶池村鸟瞰图

（d）渭南市澄城县吉安城村寨堡

图8-2-6 防御寨堡型聚落

(e) 渭南市蒲城县山西村航拍

(f) 渭南市蒲城县山西村

图8-2-6 防御寨堡型聚落（续）

明延绥巡抚余子俊曾在此陈兵镇守，民国时期中共靖边县委、靖边县抗日民主政府定居镇靖古城，整个村庄保持了较好的传统风貌（图8-2-7）；再如榆林市子洲县双湖峪镇的张家寨村，西夏为细浮图寨，宋至清称克戎寨，地势居高临下，易守难攻，自宋夏以来的兵家必争之地，也是历史时期民族融合、交流的物质见证。

（五）特色产业型

特色产业型传统村落在陕西省数量较少，但在关中、陕北、陕南三个区域分布相对均衡。

关中地区主要分布在渭北向陕北过渡的区域，如渭南市韩城市芝阳镇清水村，古名"铧薛村"，村民基本姓氏均为薛姓，因族人善于铸造铁器，尤以犁铧最为出名，故而得名"铧薛"。渭南市澄城县尧头镇尧头村拥有近千年的烧窑历史，村中保存着上至元明、下至民国时期的窑址30余座，总面积达到4平方公里，是西北乃至全国范围内保存最完整的原始生态窑址，至今仍炉火不灭，2006年尧头村的陶瓷技艺被国务院列入第一批国家级非物质文化遗产保护名录（图8-2-8）。

陕北地区主要分布在黄河沿岸地区，一方面是由于黄河水运在此区域形成了众多水旱码头；另一方面，明清时期晋商向大西北运输商品，在此区域形成了不少商旅驿站。如榆林市佳县峪口乡峪口村不仅为黄河渡口，也是清末民国陕北地区手工麻纸的生产地。该村造麻纸起始于清代，距今已有300余年的历史，在造纸业鼎盛之时，全村共有大小造纸作坊、工厂200余家。

陕南地区则是安康市汉滨区叶坪镇双桥村的核桃产业、安康市紫阳县向阳镇营梁村的茶产业、勉县武侯镇莲水社区的油菜花产业、留坝的棒棒蜜产业较为著名（图8-2-9）。

图8-2-7 榆林市靖边县镇靖镇镇靖村鸟瞰图

(a) 韩城市清水村

(b) 澄城县尧头村

图8-2-8 关中地区特色产业型村落鸟瞰图

(a)陕南安康茶山

(b)棒棒蜜蜂巢

(c)蜂巢架1

(d)蜂巢架2

(e)安康市汉阴县漩涡镇凤堰古梯田（来源：谢昭军 摄）

图8-2-9 陕南地区特色产业型村落

第三节　陕西传统聚落保护与发展策略

一、增强原住民保护意识，科学制定保护规划方案

进一步深入开展村落调查，形成国家、省、市三级档案名录及保护制度，各级传统村落必须编制保护发展规划，同时建立专家审查、巡查制度等，确保规划实施和质量。遵循"规划先行，统筹指导"的原则，结合实际情况科学编制保护规划方案。

地方政府作为主要的执行者，应协助调动原住民保护开发的积极性，落实资金的使用和规划方案的执行，改善原住民的基础设施建设，监督和保障传统建筑的修缮工作。除了地方政府需要进行战略性指导外，原住民作为传统村落的主体，更应认识到保护和发展工作的重要性，增强责任感和使命感，可以合理利用宝贵的文化遗产进行开发，例如旅游旺季宣传特色农产品销售、增加家风乡俗的展示、开办夏令营、自主创业经营特色餐饮、住宿等。开发商在参与保护和开发工作时，应协调好利益分配问题，尊重原住民的知情权，减少商业化气息，避免同质化竞争，尽量保留传统村落的原始生活状态。

二、推动历史文化传承，促进文旅协同发展

随着经济不断发展，人民日益增长的美好生活需要和不平衡不充分的发展之间的矛盾日益加剧，全国都面临着传统文化如何传承发展的问题。陕西省作为我国上下五千年文化的发源地之一，是中国传统文化的集成地，具有发展文化产业得天独厚的优势，尤其对于历史文化型和防御堡寨型这两类传统村落，更是有很高的文脉传承要求。

中共中央办公厅、国务院办公厅2017年1月25日印发了《关于实施中华优秀传统文化传承发展工程的意见》（以下简称《意见》），明确指出："迫切需要深化对中华优秀传统文化重要性的认识，进一步增强文化自觉和文化自信；迫切需要深入挖掘中华优秀传统文化价值内涵，进一步激发中华优秀传统文化的生机与活力；迫切需要加强政策支持，着力构建中华优秀传统文化传承发展体系"。对于复兴传统文化的总体目标，国务院办公厅希望在"2025年，中华优秀传统文化传承发展体系基本形成，研究阐发、教育普及、保护传承、创新发展、传播交流等方面协同推进并取得重要成果，具有中国特色、中国风格、中国气派的文化产品更加丰富"。从《意见》中可以看出，国家对于文化产业以及文化产品的扶持与开发的政策力度是显而易见的。文化产业与文化产品一衣带水，二者属于开发主体和被开发的关系，只有加强文化产业的发展，才能开发出更好的、更贴切人民群众生活的文化产品。

陕西传统村落可依托历史和人文资源，促进文化与旅游融合发展，并结合旅游业的需求，在多学科的理论指导下，提取村落特色符号，开发文化产品。以关中地区党家村、灵泉村为例，可深入挖掘地区特色的黄河文化、耕读文化、诗经文化等内涵，展示传统农业生产方式和传统村落风貌，鼓励发展以"农食、农宿、农事"为主的传统村落文化体验项目，创新文化旅游产品，还可以加大打造文化旅游景区的力度，将村落及周边保存较好能且体现传统文化的村落共同联结到开发体系中，形成文化旅游片区。还应重点扶持如澄城尧头村陶瓷、富平莲花村阿宫腔、韩城清水村铁铧等村落非物质文化遗产项目，提升非遗的艺术性、收藏性与观赏性。

在对于传统村落的文化产业发展过程中，要加强金融支持，拓宽文化产业融资渠道，鼓励建立"全产业链"的金融服务体系。吸引各类社会资本投资创办诸如村落美术馆、村落文化馆、村落博物馆等项目。与此同时，作为主导文化产业的主体，当地政府应加大政策支持。设立地市一级的传统村落文化产业发展专项资金，并列入当地财政预算，将传统村落的文化保护纳入核心指标的考核体系，将文化产业和传统村落的保护发展做到有机结合，以达到对区域内传统文化的有力传承。

三、提升村落人居环境，加强基础设施建设

传统村落基础设施落后、居住状况不理想是传统村落普遍存在的问题，在传统农耕型和交通商贸型村落中尤为明显。村落保护与发展应重点强调人居环境的改善，应以人为本，改善居住条件，提出传统建筑在提升建筑安全、居住舒适性等方面的引导措施。

人居环境提升从村落环卫设施建设和基础设施完善两方面进行。

环卫设施以公厕和垃圾站的建设为主。应按照相关规范，保证公厕及垃圾站点的数量和卫生要求，对于有旅游产业或有旅游产业规划的村落，在更新改造过程中，注意保持原有建筑形态，运用传统工艺和原料。

基础设施主要考虑村落给排水、电力电信和其他设施的完善。完善现有给水和排水设施、雨污分流，避免生态环境的二次破坏。雨污分流还能很好地解决耕种浇灌的问题。加强排水沟和污水沟的建设，改变无组织、无序的排水现状，派专人对道路边沟和污水沟进行定期疏通及维护，对于房前排水沟和污水沟，村民自觉进行疏通和维护，以保证雨水和污水排放通畅。合理布局宣传广告牌、电力电缆、道路指示牌及街巷装饰，拆除与传统建筑周边不适宜的违规改造与加建部分，恢复传统村落古朴优雅的原生态环境。

四、发挥村落个性优势，培育特色产业发展

《陕西省传统村落保护发展规划》指出："按照'一村一品'的发展思路，因地制宜发展特色农业，推动传统村落的休闲观光农业、特色种养殖业、农副产品加工业等产业发展，探索'互联网+传统村落'发展模式，进一步激发传统村落活力"。对于历史文化型、传统田园农耕型、交通商贸型村落具有很好的指导作用。

地域的差别孕育了不同的地域文化，历史文化型村落要善于发掘本村的文化产品，例如榆林市绥德县满堂川乡郭家沟村国家级非物质文化遗产项目的剪纸艺术、佳县峪口镇峪口村的传统造纸技艺、绥德县白家硷乡贺一村的石雕技术等；榆林市米脂杨家沟镇杨家沟村、佳县佳芦镇神泉堡村等具有革命传统文化的传统村落，打造红色研学之路，开发红色文化书籍、影像产品等。

我们要充分地保留与利用传统村落内民风乡情的差异性，发掘传统村落内的文化内涵，进行科学地保护与开发，在现代社会中不断地创新和发展，做出符合现代人审美的文化产品，"一村一品"并不局限于农产品，只要能够发挥当地优势特色的产品均有发展活力。

当然，陕西传统村落遗留下来的不仅仅是物质文化遗产和非物质文化遗产，传统田园农耕型、交通商贸型村落还有依托自然所留下的富有地方特色的农产品。佳县朱家坬镇泥河沟村有被列为"中国第一批重要农业文化遗产"和"全球重要农业文化遗产"的千年古枣林，绥德县满堂川乡艾家沟村的国家级肉羊示范基地、延安市黄龙白马滩镇张峰村的富士苹果产业园等都是在发展中寻找着自身的定位和树立自身品牌。要善于挖掘培育属于自身的"一村一品"，为传统村落的经济发展、提

高农民的收入水平提供可能。

前述章节已经对陕西省传统聚落进行了全面的解析，本章是全书最后一个章节，着重探究传统聚落的保护与发展。通过对现状问题的剖析和案例解析，得出四条保护与发展原则，并就"分类保护原则"进行重点探讨；在秉承四条原则不变的情况下，提出了相对具体的保护与发展策略；最后通过对前文提到的五种类型的传统聚落分别举例解读，明确其目前发展状况并优化保护与发展策略，为以后的研究提供参考借鉴。

索引

序号	聚落（村落）名称	地点	现存主体聚落形成年代	类型	规模（面积等）	户数/人口	民族	级别（历史文化名村名镇、第几批传统村落、文保等级等）	页码
关中									
1	党家村	陕西省渭南市韩城市西庄镇	元明清三代	黄土台塬平地团状集聚	村域面积1.6平方公里	320多户/1400多人	汉族	第一批中国历史文化名村；第一批中国传统村落；第五批全国重点文物保护单位	156
2	堡安村	陕西省渭南市韩城市芝川镇	明万历	黄土台塬平地团状集聚	村域面积4.5平方公里	380多户/1400多人	汉族	第一批陕西省传统村落	171
3	徐村	陕西省渭南市韩城市芝川镇	明清	黄土台塬平地团状集聚	村域面积2.5平方公里	1150人	汉族	第一批陕西省传统村落	178
4	袁家村	陕西省咸阳市礼泉县烟霞镇	20世纪七八十年代	黄土台塬平地团状集聚	村域面积0.4平方公里	62户/286人	汉族	第二批中国传统村落；国家级特色景观旅游名村；中国最有魅力休闲乡村；全国生态示范村	183
5	柏社村	陕西省咸阳市三原县新兴镇	始建于明代	黄土台塬平地团状集聚	村域面积3.5平方公里	3756人	汉族	第二批中国传统村落；第六批中国历史文化名村	193
6	莲湖村	陕西省渭南市富平县城关街道	明代	黄土台塬平地团状集聚	村域面积4平方公里	302户/1175人	汉族	第二批中国传统村落	199
7	灵泉村	陕西省渭南市合阳县坊镇	明代	黄土台塬平地团状集聚	村域面积3.9平方公里	457户/1910人	汉族	第二批中国传统村落	205
8	南长益村	陕西省渭南市合阳县同家庄镇	清代	黄土台塬平地团状集聚	村域面积2.07平方公里	410户/1427人	汉族	第三批中国传统村落	215
9	孙塬村	陕西省铜川市耀州区孙塬镇	明代	黄土台塬平地团状集聚	0.03平方公里	271人	汉族	第一批中国传统村落	220
10	唐家村	陕西省咸阳市旬邑县太村镇	清道光	黄土台塬平地团状集聚	13.5平方公里	694户/1757人	汉族	陕西省第一批传统村落	231
11	尧头村	陕西省渭南市澄城县寺前镇	始建于元代	黄土台塬坡地团状集聚	村域面积7平方公里	303户/1215人	汉族	第二批中国传统村落	242
12	陈炉古镇	陕西省铜川市印台区	明清	黄土台塬坡地团状集聚	镇域面积99.7平方公里	19800人	汉族	第四批中国历史文化名村	259

续表

序号	聚落（村落）名称	地点	现存主体聚落形成年代	类型	规模（面积等）	户数/人口	民族	级别（历史文化名村名镇、第几批传统村落、文保等级等）	页码
				陕北					
13	刘家峁村	陕西省榆林市米脂县乔河岔乡	清代	支毛沟线形窑洞聚落	占地面积6平方公里	260户/906人	汉族	第四批中国传统村落；姜氏庄园——国家级文保单位	276
14	甄家湾村	陕西省延安市延川县关庄镇	康熙四十一年（1702年）	支毛沟线形窑洞聚落	村域面积0.05平方公里	204户/706人	汉族	第五批中国传统村落	288
15	杨家沟村	陕西省榆林市米脂县杨家沟镇	清同治年间	梁峁树枝状窑洞聚落	村域面积8平方公里	300户/1050人	汉族	第一批中国传统村落；扶风寨——全国第五批重点文物保护单位；第二批中国历史文化名村	295
16	高西沟村	陕西省榆林市米脂县银州街道	清代	梁峁树枝状窑洞聚落	村域面积4平方公里	126户/522人	汉族	陕西省第一批传统村落；第一届全国文明村镇	309
17	贺一村	陕西省榆林市绥德县白家硷乡	清嘉庆十九年（1814年）	梁峁树枝状窑洞聚落	村域总面积12.5平方公里	142户/427人	汉族	第一批中国传统村落；党氏庄园——国家级重点文物保护单位；党氏庄园——省级重点文物保护单位	315
18	常家沟村	陕西省榆林市绥德县满堂川乡	明代（公元1402年）	梁峁树枝状窑洞聚落	村域面积24平方公里	310户/906人	汉族	第三批中国传统村落	—
19	王宿里村	陕西省榆林市清涧县玉家河镇	元代以前	梁峁树枝状窑洞聚落	村域面积6.8平方公里	693人	汉族	第一批陕西省传统村落	324
20	郭家沟村	陕西省榆林市绥德县满堂川镇	元代以前	台地型带状窑洞聚落	村域面积6平方公里	208户/582人	汉族	第三批中国传统村落；少数民族特色村寨示范点	357
21	马家湾村	陕西省延安市延川县贾家坪镇磨义沟行政村	明朝初年	台地型带状窑洞聚落	村域面积9平方公里	110户/386人	汉族	第五批中国传统村落	340
22	木头峪村	陕西省榆林市佳县木头峪镇	明嘉靖年间	河谷平原线形窑洞聚落	约6平方公里	260户/1050人	汉族	第四批中国传统村落；120师纺织厂——县级文保单位	347
23	魏塔村	陕西省延安市安塞区高桥镇	形成于百余年前	河谷平原线形窑洞聚落	约0.24平方公里	40户/200人	汉族	第一批陕西省传统村落	334
24	镇子湾村	陕西省榆林市米脂县城郊镇	明代	传统农耕型聚落	村域面积5.8平方公里	2000人（2017）	汉族	第四批中国传统村落；第一批陕西省传统村落；少数民族特色村寨示范点	—

续表

序号	聚落（村落）名称	地点	现存主体聚落形成年代	类型	规模（面积等）	户数/人口	民族	级别（历史文化名村名镇、第几批传统村落、文保等级等）	页码
25	高家堡村	陕西省榆林市神木县高家堡镇	明正统四年（1439年）	防御寨堡型聚落	村域面积约3平方公里	955户/2560人	汉族	第六届全国文明村镇	—
陕南									
26	蜀河古镇	陕西省安康市旬阳县	明代	低山丘陵坡地邻水聚集	镇域面积181.5平方公里	38382人	回族汉族	中国历史文化名镇；省保单位——黄州会馆；县保单位——杨泗庙、清真寺	336
27	青木川古镇	陕西省汉中市宁强县	明代	低山丘陵坡脚邻水带状	镇域面积195.32平方公里	6648人	汉族羌族	中国历史文化名镇；第三批中国传统村落；国家级重点文保单位——青木川老街建筑群和魏氏庄园	382
28	凤凰古镇	陕西省商洛市柞水县	唐代	低山丘陵坡脚邻水带状	镇域面积163平方公里、镇区面积4.11平方公里	7463人	汉族	中国历史文化名镇；省级第四批"古建筑群居民"文物保护单位	394
29	恒口古镇	陕西省安康市恒口示范区	始建于北宋，鼎盛于明清	平地带状型聚落	镇域面积130平方公里	7万多人	汉族	省级文保单位——恒口老街	399

参考文献

专著

[1] 司马迁. 史记 [M]. 北京：中华书局，1959：2875.

[2] 史念海. 河山集. 生活. 读书 [M]. 新知三联书店，1963：26.

[3] 卢坤. 秦疆治略全 [M]. 台湾：成文出版社，1970.

[4]《晋书》卷五六《江统传》[M]. 北京：中华书局，1974：1533.

[5] 刘敦桢. 中国古代建筑史 [M]. 北京：中国建筑工业出版社，1980.

[6] 侯继尧等. 窑洞民居 [M]. 北京：中国建筑工业出版社，1989.

[7]（明）李东阳. 大明会典（卷187工部七·营造5·城垣）[M]. 北京：中华书局，1989：944.

[8] 郑欣淼，吴崇信. 关中论丛 [M]. 西安：陕西人民出版社，1990：238-239.

[9] 赵立瀛. 陕西古建筑 [M]. 西安：陕西人民出版社，1992.

[10] 史念海. 中国历史地理纲要 下册 [M]. 太原：山西人民出版社，1992：291.

[11] 王强模译注. 列子全译 [M]. 贵阳：贵州人民出版社，1993.

[12] 张壁田，刘振亚主编；《陕西民居》编写组编. 陕西民居图册 [M]. 北京：中国建筑工业出版社，1993.

[13] 刘俊文. 日本学者研究中国史论著选译 第3卷 上古秦汉 [M]. 黄金山，孔繁敏等译. 北京：中华书局，1993. 11.

[14] 柯有香. 陕西省地理论著要览1949-1992 [M]. 西安：陕西师范大学出版社，1994.

[15] 史念海. 西安历史地图集 [M]. 西安：西安地图出版社，1996.

[16] 国家文物局. 中国文物地图集 陕西分册 下 [M]. 西安：西安地图出版社，1998.

[17] 侯继尧，王军. 中国窑洞 [M]. 郑州：河南科学技术出版社，1999.

[18] 刘中亭等. 陕北古民居 [M]. 北京：中国工人出版社，2000.

[19] 刘中亭等. 三秦古民居 [M]. 北京：中国工人出版社，2000.

[20] 田培栋. 明清时代陕西社会经济史 [M]. 北京：首都师范大学出版社，2000：335.

[21] 刘致平著，王其明增补. 中国居住建筑简史 城市、住宅、园林 第2版 [M]. 北京：中国建筑工业出版社，2000.

[22] 罗志成. 旱地农业 [M]. 南京：江苏科学技术出版社，2001.

[23] 周振甫译注. 诗经译注 [M]. 北京：中华书局，2002：537.

[24] 李孝聪. 唐代地域结构与运作空间 [M]. 上海：上海辞书出版社，2003：297-298.

[25] 陆元鼎. 中国民居建筑（上、中、下卷）[M]. 广州：华南理工大学出版社，2003.

[26] 郭冰庐. 窑洞风俗文化 [M]. 西安：西安地图出版社，2004.

[27] 刘临安. 中国古建筑文化之旅 陕西 [M]. 北京：知识产权出版社，2004.

[28] 潘谷西. 中国建筑史 [M]. 北京：中国建筑工业出版社，2004：17.

[29] 李孝聪. 中国区域历史地理 [M]. 北京：北京大学出版社，2004.

[30] （南宋）朱熹注解；张帆，锋泰整理. 诗经［M］. 西安：三秦出版社，2005：294.

[31] 李晓峰. 乡土建筑 跨学科研究理论与方法［M］. 北京：中国建筑工业出版社，2005.

[32] 李立. 乡村聚落：形态、类型与演变——以江南地区为例［M］. 南京：东南大学出版社，2007.

[33] 荆其敏，张丽安. 中国传统民居 新版［M］. 北京：中国电力出版社，2007.

[34] 祁嘉华. 中华建筑美学 风水篇［M］. 西安：陕西人民教育出版社，2007.

[35] 陆元鼎，杨新平. 乡土建筑遗产的研究与保护［M］. 上海：同济大学出版社，2008.

[36] 吴昊. 陕北窑洞民居［M］. 北京：中国建筑工业出版社，2008.

[37] 王其钧. 图解中国民居［M］. 北京：中国电力出版社，2008.

[38] 费孝通. 乡土中国［M］. 北京：人民出版社，2008.

[39] 周庆华. 黄土高原河谷中的聚落：陕北地区人居环境空间形态模式研究［M］. 北京：中国建筑工业出版社，2009.

[40] 雷振东. 整合与重构 关中乡村聚落转型研究［M］. 南京：东南大学出版社，2009.

[41] 王军. 西北民居［M］. 北京：中国建筑工业出版社，2009.

[42] 王绚. 传统堡寨聚落研究兼以秦晋地区为例［M］. 南京：东南大学出版社，2010.

[43] 陈伯瑞. 波罗古城风云史［M］. 西安：陕西人民出版社，2010.

[44] 李浈. 中国传统建筑形制与工艺［M］. 上海：同济大学出版社，2010.

[45] 谭前学，尹夏清. 人文陕西［M］. 西安：陕西旅游出版社，2010.

[46] 李琰君. 陕西关中传统民居建筑与居住民俗文化［M］. 北京：科学出版社，2011.

[47] 鲁西奇. 城墙内外——古代汉水流域城市的形态与空间结构［M］. 中华书局，2011：43.

[48] 岳邦瑞. 绿洲建筑论［M］. 上海：同济出版社，2011：130-131.

[49] 王其钧. 中国民居［M］. 北京：中国电力出版社，2012.

[50] 祁嘉华. 陕西古村落［M］. 西安：陕西人民出版社，2013：104-114.

[51] 惠怡安. 陕北黄土丘陵沟壑区农村聚落转型［M］. 西安：陕西人民出版社，2013.

[52] 祁嘉华. 陕西古村落成为新农村的路径探索［M］. 西安：陕西人民出版社，2013.

[53] 吴昊，周靓. 陕西关中民居门楼形态及居住环境研究［M］. 西安：三秦出版社，2014.

[54] 吴良镛. 中国人居史［M］. 北京：中国建筑工业出版社，2014.

[55] 杜文玉. 陕西简史：全2册［M］. 西安：陕西师范大学出版总社有限公司，2014.

[56] 王贵祥. 中国古代人居理念与建筑原则［M］. 北京：中国建筑工业出版社，2015.

[57] 赵之枫. 传统村镇聚落空间解析［M］. 北京：中国建筑工业出版社，2015.

[58] 陕西省城乡规划设计研究院. 陕西古村落——记忆与乡愁［M］. 北京：中国建筑工业出版社，2015.

[59] 王军，李钰，靳亦冰. 陕西古建筑［M］. 北京：中国建筑工业出版社，2015.

[60] 王西京. 西安民居 第1册［M］. 西安：西安交通大学出版社，2016.

［61］王西京. 西安民居 第2册［M］. 西安：西安交通大学出版社，2016.

［62］虞志淳. 农村新民居模式研究——以陕西关中居民为例［M］. 北京：中国建筑工业出版社，2016.

［63］李琰君. 陕南传统民居考察［M］. 西安：陕西师范大学出版总社有限公司，2016.

［64］李琰君. 陕西关中地区传统民居门窗文化研究［M］. 北京：科学出版社，2016.

［65］于洋. 黄土沟壑村庄的绿色消解［M］. 北京：中国建筑工业出版社，2016.

［66］李照，徐健生. 关中传统民居的适应性传承设计［M］. 北京：中国建筑工业出版社，2016.

［67］郭冰庐. 乡土陕北［M］. 北京：人民出版社，2016：1-81.

［68］祁嘉华. 关中传统民居营造技艺研究［M］. 西安：三秦出版社，2017.

［69］降波. 中国传统民居艺术之陕西关中传统民居建筑与文化研究［M］. 北京：团结出版社，2017.

［70］西安地图出版社. 陕西省地图册. 第22版［M］. 西安：西安地图出版社，2017.

［71］侯继尧，任致远，周培南，李传泽. 窑洞民居［M］. 北京：中国建筑工业出版社，2017.

［72］中华人民共和国住房和城乡建设部. 中国传统建筑解析与传承 陕西卷［M］. 北京：中国建筑工业出版社，2017.

［73］祁嘉华. 营造的初心传统村落的文化思考［M］. 北京：中国建材工业出版社，2018.

［74］靳亦冰，贾梦婷，栗思敏著. 西北地区乡村风貌研究［M］. 北京：中国建筑工业出版社，2019.

［75］祁嘉华. 陕西传统村落地域文化探究［M］. 西安：陕西旅游出版社，2019.

地方志

［1］（清）王贤辅纂.《白河县志》卷8《职官·官绩附》［M］. 成文出版社，民国58.

［2］（汉）班固著·汉书［M］. 西安：三秦出版社，2009.

［3］（汉）班固撰·汉书地理志［M］. 集古书屋，1898.

［4］安康市地方志编纂委员会. 安康县志［M］. 西安：陕西人民教育出版社，1989.

［5］陕西省地方志编纂委员会. 陕西省志. 行政建置志［M］. 西安：三秦出版社，1992.

［6］陕西省地方志编纂委员会. 陕西省志. 农牧志［M］. 陕西人民出版社，1993：58.

［7］杨起超. 陕西省汉中地区地理志［M］. 西安：陕西人民出版社，1993.

［8］刘福谦主编，蒲城县志编纂委员会编. 蒲城县志［M］. 北京：中国人事出版社，1993.

［9］榆林市志编纂委员会. 榆林市志［M］. 西安：三秦出版社，1996.

［10］陕西省地方志编纂委员会. 陕西省志. 水利志［M］. 西安：陕西人民出版社，1999.

［11］陕西省地方志编纂委员会. 陕西省志. 地理志［M］. 西安：陕西人民出版社，2000.

［12］咸阳市地方志编纂委员会. 咸阳市志1-5［M］. 西安：三秦出版社，2000.09.

［13］西安市地方志编纂委员会. 西安市志［M］. 西安：西安出版社，2000.09.

[14] 陕西省地方志编纂委员会. 陕西省志. 气象志 [M]. 北京：气象出版社，2001.

[15] 陕西省文物局. 陕西文物古迹大观：陕西省省级文物保护单位巡礼 [M]. 西安：三秦出版社，2006.

[16] 宁强县史志办编，宋文富校注. 宁羌州志（光绪）[M]. 北京：华夏出版社，2006：15.

[17] 渭南市地方志办公室. 陕西地方志丛书 渭南市志 第1卷 [M]. 西安：三秦出版社，2008.

[18] 陕西省地方志编纂委员会. 陕西省志. 旅游志 [M]. 西安：陕西旅游出版社，2008：11.

[19] 陕西省地方志编纂委员会. 陕西省植被志 [M]. 西安：西安地图出版社，2011.

[20] 延安市地方志编纂委员会办公室. 延安市志 [M]. 西安：陕西人民出版社，2017.

[21] 铜川市地方志编纂委员会. 铜川市志 [M]. 西安：陕西人民出版社，1997.

期刊

[1] 陈正江. 陕西省气候生产潜力 [J]. 陕西气象，1982：23-28.

[2] 侯继尧. 陕西窑洞民居 [J]. 建筑学报，1982（10）：71-73.

[3] 沈克宁. 富阳县龙门村聚落结构形态与社会组织 [J]. 建筑学报，1992（02）：53-58.

[4] 陈晓键，陈宗兴. 陕西关中地区乡村聚落空间结构初探 [J]. 西北大学学报（自然科学版），1993（05）：478-485.

[5] 尹怀庭，陈宗兴. 陕西乡村聚落分布特征及其演变 [J]. 人文地理，1995（04）：17-24.

[6] 袁飞鸿，王勤诚. 中国传统村落规划思想探源 [J]. 小城镇建设，1998（06）：36-37.

[7] 王路. 村落的未来景象——传统村落的经验与当代聚落规划 [J]. 建筑学报，2000（11）：16-22.

[8] 黄春长，庞奖励，陈宝群，周群英，毛龙江，李平华. 渭河流域先周—西周时代环境和水土资源退化及其社会影响 [J]. 第四纪研究，2003（04）：404-414.

[9] 祁今燕. 陕西蓝田古道之驿——辋川乡的山地民居 [J]. 小城镇建设，2003（12）：56-57.

[10] 金磊. 华夏民居瑰宝——陕西韩城党家村 [J]. 建筑，2004（04）：84-85.

[11] 钱耀鹏. 资源开发与史前居住方式及建筑技术进步 [J]. 中国历史地理论丛，2004，19（3）：5-12.

[12] 龚恺. 关于传统村落群布局的思考 [J]. 小城镇建设，2004（03）：53-55.

[13] 郭立源，葛红旺，饶小军. 中国传统民居村落空间之"消极性" [J]. 南方建筑，2005（01）：107-108.

[14] 汤移平，陈洋，万人选. 桃园风光，民居瑰宝——陕西韩城党家村初探 [J]. 华中建筑，2005（03）：139-141.

[15] 王绚，黄为隽，侯鑫. 陕西地区的传统堡寨聚落 [J]. 西北工业大学学报（社会科学版），2005（03）：35-39.

[16] 王绚，侯鑫. 陕西传统堡寨聚落类型研究 [J]. 人文地理，2006（06）：35-39.

[17] 张祖群. 人类家园定量研究：陕西传统民居景观评价 [J]. 西北大学学报（自然科学版），2006（02）：325-329.

[18] 杨大禹. 村镇建设中的建筑文化多样性保护对策——以香格里拉霞给文化生态村保护规划为例 [J]. 新建筑，2006（04）：9-14.

[19] 薛敏，祁嘉华. 陕西古民居生态美学意蕴解读 [J]. 美与时代，2007（05）：74-77.

［20］雷振东，刘加平. 整合与重构陕西关中乡村聚落转型研究［J］. 时代建筑，2007（04）：22-27.
［21］杨晓峰，周若祁. 吐鲁番吐峪沟麻扎村传统民居及村落环境［J］. 建筑学报，2007（04）：36-40.
［22］薛林平，刘捷. 黄土高原上传统山地窑居村落的杰出之作——山西汾西县师家沟古村落［J］. 华中建筑，2007（07）：96-98.
［23］唐孝祥，李倩. 张谷英村建筑文化特征初探［J］. 小城镇建设，2008（02）：52-55.
［24］李永轮. 解析传统民居建筑装饰图案的内涵——以陕西韩城党家村为例［J］. 艺术与设计（理论），2008（08）：88-90.
［25］董静，张伏虎. 以用为美的集中体现——陕西陈炉古民居［J］. 装饰，2008（03）：118-119.
［26］梁昭华，张海峰，李永轮. 陕西南部凤凰古镇传统民居建筑装饰形式内涵分析［J］. 艺术与设计（理论），2009，2（10）：186-188.
［27］窦英杰，梁昭华. 浅析陕西关中传统民居建筑装饰纹样造型的表现手法［J］. 艺术与设计（理论），2010，2（10）：117-119.
［28］王静文. 传统聚落环境句法视域的人文透析［J］. 建筑学报，2010（S1）：58-61.
［29］赵之枫，闫惠，张健. 世界遗产地传统村落空间演变与发展研究——以明十三陵风景名胜区"陵邑"村落为例［J］. 华中建筑，2010，28（06）：93-95.
［30］李红. 聚落的起源与演变［J］. 长春师范学院学报（自然科学版），2010（6）：82.
［31］王振，陈洪海. 陕西淳化枣树沟脑遗址2008年度发掘的主要收获［J］. 西北大学学报（哲学社会科学版），2010，40（06）：32-36.
［32］祁嘉华，孙琳. 古村落成为新农村的文化思考——以陕西省为例［J］. 安徽农业科学，2011，39（03）
［33］尹妮，梁昭华. 浅谈陕西传统民居建筑装饰纹样中的美学精神［J］. 美术大观，2011（12）：87.
［34］程海帆，李楠，毛志睿. 传统村落更新的动力机制初探——基于当前旅游发展背景之下［J］. 建筑学报，2011（09）：100-103.
［35］李欣，单鹏飞. 传统村落空间形态的保护与延续［J］. 小城镇建设，2011（03）：99-102.
［36］黄缨，杨豪中. 陕西地区民居瓦当［J］. 四川建筑科学研究，2011，37（05）：272-276.
［37］闫杰，王军. 安康民居建筑文化及形态特征分析［J］. 四川建筑科学研究，2012，38（01）：255-258.
［38］闫杰，王军. 陕南乡土建筑的类型研究［J］. 华中建筑，2012，30（06）：144-146+132.
［39］朱海声. 陕西关中民间信仰与传统民居的关系研究［J］. 西安建筑科技大学学报（自然科学版），2012，44（06）：849-854.
［40］王济宪. 陕南宗教文化的兼容特征［J］. 华夏文化，2012（03）：17-19
［41］顾鑫，梁昭华，熊文静. 独特地域环境下的陕西民居建筑装饰纹样题材特征［J］. 美术大观，2012（11）：83.
［42］张良，吴农. 陕西潼关水坡巷沈氏民居初探［J］. 华中建筑，2012，30（08）：126-128.
［43］李茹冰，游张平. 新农村建设进程中少数民族传统村落保护与更新探讨［J］. 小城镇建设，2012（12）：76-80.
［44］赵之枫，曹莉苹. 农村社区公共空间规划研究［J］. 小城镇建设，2012（08）：61-65.
［45］赵文学，安赟刚，刘加平. 陕西关中地区新型民居冬季室内热环境测试分析［J］. 建筑科学，2013，29（12）：72-76.
［46］周泓宇，姜忆南. 浅谈陕西榆林民居中"穿廊虎抱头"之成因［J］. 华中建筑，2013，31（03）：16-19.
［47］林道果，王彦芳. 陕北砖石窑洞民居的演变及现状［J］. 城市建筑，2013（16）：280.
［48］惠月婵，周典. 黄土高原沟壑区村镇体系建设发展的相关研究综述［J］. 华中建筑，2013，31（10）：82-84.

[49] 曹迎春, 张玉坤. "中国传统村落"评选及分布探析[J]. 建筑学报, 2013（12）: 44-49.

[50] 陕西 传统村落评价认定有据可依[J]. 小城镇建设, 2014（07）: 16.

[51] 刘渌璐, 肖大威, 傅娟. 传统村落保护实施效果评估方法探索[J]. 小城镇建设, 2014（06）: 85-90.

[52] 李斌, 何刚, 李华. 中原传统村落的院落空间研究——以河南郏县朱洼村和张店村为例[J]. 建筑学报, 2014（S1）: 64-69.

[53] 袁媛, 肖大威, 黄家平, 冀晶娟. 传统村落边界空间保护初探[J]. 南方建筑, 2014（06）: 48-51.

[54] 冀晶娟, 肖大威. 传统村落民居再利用类型分析[J]. 南方建筑, 2015（04）: 48-51.

[55] 李晓峰, 谢超. 地域性如何塑造——以汉江上游移民村营建为例[J]. 华中建筑, 2015, 33（01）: 149-155.

[56] 罗德胤. 村落保护: 关键在于激活人心[J]. 新建筑, 2015（01）: 23-27.

[57] 靳亦冰, 钱利, 房琳栋, 康渊, 刘小虎. 乡村大家谈: 经济·生态·文化[J]. 新建筑, 2015（01）: 49-55.

[58] 曹易, 翟辉. 对传统村落保护与发展模式的几点思考[J]. 小城镇建设, 2015（05）: 41-43.

[59] 朱良文. 对贫困型传统民居维护改造的思考与探索——一幢哈尼族蘑菇房的维护改造实验[J]. 新建筑, 2016（04）: 40-45.

[60] 贫困型传统村落保护发展对策——云南阿者科研讨会[J]. 新建筑, 2016（04）: 64-71.

[61] 孙莹, 肖大威, 徐琛. 梅州客家传统村落空间形态及类型研究[J]. 建筑学报, 2016（S2）: 32-37.

[62] 孟祥武, 王军, 叶明晖, 靳亦冰. 多元文化交错区传统民居建筑研究思辨[J]. 建筑学报, 2016（02）: 70-73.

[63] 梁步青, 肖大威. 传统村落非物质文化承载空间保护研究[J]. 南方建筑, 2016（03）: 90-94.

[64] 白聪霞, 陈晓键. 传统村落保护的研究回顾与展望[J]. 华中建筑, 2016, 34（12）: 15-18.

[65] 虞志淳, 雷振林. 多重视角与尺度的农村社区研究[J]. 华中建筑, 2016, 34（12）: 149-152.

[66] 郭华瞻, 白成军. 黄土地区传统村落的固有雨洪管理方法研究——以山西省泽州县西黄石村为例[J]. 华中建筑, 2016, 34（04）: 103-107.

[67] 李华东. 传统村落: 需要的是另一种"旅游"[J]. 小城镇建设, 2016（07）: 23-26.

[68] 肖涌锋, 张传信. 归园田居——传统村落开发新思路[J]. 小城镇建设, 2016（02）: 94-98.

[69] 朱良文. 传统村落中的民居保护、整治与传承[J]. 小城镇建设, 2016（01）: 34.

[70] 何依, 孙亮. 基于宗族结构的传统村落院落单元研究——以宁波市走马塘历史文化名村保护规划为例[J]. 建筑学报, 2017（02）: 90-95.

[71] 朱良文. 对传统村落研究中一些问题的思考[J]. 南方建筑, 2017（01）: 4-9.

[72] 李瑞, 冰河. 基于"文化三结构"理论的传统村落规划策略研究[J]. 华中建筑, 2017, 35（06）: 118-123.

[73] 周立军, 周天夫, 王蕾. 中国传统民居研究的传承与实践——"第22届中国民居建筑学术年会"综述[J]. 新建筑, 2017（05）: 114-115.

[74] 王鑫, 薛林平. 晋中地区传统村落的民居形态及其演化模式浅析[J]. 新建筑, 2017（03）: 140-144.

[75] 余翰武, 唐孝祥. 记住"乡愁", 弘扬中国传统建筑文化——第21届中国民居建筑学术年会暨民居建筑国际研讨会纪实[J]. 新建筑, 2017（01）: 156-157.

[76] 邵攀科. 陕西关中民居门文化及其在现代设计中的应用[J]. 湖州师范学院学报, 2017, 39(09): 102-107.

[77] 马晶, 刚家斌. 传统村落保护与开发的困境及对策——以陕西韩城党家村为例[J]. 科技创新导报, 2017, 14(27): 152-153+155.

[78] 雍鹏. 陕西地区节能民居的冬季热工性能分析[J]. 住宅与房地产, 2017(23): 133.

[79] 祁剑青. 环境与民居选择——以陕西窑居为例[J]. 干旱区资源与环境, 2017, 31(01): 88-94.

[80] 张中华. 传统乡村聚落景观"地方性知识"的构成及其应用——以陕西为例[J]. 社会科学家, 2017(07): 112-117.

[81] 罗德胤. 探索型乡村建筑设计在乡村遗产保护中的作用——第二届田园建筑奖评审随想[J]. 小城镇建设, 2017(10): 9-11.

[82] 武小斌. 陕西省榆林市佳县朱家镇泥河沟村枣缘人家民宿改造[J]. 小城镇建设, 2017(10): 67.

[83] 赵晖. 传承文明 共创未来——在"传统村落保护发展国际大会"新闻发布会上的讲话[J]. 小城镇建设, 2017(08): 5.

[84] 赵晖. 把农村建设好是国家建设的重要方面[J]. 小城镇建设, 2017(01): 6.

[85] 祁嘉华, 靳颖超. 陕西关中传统民居"三雕"艺术的启示[J]. 民艺, 2018(S1): 50-61.

[86] 王莹莹, 康文俊, 刘艳峰, 黄睿, 刘加平. 基于居民行为模式的陕西村镇民居采暖策略[J]. 太阳能学报, 2018, 39(11): 3026-3031.

[87] 房丹. 河南、山西和陕西民居的建筑特色[J]. 城市建设理论研究(电子版), 2018(28): 83.

[88] 高博, 杨梦娇, 赵硕, 王晓莹. 陕西关中民居绿色营建调查研究[J]. 古建园林技术, 2018(03): 58-63+93.

[89] 李果. 浅析陕西传统民居装饰图案在艺术设计中的应用[J]. 艺术科技, 2018, 31(08): 86+88.

[90] 王东, 唐孝祥. 广州府东路客家传统村落空间布局的类型变异探析[J]. 南方建筑, 2018(05): 56-61.

[91] 郑旭, 薛林平. 晋南云丘山传统村落空间特征解析[J]. 华中建筑, 2018, 36(08): 119-123.

[92] 朱霞, 罗迪. 民俗文化保护视角下传统村落旅游规划策略研究[J]. 华中建筑, 2018, 36(07): 112-115.

[93] 裴逸飞, 冷嘉伟, 龚恺. 建筑绘图: 村落测绘中的图示再现[J]. 新建筑, 2018(04): 80-86.

[94] 曾卫, 朱雯雯. 传统村落空间营建的生态思想及智慧内涵[J]. 小城镇建设, 2018, 36(10): 79-84+91.

[95] 刘禄璐, 宿迪, 张艳玲. 传统村落保护规划管理措施实证研究[J]. 小城镇建设, 2018(06): 76-81.

[96] 曾令泰. "互联网+"背景下中国传统村落保护与发展路径探析[J]. 小城镇建设, 2018(03): 11-15.

[97] 李晓峰, 周乐. 礼仪观念视角下宗族聚落民居空间结构演化研究——以鄂东南地区为例[J]. 建筑学报, 2019(11): 77-82.

[98] 李哲, 孙肃, 周成传奇, 佟欣馨, 张义新, 李严. 中国传统村落数字博物馆的"正确打开方式"——通过三维计算挖掘和量化传统村落智慧[J]. 建筑学报, 2019(02): 74-80.

[99] 郭泾杉, 卢凯. 村落·融合·创新·共享——中国传统村落保护发展笔谈[J]. 小城镇建设, 2019, 37(12): 8-16.

[100] 李久林, 储金龙. 1990年代以来中国传统村落研究知识图谱——来自CiteSpace的佐证[J]. 小城镇建设, 2019, 37(12): 17-23.

[101] 陈伟煊, 陈继腾, 姚林, 张俊. 基于类型划分的传统村落保护发展体系初探——以黄山市传统村落为例[J]. 小城镇建设, 2019, 37(12): 30-36.

[102] 谭辰雯, 李婧. 基于认知地图的传统村落保护方法创新研究 [J]. 小城镇建设, 2019, 37 (09): 77-83.

[103] 孟祥武, 包涵, 叶明晖. 文化线路视角下的乡村整体活化策略探讨——以陇南北茶马古道平洛镇三村为例 [J]. 小城镇建设, 2019, 37 (08): 79-86.

[104] 龙彬, 赵耀. 传统村落遗产热的表征、机制及影响 [J]. 小城镇建设, 2019, 37 (07): 5-12.

[105] 祁嘉华, 王慧娟. 陕西传统村落文化价值研究 [J]. 中国名城, 2019 (01): 79-84.

[106] 向远林, 曹明明, 闫芳, 孙飞. 陕西传统村落的时空特征及其保护策略 [J]. 城市发展研究, 2019, 26 (12): 27-32.

[107] 骆朝晖, 王文龙, 李勇. 陕西渭南市"一村一品"发展现状、问题及对策 [J]. 农业工程技术, 2019, 39 (32): 1+3.

[108] 马江萍. 陕西传统民居的保护与修复 [J]. 居舍, 2019 (01): 178-179.

[109] 王竹, 徐丹华, 钱振澜, 郑媛. 乡村产业与空间的适应性营建策略研究——以遂昌县上下坪村为例 [J]. 南方建筑, 2019 (01): 100-106.

[110] 王瑜, 李戈, 陈柳. 低技术策略下黎族传统民居的传承与调适探析 [J]. 新建筑, 2019 (04): 112-116.

[111] 虞志淳, 姬彤彤. 陕西关中农村民居适老化设计 [J]. 城市建筑, 2020, 17 (01): 100-104.

[112] 石晓凤, 杨慧, Beau B. Beza. 活态传承视角下我国传统村落保护思路思辨 [J]. 华中建筑, 2020, 38 (06): 12-16.

[113] 赵之枫, 关达宇. 旅游发展背景下"防御型"传统村落空间形态研究——以京西北地区明长城沿线聚落为例 [J]. 华中建筑, 2020, 38 (05): 81-84.

[114] 朱良文. 乡村振兴战略下的传统村落再思考 [J]. 南方建筑, 2020 (02): 62-67.

[115] 靳亦冰, 侯俐爽, 王嘉运, 王军. 清涧河流域传统村落空间形态特征及其与地域环境的关联性解析 [J]. 南方建筑, 2020 (03): 78-85.

[116] 龙彬, 张菁. 乡村景观遗产构成与演化机制研究——以渝东南传统村落为例 [J]. 新建筑, 2020 (04): 128-133.

[117] 叶露, 黄一如. 新中国成立后乡村营建与设计介入的关联性研究 [J]. 新建筑, 2020 (05): 89-93.

学位论文

[1] 雷振东. 整合与重构 [D]. 西安: 西安建筑科技大学, 2005.

[2] 王军. 西安古城区传统民居形态研究 [D]. 西安: 西安建筑科技大学, 2006.

[3] 童敏. 西安传统民居装饰、色彩与西安传统民间文化的关系研究 [D]. 西安: 西安建筑科技大学, 2006.

[4] 郑凯. 陕西华县韩凹村乡村聚落形态结构演变初探 [D]. 西安: 西安建筑科技大学, 2006.

[5] 虞志淳. 陕西关中农村新民居模式研究 [D]. 西安: 西安建筑科技大学, 2009.

[6] 尹毅. 适宜生态环境的渭北传统民居对新农村建设的启示 [D]. 西安: 西安建筑科技大学, 2009.

[7] 吴欣. 关中现代合院式民居生态设计研究 [D]. 重庆: 重庆大学, 2009.

[8] 李轲. 陕南传统民居建筑装饰艺术研究 [D]. 西安: 西安美术学院, 2009.

[9] 杨薇. 关中传统民居建筑装饰艺术探究［D］. 西安：西安建筑科技大学，2010.

[10] 石磊. 陕西省三原县孟店街民居研究初探［D］. 西安：西安建筑科技大学，2010.

[11] 何文芳. 秦岭山地传统民居生态化演进研究［D］. 西安：西安建筑科技大学，2010.

[12] 许岩. 关中传统民居建筑的型制研究［D］. 西安：西安理工大学，2010.

[13] 孙笙真. 关中民居院落空间形态分析及应用［D］. 西安：西安建筑科技大学，2011.

[14] 季永鑫. 渭北永寿县等驾坡传统下沉式窑洞聚落保护与更新研究［D］. 西安：西安建筑科技大学，2011.

[15] 张鸽娟. 陕南新农村建设的文化传承研究［D］. 西安：西安建筑科技大学，2011.

[16] 刘新燕. 关中地区乡土景观元素的表达与营建研究［D］. 咸阳：西北农林科技大学，2011.

[17] 高伟. 西安现代建筑创作中对关中民居特征的继承与发展［D］. 西安：西安建筑科技大学，2011.

[18] 李琰君. 陕西关中地区传统民居门窗研究［D］. 西安：西安建筑科技大学，2011.

[19] 高雪雷. "物竞天择"——云南、陕西民居建筑比较研究［D］. 郑州：河南大学，2012.

[20] 李峭漪. "转型"背景下关中特色民居的设计研究［D］. 西安：长安大学，2013.

[21] 徐健生. 基于关中传统民居特质的地域性建筑创作模式研究［D］. 西安：西安建筑科技大学，2013.

[22] 孙景荣. 陕北民居装饰与陈设艺术研究［D］. 咸阳：西北农林科技大学，2013.

[23] 张文君. 城镇化进程中陕西传统村落的保护与发展研究［D］. 西安：西安建筑科技大学，2014.

[24] 张霄. 陕南商洛地区传统民居的保护与改造探究［D］. 西安：西安美术学院，2015.

[25] 闫杰. 秦巴山地乡土聚落及当代发展研究［D］. 西安：西安建筑科技大学，2015. 049~054.

[26] 郝文军. 明清时期晋东南堡寨聚落地理研究［D］. 西安：陕西师范大学，2015.

[27] 程嘉芬. 汉代司隶地区聚落体系的考古学研究［D］. 吉林：吉林大学，2015.

[28] 王玥. 黄河流域陕西段古村落文化的保护与发展［D］. 西安：西安建筑科技大学，2016.

[29] 郭昊宇. 关中民居建筑传统的继承与创新［D］. 西安：西安建筑科技大学，2016.

[30] 常玮. 明长城西北四镇军事聚落研究［D］. 天津：天津大学，2016.

[31] 李兰洁. 古村落中的人居环境智慧对新农村建设的启示［D］. 西安：西安建筑科技大学，2016.

[32] 汪子喧. 渭北传统村落空间的形态保护与发展［D］. 西安：西安建筑科技大学，2016.

[33] 韩蕊. 洛南县传统民居特色研究及再创作实践［D］. 西安：西安建筑科技大学，2017.

[34] 张杰. 陕西关中传统民居建筑空间形态研究［D］. 西安：西安工程大学，2017.

[35] 吕晓洁. 陕西传统民居木窗艺术研究［D］. 西安：西安工程大学，2017.

[36] 王新宇. 陕西党家村传统民居上马石装饰艺术研究［D］. 重庆：重庆师范大学，2017.

[37] 祁剑青. 陕西传统民居地理研究［D］. 西安：陕西师范大学，2017.

[38] 千金. 汉中市传统村落保护发展研究［D］. 西安：长安大学，2017.

[39] 陈雪婷. 韩城地区传统村落空废化现象分析及保护与发展策略研究［D］. 西安：西安建筑科技大学，2017.

[40] 王晓彤. 关中传统村落民俗活动空间分析及其优化方法研究［D］. 西安：西安建筑科技大学，2017.

[41] 王霁竹. 线性遗址及周边村镇保护发展模式探析［D］. 西安：西北大学，2017.

[42] 葛翔. 陕北地区古村落中的景观意识研究［D］. 西安：西安建筑科技大学，2018.

[43] 刘倩. 传统村落地域景观保护与发展研究［D］. 西安：西安建筑科技大学，2018.

[44] 曾瑞. 陕西传统民居中雨水景观要素及其特性研究［D］. 西安：西安建筑科技大学，2018.

[45] 王丹青. 汉中市丁字街片区传统院落空间形态研究［D］. 西安：西安建筑科技大学，2018.

[46] 魏唯一. 陕西传统村落保护研究［D］. 西安：西北大学，2019.

[47] 丁楠. 宗族文化影响下的陕西传统村落形态研究［D］. 西安：西安建筑科技大学，2019.

[48] 张业培. 榆林地区传统村落平面布局的传统文化内涵研究［D］. 西安：西安建筑科技大学，2019.

[49] 马云肖. 地域文化影响下的陕南地区传统乡村聚落选址特征研究［D］. 西安：西安建筑科技大学，2019.

[50] 张业培. 榆林地区传统村落平面布局的传统文化内涵研究［D］. 西安：西安建筑科技大学，2019.

[51] 张基伟. 陕南传统村落的整体性保护与更新设计研究［D］. 西安：西安建筑科技大学，2020.

会议论文集的析出文献

[1] 杨武学. 关中灌溉历史变迁与现状水资源的供需矛盾［A］. //陕西省渭河流域管理局，编. 渭河论坛：渭河水资源论文集［C］. 陕西科学技术出版社，2009：190.

后记

历时三年，终于完成《中国传统聚落保护研究丛书 陕西聚落》的编写工作，成书艰辛的过程中也充满了难忘的回忆！本书的完稿是西北乡土建筑研究团队的集体成果，是多年来团队在西北地区乡村领域的研究积累，离不开每一位团队成员的辛苦付出，尤其离不开团队负责人——我的导师王军教授的大力支持。先生自20世纪80年代开始研究中国传统民居——陕北窑洞，多年来立足西北，潜心研究，陆续出版了《窑洞民居》《中国窑洞》《西北民居》《陕西古建筑》《宁夏古建筑》等相关著作，以上研究成果为本书的编写提供了丰富的基础资料和编写经验。

本书的编写参考借鉴了《中国传统建筑解析与传承 陕西卷》《陕西古村落——记忆与乡愁（三册）》《陕西传统村落地域文化探究》《关中传统民居营造技艺研究》等已有成果，均在引注及参考文献中列出，在此向各位作者的研究致以敬意。

本书编写过程中，得到陕西省住房和城乡建设厅的大力支持，协助联系各地市、县级住建部门，为团队现场调研、高效地获得大量一手资料提供极大的帮助。在调查研究的过程中，各地市县住建部门、乡镇负责人员、村支书、村主任为我们引路、讲解、介绍村落基本情况，在此特别向为我们提供帮助的陕西父老乡亲们表示感谢！

在此向参与陕西聚落现场调研的颜培老师、杨帆博士、赵晓亮博士、师立华博士，以及栗思敏、齐美芝、张鹏飞、陈冲、张少君、张文芳、陈汉等硕士研究生一并感谢，是你们多次在现场收集资料、测绘访谈和交流讨论，为书稿收集了大量一手资料；感谢硕士研究生张哲铭、黄建军、宋巧云、李超、来楷东、邹佳勤、赵书仪、方坤、卞泽程、刘柯艺、刘翔宇等在后期图纸制作付出的努力；感谢研究生罗宝坤、吕蒙、施佳鹏、邵超、蔡粟彦在现场无人机航拍，留下了宝贵的图片资料。

感谢米脂县文联主席乔雄波先生、榆林学院郭冰庐教授、摄影家王喜宏先生、艾克生先生为本书提供的陕北聚落精彩照片。感谢西安摄影家张小郁先生、李志萍女士、陕南摄影家许姬先生为本书提供了关中民俗与陕南景观的精美照片。本书所有照片除署名者外均为作者及编写团队拍摄。

感谢"中国传统聚落保护研究丛书"总编委对作者的信任和包容。

特别感谢中国建筑出版传媒有限公司（中国建筑工业出版社）李东禧主任、唐旭主任的大力支持与督促，感谢孙硕编辑细心、耐心、贴心的编辑校对工作。

最后，向为本书默默付出的所有人致以深深的谢意。

图书在版编目（CIP）数据

中国传统聚落保护研究丛书. 陕西聚落 / 靳亦冰，李钰编著. —北京：中国建筑工业出版社，2021.12
ISBN 978-7-112-26067-6

Ⅰ.①中… Ⅱ.①靳…②李… Ⅲ.①乡村地理—聚落地理—研究—陕西 Ⅳ.①K928.5

中国版本图书馆CIP数据核字（2021）第066115号

本书以陕西传统聚落为研究对象，通过对传统聚落人文地理、聚落特征、典型案例、发展模式的分析，探寻在传承历史文脉与生态智慧的宗旨下，如何实现陕西省传统聚落的可持续发展。同时，就陕西省传统聚落的生存智慧、符合生态理念的营建策略进行梳理，以期对陕西传统聚落的保护利用及更新发展有积极的推动作用，也是对传统聚落研究的有益补充。本书可供建筑、城乡规划、风景园林、人文地理、文物保护等相关专业的读者及文化旅游爱好者参考阅读。

扫一扫
观看本卷聚落视频资源

责任编辑：唐　旭　胡永旭　吴　绫　贺　伟　张　华
文字编辑：孙　硕　李东禧
书籍设计：付金红　李永晶
责任校对：王　烨

中国传统聚落保护研究丛书
陕西聚落
靳亦冰　李钰　编著
*
中国建筑工业出版社出版、发行（北京海淀三里河路9号）
各地新华书店、建筑书店经销
北京锋尚制版有限公司制版
天津图文方嘉印刷有限公司印刷
*
开本：889毫米×1194毫米　1/16　印张：29¾　插页：9　字数：777千字
2022年12月第一版　　2022年12月第一次印刷
定价：**308.00元**（含视频资源）
ISBN 978-7-112-26067-6
　　　（36770）

版权所有　翻印必究
如有印装质量问题，可寄本社图书出版中心退换
（邮政编码100037）